KB275828

역사와 지명

김기빈 편저

살림터

머리말

어느 16년 사무관의 변(辨)

애당초 경세제민이나 우국충정의 큰뜻을 품고 공직생활을 시작한 것은 아니다. 공직생활 31년, 그리고 16년의 긴 사무관 생활을 다만 욕심내지 않고 제 분수껏 이도(吏道)의 길을 걸어왔다고 생각한다.

이제 나이 50을 눈앞에 두고 어떻게 공직생활을 명예롭게 마무리해야 할 것인가 고민하다 보니 전전반측(輾轉反側), 밤에 잠을 이루기 어렵다. 어리석게도 '별 볼 일 없는' 땅 이름에 빠져서 관직의 계단을 오르는데 뒤쳐지다 보니 옛사람들의 '주이불비(周以不比)', "두루 있어 한 곳에 치우치지 않는다."는 말이 떠오르기도 하고,

수류심불경 (水流心不競)
운재의구지 (雲在意俱遲)

물은 흘러도 앞을 다투지 않고
구름은 서로 뒤지려 한다.

는 옛 글도 생각난다.

　실상 제가 무슨 장자류(莊子流)의 깨달음이 있음도 아니요, 마음을 비우고 산가야창(山歌野唱)에 귀 기울일 만한 도가적 선풍(仙風)이 있음도 아니요, 백미 5말의 관작을 버리고 '귀거래사(歸去來辭)'를 부르며 향리로 돌아간 도연명(陶淵明)의 고고함은 더더욱 아니다.

　그 동안 몸담았던 공조직에 대한 일말의 서운함이나 허탈한 심경이 왜 없으랴. 그래서 시건방지게 "달이 천강(千江)에 두루 비치지 않더냐." 자위하고는 스스로 당착에 놀라기도 한다.

　지금 내 소망은 남은 시간을 강산풍월주인(江山風月主人)으로 사는 게 소원이다.

　　일신여운수 (一身如雲水)
　　유유임거래 (悠悠任去來)

　　몸은 구름과 물 같아서
　　어디든지 마음대로 오고 가노라.

그러나 그게 어디 마음대로 되는 일인가.

×

　생각해 보면 나의 31년 공직생활은 얼마나한 굴곡과 갈등과 방황의 연속이었던가. 치유될 수 없는 고독, 끝없는 수렁으로 빠져든 것 같았던 회의와 번민. 결국 사라지는 것은 사라질 수밖에 없는 결함이 있듯이, 나에겐 물러날 수밖에 없는 흠이 있을 터이다.

　나는 만 18세가 되기 전인 1965년 10월 5일 처음으로 9급 공무원에 임용되었다. 그후 1980년 5·18사건 직후 신군부의 포고령 위반으로 구금되어 일주일 만에 석방되었던 일. 이란격석(以卵擊石)이라더니, 5공 시절 제 분수도 모른 채 대통령을 욕하다가 구류 25일 선고받고, 이어서 파면 일보 전 아슬아슬하게 정직(停職) 1개월의 징계처분을 받은 일. 그 이후에도 네 차례의 경찰서 유치장 신세와 구류처분을 받은 일.(모두 음주상태에서 일어났다.) 서울신문사를 찾아다닌 끝에 '지명유래' 고정난을 허락받아 800회에 걸쳐 연재하던 일. 한국 땅이름학회를 창설하던 일. 북한의 지명에 관하여 KBS 저녁 9시 뉴스에 발표하던 일 등등…

호박에 줄 친다고 수박이 되는 게 아니건마는 배움이나 탁월한 식견도 없는 주제에 제가 무슨 학자인 양 여기저기 1천 회가 넘는 지명에 관한 글을 쓰면서 얼마나한 허물을 남겼을까.

누군가 "인생이란 한(恨)의 바다에 떠 있는 조각배"라고 하였다. 결국 그 한에 휘말려 난파하던지, 그 한을 이기고 항구에 안착하던지 그리 될 터인데, 내 한의 종착지는 어디 쯤이 될 것인가.

×

당나라 시인 이하(李賀)는 "장안에 남아가 있어 나이 스물에 마음은 이미 지쳤다." 하였다는데, 나는 50도 되기 전에 지쳐서 관직을 물러나려다 보니 가당치 않게 선현들의 이야기를 끌어들임을 용서바란다.

이율곡(李栗谷)은 30대 초반부터 여러 번 벼슬을 사퇴하고 물러났다가 49세로 생을 마쳤다. 이퇴계(李退溪)는 45세 때 고향으로 물러나 집앞 시내인 '토계'를 '퇴계'로 고쳐 불렀다. 그리고 50세 때 벼슬을 사퇴하고 향리로 돌아갔으니, 이는 공자가 55세 때 진나라에서 "돌아가리, 돌아가리." 하면서도 머뭇거리던 때보다 5년이나 앞서서였다.

더 푸념을 한다면,

　　이상은(李商隱)은 벼슬하지 않았고, 감라(甘羅)는 일찍 출세하였
으며, 자아(自牙)는 늦었다. 팽조(彭祖)는 오래 살고, 안회(顔回)는
일찍 죽었으며, 범단(范丹)은 가난했고, 석숭(石崇)은 부자였다.

참으로 만사개유정(萬事皆有定)이라고 해두자.

마음속에 한 조각 신념도 없는 주제에 31년의 공직생활을 버티
어 온 것이 스스로 대견하기도 하지만, 그렇게 버티어 올 수 있도
록 도와준 고마운 사람들, 잊을 수 없는 사람들도 많다.

떠나는 것은 하나의 신호. 그것은 걸어가고 있다는 신호이며, 꿈
꾸고 있다는 신호, 다시 만날 수 있다는 신호이다. 나는 매일 아침
일어날 수 있을 때까지 이 떠나기를 멈추지 않을 것이다.

×

이 글은 땅 이름을 통하여 어떤 새로운 역사적 해석을 하고자 함
이 아니다. 소위 '씌어진 역사'의 불완전함을 돕고, 그 이해의 폭
을 넓히자는 것이다. 땅 이름으로부터 역사적 사건이나 인물의 행
적에 얽힌 이야기를 들어보자는 것이다.

"햇빛을 쬐면 역사요, 달빛에 물들면 야사(野史)"라는 말도 있지
만 땅 이름에 물들어 있는 역사의 뒷면, 그 측면을 참고할 수도 있
을 것이다.

지명연구의 접근방법에는 어원 고증학적, 역사학적, 민속학적
입장 등등 그 방법에 따라 연원이나 변천과정을 설명하는 데 차이
가 있을 수 있다. 그러기에 어느 한 쪽에 너무 치우침으로써 그 해

석이 전단(專斷)된 결과를 유도하는 행태는 지양되어야 하며 나름대로 그런 점에 유의하였다고 본다.

덧붙여 말하고 싶은 것은, 여기에 소개하는 땅 이름 중에는 그 사건이나 인물의 행적이 뒷 사람들에 의하여 다듬어지거나 부회(附會)된 것들도 있을 수 있다. 그러나 그 자체로서 당시 기층 민중 속의 의식을 대변하는 것으로 볼 수도 있다는 것이 필자의 소견이다.

야사건, 설화건, 땅 이름의 내력이건, 결국 도도한 역사의 흐름 속에서 이 땅에 살다 간 인간군상들의 사랑과 기쁨과 탄식의 이야기요, 그들이 어우러져 살아온 생활의 자취이다.

그 소중한 이름들이 도시화, 산업화, 개발화에 밀려 깎이고, 묻히고, 등한시 되어 왔던 지난날을 생각하면서, 앞으로도 계속 미이라처럼 죽어 있는 기억들을 깨워내고, 발굴하고, 찾아내야 할 것이다.

나는 옛사람들의 술이불작(述而不作), 곧 "기술은 해도 짓지 않는다."는 말을 항시 염두에 두고 이 글을 탈고하였지만 아쉬움만 남는 졸고가 되고 말았다. 미진한 부분, 빠진 부분을 앞으로 증보판이나 속편에서 보완해 나갈 작정이다.

끝으로 출판계가 어려운 때임에도 불구하고 이 책을 선뜻 출판하여 준 살림터의 송영현 사장께 감사드린다. 아울러 편집진을 포함한 살림터 식구들에게도…

무리한 욕심인 줄 알지만 이 책이 좀 팔려서 그분들께도 도움이 되었으면 좋겠다.

1996년 4월 벌말에서

지은이 김기빈

차 례

5. 역사의 증언

1. 풍운의 역사

동방의 빛, 처음 '아사달'에 '아침'을 열었다
─고조선의 개국과 단군

◆ 우리 고대사의 원전(源典) 『삼국유사』의 기록
고려 때의 승일연은 『삼국유사』의 서(敍)에 쓰기를,

  …그러므로 하도(河圖)가 나오고 낙서(洛書)가 나오매 성인이 나
왔으며, 또한 무지개가 신모(神母)를 에워싸매 복희씨가 탄생하였
다. 용이 여등에 감응하여 염제를 낳았으며, 황아는 궁상이란 들에
서 놀다가 어느 신동이 백제의 아들이라 하면서 사귀어 소호를 낳
았다. 간적은 제비알을 먹고서 설을 낳았으며, 강원은 사람의 발자
국을 밟아서 기를 낳았다. 요는 잉태한 지 14개월 만에 태어났고,
패공은 용과 대택(大澤)에서 교합하여 태어났다.… 그러므로 우리
나라 삼국의 시조들이 모두 신기한 일로 태어났음이 어찌 이상하겠
는가…

하였다.
  이 서문은 단군(檀君) 또는 해씨(解氏)의 곰, 박혁거세의 흰 알,
석탈해의 까치, 김알지의 흰 닭 등 신이(神異)로운 출생 설화를 중
국의 예를 들어 설명한 것이다.

『삼국유사』에는 고조선의 개국과 단군의 탄생에 대하여,

 …옛날 하늘나라의 왕 환인(桓因)의 아들 환웅(桓雄)이 인간세상
을 탐내다가 마침내 아버지의 허락을 받았다. 환웅은 천부인(天符
印) 세 개를 얻어 3천여 명의 무리를 거느리고 태백산 꼭대기 신단
수(神壇樹) 아래에 내려와 그곳을 신시(神市)라 이름하였다. 그리고
바람·비·구름을 관장하는 자들을 거느리고 곡식·목숨·질병·형
벌·선악 등 무릇 인간세상의 360여 가지 일들을 주관하였다.
 이때 환웅 앞에 곰과 호랑이가 나타나 환웅에게 인간이 되게 해
달라고 빌었다. 환웅이 이들에게 신령스러운 쑥과 마늘을 주면
서… 곰은 여자가 되었다. 웅녀(熊女)가 항상 단수 아래서 잉태하
기를 기원하자 환웅이 잠시 변해 혼인하여 단군왕검(檀君王儉)을
낳았다. 중국 요임금이 즉위한 지 50년에 평양성에 도읍하고 나라
이름을 조선이라 했다.
 1500년 동안 나라를 다스리다가 주나라 무왕이 즉위한 해에 기자
(箕子)를 조선에 봉하여 장당경(藏唐京)으로 옮겼다. 뒤에 아사달
로 돌아와 숨어 산신이 되니 이때 나이가 1908세였다.

고 기록되어 있다.
 과연 우리 민족의 조상은 누구이며 우리 민족사의 기원은 언제
부터인가. 유감스럽게도 단군과 고조선 건국의 역사는 우리 민족
사의 출발점이자 단일 민족의 상징으로 인식되어야 함에도 삼국
통일 이후의 우리 역사(그 이전 고구려, 백제에서 기록한 역사서
는 모두 인멸되었으므로)에서 신화 또는 전설로 인식되고 정사(正
史)에서 배제되었다.
 다행히 전술한 『삼국유사』와 이승휴의 『제왕운기』에 고조선 개
국과 단군에 관한 내용이 실려 있지만 이를 뒷받침해 주는 자료가

우리측이 아닌 중국측의 『삼국지』(위지 · 동이열전)이니, 이 동이
열전의 기록마저 없었더라면 그나마 『삼국유사』의 기록도 모두 허
황된 것이라 하여 깡그리 무시되었을 터이다.

◆ 사대, 모화사상으로 얼룩진 우리 고대사

그리하여 오늘날에도 우리 역사를 설명하고 인식하는 데 있어서
우리의 역사학계는 소위 정사파의 사학계와 재야사학자(대학교수
로 재직을 불문)로 나누어져 있고, 그 사이에 커다란 장벽이 놓여
있음을 부인할 수 없는 실정이다.

이처럼 우리 역사의 인식에 커다란 상처를 남긴 데는 두 가지의
큰 흐름이 그 원인으로 작용하여 왔다. 그 첫째가 삼국통일 이후
이 땅에 독버섯처럼 번지기 시작한 사대주의적 모화사상(慕華思
想)이다.

그 한 예로서 『동사강목』의 저자 순암 안정복 같은 이도 우리 고
대사에 관한 기록을 남긴 『삼국유사』를 비판하여,

이 책은 원래 불교의 원류(源流)를 위해 지은 것이기 때문에 간혹
연대를 참고할 것은 있으나 허탄한 이야기로만 되어 있다.…『여지
승람』의 지명도 이를 많이 따랐다. 슬프다. 이 책이 다만 이류(異
流)의 괴설(怪說)일 뿐인데 능히 뒷날까지 전해지고…

한 것이다.

그 뿐만 아니라 지금까지 비록 많은 비판을 받아왔으나 정사(正
史)로 인용되어 온 김부식의 『삼국사기』에 대해서도 권근, 서거정
같은 당대의 학자들이 "거서간 · 차차웅과 같은 방언이나 속담을
고쳐 쓰지 않았다."고 혹평한 것을 보면 우리 역사 기록에 대한 중
국식의 그릇된 편견들이 이 땅의 각 분야에 만연하였음을 지적하

지 않을 수 없다.

그러므로 삼국통일 이후 조선시대까지 고조선 개국과 단군에 관한 기록은 관찬 역사서에서 언급이 금기시되어 온 것이다. 다행히 『환단고기(桓檀古記)』(『삼성기』, 『단군세기』, 『북부여기』, 『태백일사』를 한데 묶어 붙인 이름)와 『규원사화(揆圓史話)』가 고조선과 단군에 관하여 시대별로 상세히 기술하고 있음에도 우리 역사학계 일각에서는 이를 신빙할 만한 자료로 인정하지 않을 뿐 아니라, 한갖 위서(僞書)로 간주하여 왔다.

그들의 주장에 의하면 『규원사화』를 예로 들어, 이 책이 논리상 1675년경 숙종조 때 씌어진 책임에도 그후에 나온 각종 역사서에 인용되지 않은 점, 1675년 이후에 사용되기 시작한 만주지역 지명이 수록되는 등 시대적 모순이 많다는 점 등 몇 가지 이유를 나열하고 있다.

그러나 완고한 사대주의 왕조체제에서 고조선과 단군에 관한 기록은 백안시 또는 금기시되고, 배척되었으므로 민간이나 은거한 선비들에 의하여 그 기록이 숨겨진 채 보존, 전승되었으며 이런 과정에서 연대와 지명 그리고 내용 또한 첨가되어 왔을 것으로 본다.

따라서 그런 모순점들은 『삼국사기』에서 드러난 여러 가지 문제점에 비한다면, 오히려 우리의 고대사에 관하여 그 동안 풀리지 않았던 문제에 대한 해결의 실마리를 제공해 줄 수도 있을 것이다.

◆ 일제 식민사관에 의하여 왜곡된 고대사

두번째 고조선의 개국과 단군에 관한 역사의 왜곡은 일제의 식민사관에 의해서이다. 일제는 조선을 강점하자 그들의 식민정책을 강화하기 위하여 소위 '조선사편찬위원회'를 구성하고, 전국을 누비며 사료들을 회수, 소각하였으며 36권의 꾸며진 『조선사』를 내놓았다. 그리하여 그들은 일본의 천황가가 조선에서 건너왔다는 사실을 은폐하였고, 조선의 역사가 자기들보다 먼저 선진화하였다는 사실을 부인하였으며, 조선의 역사와 문화는 이민족에 의하여 시작되고, 이민족의 지배를 받는, 자주독립의 힘이 없는 나약한 민족으로 묘사하는 한편, 만주를 지배한 한민족의 진취성, 주체성을 말살하고 일본 민족에 동화시키려는 데 그 목적을 두었던 것이다.

특히 우리의 역사를 반도사(半島史)에 국한시키려고, 각종 역사서를 검열하고, 고조선의 개국과 단군의 역사를 축소·왜곡하여 신화의 세계로 보내버리는 한편, 단군 문화는 민속이나 무속 연구 차원으로 돌려버렸다.

그러나 고조선 개국과 단군의 역사는 수천 년간 우리 민족의 기층문화를 이루며 면면히 이어져 흘러온 역사이다. 더욱이 고조선의 실체 인식이 곧 동북아시아(우리나라, 일본, 만주 일대의 과거 여러 나라)의 상고사를 형성하는 원류의 파악에 핵심이 되고 있음에도 이를 부인하는 것은 더 큰 역사 왜곡을 낳게 될 것이다.

가령 일본의 대마도에는 천신산(天神山)이 있고, 또 여러 곳에 단산(檀山), 신산(神山), 신단(神檀), 신단수(神檀樹), 신당, 삼신봉(三神峰) 등의 이름이 남아 있음을 예로 들 수 있다.

그것은 태백산 '신단수' 아래 내려온 환웅과 그 아버지 환인, 그 아들 단군으로 이어지는 '삼신(三神)' 체계와 그 맥이 닿아 있는 것으로 볼 수 있기 때문이다.

◆ 『환단고기』에 나타난 고조선과 단군의 기록
참고로 『환단고기』에 나오는 고조선 시대 기사의 예를 살펴보자.

─무오 51년(BC 2283) 단군께서 운사(雲師) 배달신(倍達神)에게 명하여 혈구(穴口 : 강화)에 삼랑성(三郎城)을 설치하고 마리산에 제천단(참성단)을 쌓았다.(『단군세기』)

─무신 10년(BC 2173) 두지주 예읍(지금 춘천)이 반역을 하여 여수기에 명령, 그 추장 소시모리를 참했다. 이로부터 그 땅을 소시모리라 하였다. 지금은 전음되어 소머리(牛首)라 한다. 그 후손에 섬야노라는 자가 있어 해상으로 도망, 삼도(三島 : 혼슈, 시고꾸, 규슈)에 의거하며 천왕이라 참칭하였다.(『단군세기』)

─정축 16년(BC 2084) 장당경에 친히 행차하여 삼신단을 축조, 제사를 지내고 환화(桓花)를 많이 심었다.(『단군세기』)

─계미 22년(BC 218) 창해(滄海)의 역사(力士) 여홍성(黎洪星)이 한인(韓人) 장량(張良)과 더불어 박랑사중(博浪沙中)에서 진왕 정(政 : 진시황)을 저격하였으나 실패하였다.(『북부여기』)

─만물이 저마다 제자리에 있는 것을 보고 곧 고시례(高矢禮)로 하여금 백성들을 먹여 살리는 일을 맡아 보게 하였다.(『태백일사』 신시본기 3)

─백두산에는 자고로 흰 사슴, 흰 까치, 혹은 흰 매 등이 있다. 『괄지지』에 의하면 "새와 짐승 및 초목이 하얗다."고 하였다. 또 백두산 일대에 산삼이 많이 나는데 세상 사람들이 그것을 불로초라 하였다.(『태백일사』 신시본기 3)

위의 기록들을 보더라도 고조선과 단군에 관한 역사는 "옛날 옛적에…"로 시작되는 신화나, 입으로만 전해져 온 그런 이야기가 아닌, 구체적인 우리 민족 개국의 역사이며, 권상로 씨가 『삼국유사 해제』에서 언급한 것처럼 "저 그리스의 헤시오도스와 호메로스를 겸한" 대서사시라 할 수도 있다.

◆ '배달' 겨레와 '아사달', '조선'이 뜻하는 것

우리 민족을 가리키는 배달겨레라는 말은 어디서 비롯되었을까?

『홍익인간회지』에 의하면 태초에 환인님(환의 본음은 한이요, 인의 본음은 임이니 한님, 즉 하느님이다)의 아들 한얼사람이 내려온 곳은 한밝달(太白山)의 밝달(檀)나무 아래이며 이곳에 세운 나라가 밝달, 즉 배달이니 그 임금을 밝달임금(배달임금)이라 하였다는 것이다. 여기서 태백산(太白山)이란 우리말의 한밝달이며 (단군을 의역하면 '밝달임금'이 된다.) 밝달이란 '밝은 땅'을 말한다. 달은 응달, 양달 혹은 달동네처럼 산(山), 악(岳)을 뜻하며 넓게는 땅을 가리키는 옛말이다. 신단수(神壇樹) 그 자체도 곧 박달나무 또는 신목(神木)을 가리키는 것이니 신화의 시작부터가 온통 '밝달', 즉 '배달' 일색인 것을 알 수 있을 것이다. 또 아사달에 대하여는 아사달이 지금의 구월산(九月山)으로 전해지기도 하지만, 아사달을 '아시땅', 처음의 땅, 곧 '아사'가 우리말의 아침(朝), 아시(初 : 애시당초와 같음), 일본말의 아사(朝) 등과 같은 알타이어 계통으로 보는 것이다. 어쨌든 아시땅인 한밝달에 세운 배달나라(檀國)는 날마다 일찍(早) 아침(朝)부터 밝게(鮮)되므로 배달나라의 이름을 '아침밝' 곧 조선(朝鮮)이라 하는 것이다. 그런데 조선의 중국식 발음인 '첫센'(潮仙)도 날이 일찍(먼저) 샌다는 말에서 비롯된 것으로 본다.

그러므로 『삼국유사』의 "나라 이름을 조선이라 하였다. 다시 백악(白岳) 아사달로 도읍을 옮겼으니… 다시 아사달산에 숨어 산신이 되었으니…" 하는 등의 내용에서 아사달과 조선은 같은 뜻의 이름으로 볼 수 있고, 나아가 밝은 땅을 뜻하는 '밝달', '배달'과도 연결되어진다.(전국에는 30여 개소 이상의 박달재, 박달산 등이 있다.)

고조선의 도읍지에 대하여는 학자들간에 약간의 견해 차이가 있으나 그 첫번째 도읍지가 지금의 만주 요하 동쪽에 있었고,(평양성 : 심양 동남쪽), 두번째 도읍지(백악산 아사달)는 지금의 하북성 동북부에 있는 난하의 동부 연안으로 보며, 세번째 도읍지 역시 첫번째 도읍지 부근으로 비정하고 있는 것이다.(윤내현)

따라서 '조선' 이나 '아사달' 이란 이름은 중국 난하의 동북부에서 요하를 건너고, 다시 압록강을 건너오면서 민족의 이동이나 지배계급의 남하에 따라 같은 지명을 여러 곳에 남기게 된 것으로 볼 수 있다.(예 : 아사달 ⇒ 구월산, 구월리, 구월동 등)

이에 근거한다면 중국 만리장성 산해관 북쪽의 백악 아사달, 심양 동남쪽의 아사달, 구월산의 아사봉, 아사나루 등 같은 지명이 중복되는 까닭을 유추할 수 있는 것이다. 한편 "기자를 조선의 제후에 봉하여(봉하므로?) 장당경으로 옮겼다."는 『삼국유사』의 기록은 기자가 조선의 통치자가 아니라 고조선에서 기자를 제후로 봉하여 서쪽 국경의 방어를 맡기고, 동쪽으로 도읍을 옮긴 것으로 본다. 그 까닭은 그때 만일 기자가 조선의 왕이 되었다면 기자 멸망 후 50년에 태어난 사마천이 『사기』(조선열전)에 위만 조선보다 앞서서 기자 조선을 언급하여야 하나 전혀 언급이 없기 때문이다.

동쪽으로 옮긴 고조선은 서기 3세기경가지 존재하고 있었던 것으로 보인다. 그 이유는 『삼국지』(위지 예전)에 예(濊)의 위치를 설명하면서 "지금의 조선의 동쪽이 모두 그 땅이다." 하였기 때문이다. 이것은 『삼국지』가 쓰어질 당시("지금의 조선의")를 뜻하는 것이며, 『삼국지』를 저술한 진수(陳壽)가 서기 233〜297년까지 생존하였기 때문인데 요녕성에는 고구려 도읍지 집안에서 멀지 않은 곳에 환인(桓仁)이라는 도시가 있음도 유의할 필요가 있다.

그러므로 『삼국유사』에 기록된 고조선에 관한 기록은 매우 정확한 것으로 보이며, 위만 조선은 고조선 제후국의 하나인 서쪽 변경의 기자국(箕子國)을 탈취한 것으로 볼 수 있고, 점점 고조선 세력을 잠식하였던 것도 알 수 있다.(윤내현 씨)

◆ '단군' 과 '왕검' 곰과 호랑이, 산신의 의미

'단군왕검(檀君王儉)' 이란 이름에 대하여는 여러 가지 견해가 있다. 대체로 이 이름이 제정일치 시대의 제사장과 군왕(君王)의 뜻을 함께 내포하고 있는 것으로 풀이한다. 곧 육당 최남선의 설명에 따르면,

'단군' 의 어원은 '당굴' · '당구리' · 'tengeri' 이며, '천(天)' 이라는 뜻을 지닌 몽고어에서 찾을 수 있다. 흉노족은 임금을 '당구리' 라 하고 우리나라에서 무녀(巫女)를 '당구리', 즉 '당굴' 이라 하는 것도 제정일치(祭政一致)의 고대사회에서 당굴은 제사와 정치를 맡았던 수장(首長)을 뜻하였기 때문이다. 중국의 천산(天山)산맥을 '당구리산맥' 이라 하는 것도 같은 이유로서 당굴이 단군(檀君)으로 표기된 것이다.

그리고 '왕검' 은 정치적 군왕을 나타내는 임금(왕검 = 임금, 이사금 = 잇금 = 임금)을 뜻하는 것으로 보기도 한다.

따라서 조선개국과 단군의 역사는 하늘에서 내려온 천신족(天神族)환웅과 지상의 웅녀(熊女)가 결합하여 단군을 낳았다는 것으로 이러한 천강신화(天降神話)는 동북아시아 여러 지역에 분포한다. 곧 환인은 태양신을 상징하고, 단군은 태양신의 손자로서 신시(神市)를 건설하는 한편, 곰과 호랑이로 상징되는 토착집단과의 융합에 의한 정치적 집단으로 해석할 수 있다.

한편 『삼국유사』는 단군이 뒤에 아사달에 돌아와 숨어 산신이 되었다고 하였다. 이 점에 관하여 『홍익인간학회지』에는 우리나라의 많은 사찰에 산신각(山神閣)과 삼성각(三聖閣)이 있음을 예로 들면서, 이는 우리나라에 불교가 들어오면서 단군과 관련된 민족

신앙이 불교와 융합함으로써 다른 나라 사찰에서 볼 수 없는 산신각이나 삼성각이 등장하게 된 것으로 보고 있다.

◆ 과연 "환상적 민족의식"인가?

곧 산신각은 아사달(조선)의 산신으로 화한 단군을 모시는 곳으로 이곳에 그려진 산신각의 노인은 바로 단군을 의미하는 것으로 보는 것이다. 또 삼성각 역시 환인, 환웅, 단군의 세 성인을 받들어 모시는 집으로 보는데 이 세 성인이 민족 개국의 역사를 열었으므로 민족의 의식 속에 삼신(三神)으로 자리잡은 것이다.

이제까지의 우리나라 역사가 고조선 개국과 단군의 역사를 신화의 항목으로 다루고, 스스로 역사에서 깎아내리면서 『삼국사기』 위주의 역사 해석에 치중하여 온 것을 부인할 수 없다.

이에 따라 우리 역사학계가 정사(正史) 위주의 사학자들에 의하여 단군에 관한 역사적 인식을 '환상적 민족의식'으로 불안하게 보아온 시각을 바로잡아 나가야 할 것이다.

사실 『삼국사기』와 같은 정사류에 의하여 밝혀질 수 없는 무수한 역사적 과제들이 아직도 많이 남아 있다. 예를 들면, 단군의 아들 중 한 사람으로 전해지는 부소와 개성의 부소산, 부여의 부소산… 동명왕의 둘째 아들이자 온조의 형인 비류와 비류국, 동가강의 비류수, 평남 성천의 비류강, 백제의 비류왕, 그리고 비류 백제에 관한 최근의 논저… 단군의 도읍지 아사달과 백제인 아사달·아사녀의 이야기 등등… 지명과 인명이 이러할 진데 아직도 우리 역사 속에 의문으로 남겨진 수많은 사연들이야 더 말해 무엇하랴.

그러므로 정사의 뒤안에 감추어진, 숨겨진 역사, 잊혀진 역사를 더 찾아내야 하고, 발굴해 나가는 자세가 필요하다. 우리 스스로 꾸며지고 길들여진 역사 안에 안주하면서 스스로 역사를 깎아내리거나 왜곡 또는 폄하하는 일은 정말 없어져야 한다.

① 백두산(白頭山)과 장군봉(將軍峰)

우리나라 모든 산의 조종(祖宗)으로서 높이 2,749m(북한 통계)의 백두산은 최고봉을 장군봉이라 한다. 이 산은 태백산(太白山), 백악(白岳), 북악(北岳), 장백산(長白山), 개마산(蓋馬山), 불함산(不咸山) 등 여러 가지 이름으로 불려졌다. 모두가 산이 하얗게 빛나는 산이라는 뜻으로 산 꼭대기가 백석의 부석(浮石)으로 쌓여 있기 때문이라 하였다.

이 산은 환웅이 처음 내려온 태백산으로 보고 있으며 청나라에서는 조상의 발상지로, 금나라에서도 나라에서 제사를 올린 신령스런 산이다. 한편 개마산이란 이름 역시 "우리나라 음(音)에 흰〔白〕것을 해(奚)라 하고 말(馬)을 마리라 하며 머리〔頭〕라 하니 개마는 해마리(奚馬尼)요, 해마리는 백두(白頭)다."고 정다산은 말한 바 있다.

이 백두산은 일제 때 우리 독립군의 근거지였다. 나철의 대종교 정신을 계승한 독립군의 주류가 백두산에서 결단되었고, 이 부대의 청산리 전투 때에는 국조 한배검(단군)께서 화력을 공급하고 백두산이 엄호사격을 해주니 안심하고 싸우도록 독려하였다는 기록도 있다. 장군봉은 단군이 장군으로 변한 것으로 보고 있으며, 이 또한 단군 역사의 편린을 느끼게 하는 것이다.

② 천지(天池)와 천평(天坪)과 신무치(神武峙)

백두산 꼭대기에 있는 천지는 민족의 성수(聖水)이며 젖줄이다. 일명 용궁지(池), 대지(大池), 천상수(天上水), 달문, 하늘못이라고도 한다. 이 일대가 단군이 계시고 다스리던 곳으로 믿어온 것이다. 천지는 호수의 남북 길이 4.85km 동서의 너비 3.35km, 둘레

18.1km 평균수심 205m, 최대수심 373m이며 두만강, 압록강, 송화강의 원류가 된다. 최근의 북한 지도에 의하면 천지 수면의 5분지 3은 우리 측, 나머지 5분지 2는 중국측으로 분할되어 있다. 천평은 곧 하늘 벌이니 허항령을 올라서면 여기서 시작된 평야가 가도 가도 광활한 평원이 계속되는데, 하루종일을 걷는 평원도 이 천평(天坪)의 한자락 귀퉁이에 지나지 않는다고 한다.

이곳은 몇천 년 전 단군이 최초로 홍익인간의 무대를 열었던 신시(神市)로서 조선의 탄생지요, 그 출발점으로 보고 있다. 천평은 신령스런 산을 등에 지고 성스러운 숲을 안고 있으며, 긴 강이 땅을 적시고 평평하고 넓어서 원시국가의 발생지로 가장 적합한 곳이기 때문에 이곳을 신국(神國)의 옛터로 보고 있는 것이다. 또한 부근의 신무치(神武峙) 역시 같은 뜻을 지닌 이름으로 풀이하고 있다.

백산(白山)과 흑수 사이에 내려온 환웅 천황은 이곳 천평에 자정(子井)과 여정(女井), 곧 위·아래의 두 샘을 팠다고 한다.

이 천평에 대하여 육당 최남선은 〈조선유람가〉에서,

  천평이 끝없는데 홍송 숲 깊어
  신시의 옛터전을 찾는 다리만
  동에는 홍단수(紅湍水)와 서엔 허항령
  새로워 어제 같은 천왕당(天王堂) 있다

고 하였는데, 천왕당은 환웅과 단군을 숭봉하는 단으로 허항령고개 위에 있었다고 한다.

③ 평북 묘향산(妙香山) 단군굴(檀君窟)
높이 1,909m의 묘향산은 서산(西山 : 서산대사를 상기할 것), 향

산, 태백산(太白山)이라고도 불렀다. 『삼국유사』는 이곳이 단군 탄강의 성지라 하였으며, 태백산이란 우리 옛말의 '한밝달'을 뜻한다. 운하폭포에서 1km쯤 떨어져 있는 단군굴은 넓이 50척, 길이 35척, 높이 1장(丈) 반이며 이 일대를 단군대라고도 부른다. 단군굴은 단군의 성지로 알려져 온 곳으로 옛부터 굴 안에 '단군지위'라는 위패가 모셔져 있었다고 한다. 단군굴 인근에는 단군이 마셨다는 우물도 있다.

묘향산은 그 최고봉이 단향(檀香)나무로 밀집되어 있어 단군 탄강의 신단수를 떠올리게 하며 단군굴의 우측에 있는 단군대는 이곳에 오르면 압록강변의 여러 읍과 만주 일대가 잡힐 듯이 바라보이는 곳이라 하였다.

④ 평양(平壤)과 단군릉(檀君陵)

평양은 『삼국유사』에 단군의 도읍지로 나와 있고 기자가 8조의 가르침을 베풀어 예속(禮俗)을 일으킨 땅이며, 고구려 시조 동명왕 주몽이 말을 달리던 곳. 평양은 4천 년 이상의 긴 역사를 가진 고도(古都)로서 역사상 여러 가지 이름으로 불려왔다. 곧 왕검성(王儉城)·기성(箕城)·낙랑(樂浪)·서경(西京)·유경(柳京) 등이 그것이다. 왕검성은 단군왕검이 처음 개국한 땅이므로 왕검성이라 하며 우리말의 검잣(검＝儉, 잣＝城)·검터라고도 풀이되는데, 단군이 거룩한 땅(검터)에 거룩한 잣(聖城)을 쌓았기 때문이다. 또 기자 조선 도읍지였으므로 기자의 성을 따서 기성이라 불렀다고도 한다. 한사군(漢四郡) 때에는 이 일대가 낙랑군의 땅이었으므로(여기에는 이설도 있다.) 낙랑이라 하였고, 고구려 때에 도읍지를 이곳으로 옮겨와 고구려가 망할 때(668년)까지 고구려의 수도가 되었다.

평양을 옛부터 별칭 유경(柳京)이라 하였다. 유(柳)는 수양버들이고, 양(楊)은 갯버들 또는 메버들을 뜻하는데 크고 작은 섬들과 청류벽·연광정(관서 8경의 하나) 등 유적들이 대동강변의 수양버들과 조화를 이루었으므로 유경(柳京)이라 하였다.

평양(平壤)이라는 이름은 '붉돌' 이라는 뜻을 갖고 있다.

이는 아침의 땅, 밝은 땅, 곧 '조선' 과 서로 통하며 '아사달' 과도 이어지고 '서울' 과도 맥이 닿는다.

학자들에 의하면 '평양' 은 우리말의 '비(배)라' 로 읽을 수 있고, '비' 는 '붉' 에 통하고 '돌' 또한 '라' 와 통하기 때문인데, 평양의 옛이름이 유경, 즉 '버들' 을 뜻한 것이라든가, 경기도 양주(楊州) 가 그전에 남평양이었던 것도 '버들' 과 서로 무관하지 않기 때문이며, '버들' 은 곧 '배달' 의 한 형태로 보고 있다. 그리고 평양의 옛이름 아사달도 '아침의 땅', '밝은 땅', '조선' 과 같은 맥락의 이름으로 보는 것이다.

평양 인근의 강동군에 소재한 단군릉은 『동국여지승람』에도 강동현 고을 서쪽 2리에 있는데 그 둘레가 101척이며 세속에서 단군묘라 부른다고 하였고, 조선 말기의 역사지리학자 윤정기도 이를 단군총이라 불렀다는 기록도 보인다. 그리고 단군릉 부근에는 위만묘로 구전되는 고황제묘도 있다고 고산자 김정호는 그의 『대동지지』에 적고 있다. 단군릉은 1993년 북한에서 그 발굴작업을 대대적으로 보도하면서 관심을 끌게 되었다. 이 능이 고조선 어느 임금의 능인지는 확인할 길이 없다. 다만 북한에서 발굴된 뼈를 전자기기에 의해 측정한 결과 약 5,011년 전의 유골로 확인되었다는 보도에 대하여는 의문을 갖지 않을 수 없다. 5,011년 전이라면 단군의 개국년대를 BC 2333년으로 잡더라도 그 보다 685년이나 더 오래 전 유골이기 때문이다.

이 단군릉의 보도에 대하여는 북한학계가 주장하는 대로 고조선의 영역이 만주의 대릉하에서 청천강 지역까지이고 그 중심지를 평양으로 볼 때에도 685년이나 앞선 연대로서 선뜻 수긍하기 어려운 것이다.

다만 여기서 주목할 것은 단군릉 소재지가 대박산(大朴山) 남쪽의 아달산(阿達山)이라는 점이다. 곧 대박산 = 한밝산 = 태백산이며, 아달산 = 아사달 산으로 볼 수 있겠고, 그 인근의 박달촌 등 단군과 관련하여 주목할 만한 땅 이름들이기 때문이다.

⑤ 양강도 제단령(祭壇嶺)

이 고개는 혜산진 동남쪽 약 2km에 위치하며 높이 909m의 큰 고개이다. 이곳은 조선시대에 갑산부사가 나라를 대신하여 백두산 산신제를 지냈다. 이곳은 백두산신에게 국태민안을 기원하는 약 3평 정도의 국사당이 있었으므로 제단령이라 하며, 일제 이후 그 터만 남아 있다고 한다.

⑥ 함경남도 함주군 단군굴(檀君窟)

북청군 상차서면과 함주군 경계에 있으며 이곳에서 단군 임금이 지냈기 때문에 단군굴이라 부른다고 전해진다. 인근 하차서면에는 한나라 무제 때 쌓았다는 한무탑(漢武塔)도 있다. 단군굴은 산수의 풍광이 매우 뛰어난 곳으로 인근에 성지(聖地)로 알려져 있다고 한다.

⑦ 황해도 구월산(九月山)과 아사봉(阿斯峰)·사황봉(思皇峰)

안악, 은율, 신천군의 경계에 있는 높이 954m의 산으로 최고봉인 사황봉과 아사봉 등 여러 봉우리로 되어 있다. 구월산은 아사달산, 궁홀산, 궐산(厥山), 삼위산(三危山)·증산(甑山)이라고도 불렀다.

전하기를 "단군이 처음 평양에 도읍하였다가 후에 또 백악(百岳)

으로 옮겼다고 하는데 곧 이 산이다. 주 무왕 때 기자를 조선에 봉하고 단군은 당장경(唐藏京)으로 옮겼으며 뒤에 다시 이 산으로 숨어 신이 되었다.”고 하였다.

'아사달산'은 '구월산'의 우리말 표기로서 아사달(앗달 = 아홉달)이 구월산으로 변한 것으로 보며, 양주동(梁柱東)은 아사달이 '아찬뫼'로서 자산(子山) 또는 소악(小岳)의 뜻으로 풀이하였다.

한편 '궐산' 역시 '구월산'과 같은 소리체계지만 구전에는 단군 도읍지로서 대궐이 있었으므로 궐산이라 하였다고도 한다.

'궁홀산' 역시 옛 문화현의 이름이 '궁홀'로서 우리말로 '궁골'을 뜻한 것으로 보는데, 이 지방에서는 구월산이 은율과 신천 사이에 남북으로 활(弓)처럼 휘어 뻗었으므로 궁홀산이라 부른 것이다.

또 '증산'이란 산허리에 고요연(高腰淵)이라는 연못이 있어 그 형상이 가마솥과 같으므로 증산이라 한 것이다.

삼위산은 상제 환인이 아들 환웅에게 “삼위 태백에 내려가 인간을 이롭게 하라.” 하여 환웅이 처음 내려온 곳이므로 삼위산이라 부르게 되었다고 한다.

아사봉은 구월산의 한 봉우리로서 '아사달'의 원형을 그대로 지니고 있는데 그 정상에 있는 10여 명이 앉을 수 있는 평평한 바위를 단군대라 부른다. 한편 최고봉인 사황봉은 단군임금의 업적과 그 유업을 기리며 생각한다는 뜻을 지녔다.

어쨌든 아사달의 현재 위치에 대하여 단재 신채호(丹齋 申采浩)는 만주의 완달산(完達山)으로 보고 있으며, 최근에는 중국의 요녕성 심양 동남쪽(첫번째 도읍지), 중국 하북성 험독(두번째 도읍지), 당장경(중국 요녕성 북진 험독 : 세번째 도읍지)으로 보기도 한다.

⑧ 구월산 단군대(檀君臺)·당장평(唐壯坪)·아사나루와 송관묘(松串廟)·성당리(聖堂里)

　두번째 단군대는 구월산 패엽사의 맞은편 봉우리를 말한다. 이 봉우리의 수십길 절벽에 '단군대'라고 새겨져 있기 때문이며 이곳에서 단군이 나라의 도읍지가 될 터를 살펴보았다고 전해지는데 바위 위에는 단군의 발자국이라는 두 개의 큰 자국이 남아 있고, 또 단군이 활을 쏘던 곳이라는 사궁석(射弓石)도 있다. 그리고 용연폭포와 단군대 사이 중간 지점에 단군굴이 있다. 당장평은 장장평 또는 당장경이라고도 하며 구월산 아래 있는 벌판으로 현지에서는 장재이벌, 장갱이벌이라 부른다. 이곳은 단군이 기자를 조선의 제후로 봉한 후 도읍을 옮긴 장당경(藏唐京)으로 전해진다. 인근의 아사나루 역시 옛 이름 '아사달'의 원형을 간직하고 있는 곳이며, 아사나루 근처에는 단군의 왕비 비서갑(匪西岬) 부인을 제사 지내던 곳이라는 송관묘가 있었으나 일제 때 철거되었다고 한다. 또 구월산 밑에 있는 성당리 역시 이곳에 환인·환웅·단군의 세 분을 모시는 사당인 삼성사(三聖祠)가 있어 성당리라 한 것이다. 이곳은 한 말에 대종교를 세운 나철(羅喆)이 일제 때 자살한 곳이라고 하며 그 이듬해 삼성사도 일제에 의하여 훼철되었다. 이 삼성사에는 까마귀와 참새도 깃들지 않고, 고라니와 사슴 같은 짐승도 들어오지 않았던 성지로서 날이 가물 때 빌면 응보를 얻었다고 전해진다.

⑫ 경기도 강화군 마리산(摩利山 : 摩尼山)과 참성단(塹星壇)

　강화도 남쪽 화도면에는 오랜 옛날부터 국태민안을 비는 제천(祭天)의 성화(聖火)가 올려졌던 높이 468미터의 마리산이 자리잡고 있다. 전해지는 바로는 마리산이 어떤 산맥의 줄기도 이어받지 않고 독특하게 이루어진 산으로 중국이나 일본의 산세가 아닌 고

유한 우리 민족의 정기가 서렸다고 하며, 국토의 중앙이자 백두산 천지와 한라산 백록담의 중간에 위치한 영산으로 알려져 있다.

이 산은 본래 마리산(摩利山) 또는 두악산(頭岳山)이라 하였고 강화도 현지 주민들도 모두 '마리산'으로 부르고 있으니 이는 '머리산' 또는 '거룩한 산'의 뜻이며 아직까지 이 산을 찾는 많은 사람들 중에 한 사람도 다치거나 불상사가 일어난 적이 없어 더욱 성역의 이적(異跡)을 보여주고 있다고 한다.

여기서 마니산이 마리산으로 불러야 되는 까닭은 첫째, 머리〔頭〕산이라는 뜻, 둘째, 마루〔宗〕산이라는 뜻, 셋째, 홍익(弘益), 즉 민족 정교 최고 이념의 뜻, 넷째, 마리지천(摩利支天), 마리지(막리지), 마리간(마립간)과 같이 존숭(尊崇)과 우두머리를 나타내는 뜻이 모두 포함되어 있기 때문이다.

이 산의 꼭대기에는 국조 단군께서 단군기원 51년(기원전 2283년)에 민족 만대의 영화와 번영을 위해 친히 단을 쌓고 10월 상달에 하늘에 재사를 올렸다는 참성단(塹星壇)이 있다. 참성단은 고구려의 유리왕과 백제의 비류왕 10년에도 왕이 친히 나와 제사를 지냈으며, 신라와 고려를 이어 구한말까지 제사를 지냈는데 일제의 민족정신 말살정책과 함께 중단되었다.

해방후 전국 체전의 성화를 이곳 참성단에서 태양열이나 부싯돌로 점화하여 전국체육대회장의 성화대까지 봉송 점화하고 있는 배달겨레 성지 중의 하나이다.

노산 이은상 선생은 마리산 참성단에 올라,

그 누가 여기 올라 하늘께 무슨 말을 고했습니까.
그 누가 여기 올라 하늘께 무슨 말을 빌었습니까.
그 누가 여기 올라 무슨 노래를 불렀습니까.

하였다.

⑬ 경기도 강화군 삼랑성(三郞城)과 한밝산

마리산의 한 줄기가 서쪽으로 내닫다가 길상면 온수리에 이르러 다시 세 봉우리를 형성하고 있어 이 산의 형상이 솥의 세 발과 같으므로 산 이름을 정족산(鼎足山 : 솥 발의 뜻)이라 부른다.

이 산에는 병인양요 때 프랑스군과 격전을 벌려 적을 무찌른 정족산성이 남아 있으며 이 산성을 또 삼랑성(三郞城)이라고도 부른다.

삼랑성이라는 이름은 단군께서 마리산에 참성단을 쌓을 때 그 세 아들 부우(扶宇, 혹은 부소), 부루(扶婁), 부여(扶餘)에게 명하여 이곳에 성을 쌓도록 하였기 때문이라고 한다.

『환단고기』에는 BC 2283년 임금이 운사(雲師 : 구름을 주관함) 배달신(倍達臣)에게 명하여 혈구(지금 강화)에 삼랑성을 설치하고 마리산에는 제천단을 쌓았으니 이것이 지금의 참성단이라 하였다.

그런데 여기서 배달신은 '삼랑'을 뜻하며 삼신시종지랑(三神侍從之郞)이 삼시랑이 되고, 다시 삼랑이 되었다고 한다. 지금도 민간에게 아이의 출생과 관련하여 기원하는 대상이 곧 '삼시랑'이다.

한밝산은 화도면 상방리의 뒷산으로서 옛이름인 대백산(大白山) 또는 태백산(太白山)을 금방 떠올리게 된다. 그리고 덕포리에는 왕검의 골이라 부르는 계곡도 있다. 『삼국사기』에 나오는 쑥과 마늘의 고통을 이겨낸 웅녀(곰)의 이야기처럼 약쑥과 마늘은 강화가 특산지이기도 하고, 더불어 단군 역사의 신단수로 상징되는 박달나무 자생지가 바로 강화인 점도 관심을 끄는 이유인 것이다.

⑭ 강원도 태백산(太白山)과 장군봉(將軍峰)

강원도 태백시와 경상북도와 경계에 있는 높이 1,567m의 태백산은 그 최고봉을 장군봉이라 한다. 또 다른 태백산, 곧 백두산의 최고봉도 장군봉이며, 천제단이 있는 것처럼 태백산 장군봉에도 20평 가량의 천제단이 있어 단군 한배검을 모신다. 장군봉의 '장군'은 단군 = 장군이 된 것으로 보고 있으며, 이곳의 천제단을 그 전에 천왕당(天王堂 : 태백신사)이라 불렀다는 것도 백두산과 같으며 지리산의 최고봉인 천왕봉이나, 속리산의 최고봉인 천황봉(天皇峰)을 떠올리게 된다.

⑮ 태백시 소도동(所道洞)과 당골마을

태백산에서 태백시로 내려가면 소도동이라는 마을이 나온다. 소도동(所道洞)은 옛날 하늘에 제사를 올렸던 소도(蘇塗 : 솟대라고도 하며 성역으로 신성시하였던 곳)에서 비롯된 이름이니 이 또한 단군 신화와 무관하지 않음을 일깨워 주고 있다.

당골 마을은 태백산에서 소도동으로 내려가는 중간에 있는 마을이다. 이 골짜기를 오르면 단군각을 비롯한 옛 산신각터가 남아 있으며 최남선의 주장처럼 '단군'이라는 말이 '당골'로 남아서 태백산 자락에 지명으로 남아 있음을 확인케 한다.

인근의 태백산 망경사의 산신각에도 단군 한배검을 모시고 있다.

⑯ 전라북도 익산시 기준성(箕準城)

익산시 금마면과 삼기면 등에 걸쳐 있는 미륵산 동쪽의 돌성이다. 위만 조선이 망하자 마지막 임금 기준이 남쪽으로 피난하여 마한을 세우고 쌓은 성이므로 기준성이라 한다. 금마면 기양리(箕陽里) 역시 기준왕의 아들 무강왕이 이곳에 탑을 세우고 '기양'이라 명명하였다고 한다.

한편 용안면의 화배리(花盃里)도 기준이 이곳에 와서 꽃잔을 가

지고 꽃놀이를 하였던 곳이므로 화배리라 부르게 되었다고 전해
진다.

부여. 7일 낮, 7일 밤을 불탔다
─백제의 멸망

부소산 해가 지고 첫 봄비 어두운데
나루터 건너편엔 갈대밭이 우거져라.
어쩌다 길손님네는 시름 겨워 하는고

고란사 흰 구름이 천년이라 순간 같다.
흐르는 저 종소리 망국한을 아는 듯이
옛 강산 울려주고 고요히도 사라져라.

이것은 작고한 홍사준이 부여 8경 중 부소산과 고란사를 노래한 것이다.
춘원(春園)은 그의 『반도강산』에서 다음과 같이 말하고 있다.

부소산은 산이라기보다 강(岡)이다. 산에 기와조각이 한 벌 깔렸다. 그날 밤 화염에 튄 것이다. 어로(御爐)의 향내 맡던 곳이요, 남훈(南薰)의 태평가 듣던 곳이다. 여기는 대궐 자리요, 여기는 비빈(妃嬪)이 있던 데요, 달 맞는 영월대, 달 보내는 송월대는 여기 여기요, 공 차던 축국장(蹴鞠場)이 여기, 가무하던 무슨 전(殿)이 여기,

750년의 영화가 하룻밤에 사라질 때 부소산 전체가 온통 불길이 되어 7월의 밤하늘과 사자수를 비칠 때의 비장 참담한 광경이 눈을 감으면 보이는 듯하다. 그때에 영화의 꿈에 취하였던 궁궐이 온통 경황하여 울며 불며 엎드러지며 자빠지며 이리 뛰고 저리 굴고 하던 양, 꽃같이 아름답고 세류같이 연약한 수백의 비빈이 흑연(黑煙)을 헤치고 송월대의 빗긴 달에 낙화암으로 가던 양, 숯고개와 수사자로 폭풍같이 밀려드는 나당 연합군의 승승한 고함소리가 귀를 기울이면 들리는 듯하다.

서기 660년 7월 18일.

숯고개를 넘어 황산벌에서 백제의 5천 결사대를 무찌른 김유신의 신라군과 당나라 소정방(蘇定方)이 거느린 13만 대군이 황해를 건너고 금강을 거슬러 백제의 수도 사비성을 공격하니 성은 마침내 함락되었다.

그 이전 백제 의자왕은 신라의 40여 성을 함락시켜 위세를 떨쳤으나 점점 빗나가기 시작하였다. 궁궐 남쪽에 망해정(望海亭)을 세우고 궁녀들과 어울려 술과 노래로 방탕한 세월을 보내며 정사를 돌보지 않았다. 보다 못한 충신들이 이를 간하였으나 오히려 그들을 옥에 가두고 귀담아 듣지 않았다.

신라의 김유신은 백제에 첩자를 보내고 여간첩을 침투시켜 의자왕의 총명을 흐리게 하고 충신들을 멀리하게 하여 백제의 국정은 극도로 혼란해졌다. 나라의 형편이 이러니 곳곳에서 멸망의 징조가 나타났다.

충신 성충(成忠)과 홍수(興首)는 "만약 적군이 쳐들어오면 육로로는 탄현(숯고개)을 막고, 수로로는 기벌포를 지켜 험난한 곳에 의지해 막고 치는 것이 옳겠습니다." 하였으나 의자왕은 이를 받아들이지 않았다. 이에 성충은 28일간을 굶다가 한을 남기고 죽었으며, 홍수는 고마미지에서 귀양살이를 하였다.

7월 11일 김유신의 신라군과 당나라 소정방의 군사 도합 18만이 사비성을 포위하니 의자왕과 태자 효는 웅진으로 달아나고, 7월 18일 마침내 5방 37군 7백여 성 76만 호를 거느린 백제는 허무하게 그 막을 내렸다.

사비성이 무너지자 신라와 당나라 군사는 백제인들을 무자비하게 학살했고, 아비규환의 피바다 속에 도성은 7일 낮, 7일 밤을 철저히 불태워졌다. 무지막지하게 파괴당해 지상에 버티고 서서 남은 것은 당나라 장수 소정방이 제 공적을 새긴 5층 석탑 하나뿐이었으니 그 참상을 어찌 헤아릴 수 있을 것인가.

소정방은 8월 17일 의자왕과 왕자 4명, 대신 93명, 그밖에 남녀 포로 12,807명을 배에 태워 당나라로 이끌고 돌아갔다.

이보다 앞서 진덕여왕 때(648) 김춘추는 셋째 아들을 데리고 당나라에 건너가 당 태종 앞에 꿇어앉아 군사를 출병시켜 백제를 쳐 달라고 간청하였다. 중국의 의관을 가져다 입고 쓰며, 진흥왕 이래의 연호를 버리고 당의 연호를 쓰는가 하면, 당나라에 아들을 인질로 남겨두는 등 단재 신채호의 표현을 빌리자면 '사대주의의 병균을 이 땅에 퍼뜨리기 시작' 한 것이다.

그리하여 단군 이래의 같은 민족인 백제와 고구려를 차례로 멸망시킴으로써 원산 이남의 불완전 통일에 만족하고 지금까지 반도국가로 굳혀지게 된 역사의 시발점을 만들게 된다.

그후 신라는 백제 · 고구려의 망국에 대한 자세한 언급을 국가적으로 금기시하였고, 성곽과 건물, 유적 등을 파괴하여 백제사에 관한 많은 기록은 사라져 버렸다. 그로 인해 백제사와 고구려사는 아직도 규명되지 못하고 수수께끼에 싸여 있는 부분이 한두 가지가 아니며, 이것은 참으로 안타까운 일이다.

① 인천광역시 옹진군 소야반도(蘇爺半島)

덕적면 소야도에 있다.

소야도는 사야도, 새곶섬이라고도 한다. 당 고종의 명령을 받은 소정방이 김춘추의 아들 김인문과 함께 당나라 군사 13만을 이끌고 산동반도를 떠나 황해를 건너 660년 6월 21일 이곳 소야도에 상륙하였다. '소야' 는 소정방을 뜻하는 중국식의 높임말이라고 한다.

② 충청남도 대전시 숯고개

한자로 의역하여 탄현(炭峴)이라 한다.

성충, 홍수가 의자왕에게 지키도록 간하였던 탄현의 위치에 대하여는 여러 가지 설이 있다. 그 첫째가 대전시와 충청북도 옥천군 경계에 있는 식장산의 자무실[沈峴] 고개이다. 제2설은 전라북도 완주군 운주면의 숯고개(일명 탄치)설이 있으며, 제3설은 공주시 탄천면 가척리와 부여 사이의 숯고개설, 제4설은 충청북도 영동군 양산면 가선리와 충청남도 금산군 제원면 사이의 숯고개(탄현), 그리고 충청남도 금산군 진산면과 복수면 사이의 숯고개설, 충청남도 부여군 석성면 정각리의 숯고개설, 대전시 세천 부근의 마달령설 등 이설이 많다.

③ 충청남도 논산군 어상산(御床山)

논산읍 황화산 서남쪽에 있는 낮은 산이다.

백제 의자왕이 이곳에 와서 놀면서 즐기던 곳이므로 어상산이라 부른다고 한다.

④ 충청남도 부여군 야화리(野花里)와 화산리(花山里)

채운면에 있다.

야화리는 '들꽃뫼' 라는 산이 있으므로 생긴 이름이다. 들꽃미는 백제 의자왕이 이곳에 화초를 심어 놀이터를 만들고 꽃철에 와서 놀았던 곳이라고 한다.

화산리는 '꽃미' 라는 산이 있어서 붙은 이름이다. 꽃미 역시 의자왕이 이 산에 꽃을 심어 놀이터를 만들고 철따라 놀았던 곳이라고 한다.

⑤ 충청남도 부여군 원당리(元堂里)와 유왕산(留王山)

양화면에 있다.

유왕산은 암수리와 원당리 경계에 있다.

의자왕과 그 신하 93명, 백성 12,807명이 당나라 장수 소정방에게 끌려 중국으로 잡혀가게 되었다. 이때 일행이 탄 배가 금강을 내려가게 되매 백제의 남은 백성들이 금강변의 이 산에 올라가 임금과 가족을 머무르게 하여 달라고 애원하였으므로 유왕산이라 부르게 되었다는 것이다. 해마다 그들이 끌려간 음력 8월 17일이 되면 부근 고을의 여자들이 음식을 장만해 가지고 이 산에 올라가 노래를 부르며 노는 것이 한 풍속으로 전해 내려왔다.

이별 별(別)자 설어 마소, 만날 봉(逢)자 또다시 있네.
명년 8월 17일에 악수 논정 다시 하세.

또 양화면의 원당리(元堂里)는 본래 당나라를 원망한다는 뜻의 원당리(怨唐里)였으며, 유왕산도 역시 원당산이라고도 불렀는데 뒤에 지금의 원당리로 바뀌었다고 한다.

⑥ 충청남도 부여군 망배산(望拜山)

양화면의 원당리와 내성리 경계에 있는 산이다.

백제 의자왕이 신하 및 백성들과 당나라 군사에 끌려가자 백제의 뜻있는 선비들이 이 산에 올라 울면서 왕을 바라보며 절을 하였다고 한다.

⑦ 충청남도 부여군 자온대(自溫臺)

규암면 규암리 수북정 밑에 있는 바위이다.

백제 의자왕이 왕흥사에 불공을 드리러 갈 때 늘 먼저 이 바위에 올라 부처를 바라보며 절을 하였다. 그때마다 이 바위가 저절로 따뜻해졌으므로 자온대라 하였다.

⑧ 충청남도 부여군 왕흥사(王興寺)터

규암면 신리 왕안이 뒷산에 있는 절터이다.

600년(법왕)에 공사를 시작하여 무왕 때 완성한 절이다. 의자왕 때 배의 노가 큰 물을 따라 절의 문으로 들어왔는데 이때 사슴만한 큰 개가 서쪽에서 와서 그 노를 타고 사비수 언덕에 이르러 왕궁을 향하여 크게 울고 사라졌다. 사람들은 이를 백제 멸망의 징조로 여겼다고 한다.

⑨ 충청남도 부여군 대궐터와 당유인원기공비(唐劉仁願紀功碑)

부여읍 관북리에 있다.

궁궐터는 부여 박물관 입구 부근이며 백제 때의 궁궐이 있었다고 한다. 부여 박물관 안에는 당나라 장수 유인원의 공을 기리는 비석이 있다.

⑩ 충청남도 부여군 백제탑

부여읍 동남리에 있다.

정림사지 오층탑, 또는 소정방이 이 탑에 제 공적을 새겼으므로 평제탑이라고도 하는데, 높이 10.3m이다.

⑪ 충청남도 부여군 천왕사(天王寺)터

부여읍 동남리 금성산 서남쪽에 있는 절터이다.

의자왕 20년(660) 5월 비바람이 사납게 불어서 천왕사의 두 탑을 진동시켰다고 『삼국사기』는 적고 있다. 1955년 이곳에서 청동 탑이 나왔다.

⑫ 충청남도 부여군 백마강(白馬江)

금강이 부여 지방을 휘돌아 흐르는 구간을 백마강이라 부른다.

백마강은 백제의 7백년 한을 실어 나른 강이다.

백제의 망국의 한은 언제 그 한이 다하고 또 그 원이 풀릴 것인 가.

그 백마강은 전라북도에서 발원하여 충청지방을 휘돌아 다시 서해로 들어가는 금강으로서 부여 지방에 오면 백마강이 된다. 백마강 달밤에 물새가 울어… 등 숱한 노랫가락으로 우리들의 가슴을 저리게 하였던 백마강은 부소산(扶蘇山) 밑을 흘러내리며 700년 백제의 회한을 실어 날랐고 강 주변 곳곳에는 아직도 옛 백제의 자취가 남아 있다. 그러기에 이 산에 오르면 누구나 숙연해진다.

이 강을 왜 ‘백마(白馬)’의 강이라 불렀을까?

이 강을 부여 지방에서는 옛날에 백촌강(白村江) · 사비수 · 사자수 · 백강(白江) 등으로 불렀는데, 백마강의 이름은 소정방의 전설과 관계가 있다.

비록 전설이기는 하지만 당나라 장수 소정방이 백제를 공격할 때 이 강에 늘 안개가 끼어 있어, 그 까닭을 알아보니 의자왕이 용으로 변하여 이 강에서 조화를 부린다는 것이었다. 이에 소정방은 백마의 머리를 잘라서 이것을 낚시의 미끼로 삼아 용을 낚았더니, 그때부터 안개가 걷히고 강을 안전하게 건널 수 있게 되었다고 한다.

그때부터 이 강을 백마강이라 불렀다고 하는데, 그보다는 백제가 망한 후 신라와 당 그리고 백제의 왕자가 백마의 목을 잘라 그 피로 결속을 맹세하였던 일에서 비롯된 것은 아닌가 하는 생각도 든다. 그때 소정방이 앉아서 낚시질하던 바위는 용을 낚았다는 뜻에서 조룡대(釣龍臺) 또는 용바위라 부르게 되었다고 하며 이 바위 위에는 그전에 용이 발톱으로 할퀸 흔적이 있었다고 한다.

옛 기록에 의하면 백제 의자왕 때 이 강에서 여러 가지 망국의 징조가 나타났다고 하는데, 그 징조로는 강가에 세 길이나 되는 물고기가 나와서 죽어 있었고, 열여덟 자나 되는 여자의 시체가 물 위에 떠 있는가 하면 강물이 핏빛으로 변했다는 등의 이야기가 있다.

모두가 백제 멸망을 필연의 역사로 돌리려는 후세의 곡필로 이해되기도 하지만, 깡그리 부서지고 불태워진 부여의 그때 아비규환의 참상을 백마강은 모두 보았고, 그리고 그 처절한 사연들을 강물로 실어 날랐을 터이다.

원효대사는 금강 하류에서 강물을 마셔보고 상류에 고란초(부소산 고란사)가 자생하고 있음을 알았다고 하는 기록도 있다.

사비수 낙화 3천
울며 펄펄 떨어질 제
한 분은 날아올라
새벽달이 되옵더니
고란사 쇠북소리에

마저 떨어져 감긴다.
 —이은상

⑬ 충청남도 부여군 낙화암(落花岩)과 고란사(皐蘭寺)
 부여읍 쌍북리에 있다.
 고란사는 부소산 밑, 백마강변에 있는 절이다. 백제 말기에 지었
다고도 하고, 고려 현종 때(1028) 낙화암에서 떨어져 죽은 3천 궁
녀의 넋을 위로하기 위하여 지었다고도 한다. 절벽에 고란초가 나
므로 고란사라고 하였으며, 그 밑에 찬 우물이 있어 고란정이라
하고 그 물을 고란수라 한다.
 고란수는 백제왕의 식수로 사용된 어용수였다고 한다. 그러므로
왕에게 이 물을 올릴 때는 고란초 한 잎을 띄워서 고란수임을 증
명하였다고 한다. 곧 고란초는 백제 비운의 역사를 간직한 풀이
며, 그러기에 이 절에서 듣는 백마강의 물소리는 백제의 한숨소리
같다.
 이곳에는 아미타불을 주불로 모시고 있으며 여기에 관음과 대세
지보살을 새로 모셨으니 삼천 궁녀의 위령에 적합한데, 이 절에
백제 법왕 때 일본의 대신이 천거한 두 명의 여승이 머물렀다고도
한다.
 낙화암은 사비루 서쪽에 있는 바위이다. 벼랑으로 되어 있고 그
아래 천야만야한 절벽 밑으로 백마강이 흐른다. 의자왕 때 백제의
궁녀들이 나·당 연합군의 침공을 당하자 이곳에서 떨어져 죽었다
고 전해지는 곳이다.

⑭ 충청남도 부여군 맹광이 방죽
 만광지(萬光池)라고도 하며 부여읍 쌍북리 사근다리 동쪽에 있
는 못이다.

백제 의자왕 때 만광이란 점쟁이가 살았는데 그는 배신자였다. 소정방의 물음에 의자왕이 피한 곳을 가르쳐 주었으므로 그는 뒤에 의병들에게 맞아 죽었고, 그 집터는 파서 못을 만들었다고 한다.

나라가 망할 때는 반드시 충신과 반역자가 나타나게 마련인 법. 그러나 우리 역사를 보면 그런 배역자들이 대를 물려가며 부귀영화를 누린 경우도 많은데 이곳 만광이는 그러지를 못하였으니 이 또한 교훈이 될 만하다.

⑮ 충청남도 부여군 책바위

백바위라고도 하며 부여읍 용정리 엄방굴에 있는 바위이다.

바위 중간에 네모진 금이 있는데 백제가 망할 때 책을 이곳에 감추었다는 전설이 있다. 인근에는 백제 충신 성충, 흥수, 계백 등을 모신 의열사(義烈祠)와 의열사비가 있다.

⑯ 충청남도 부여군 희여대(戱女臺)

부여읍 현북리 344번지에 있는 옛 터이다.

주춧돌 14개가 남아 있는데 백제 말기 임금이 이곳에서 여자들을 희롱하며 놀았던 곳이라고 한다.

⑰ 충청남도 부여군 군장동(軍藏洞)

석성면 증산리에 있는 큰 골짜기이다.

백제 때 군사 1만여 명을 이곳에 감추었다가 나·당 연합군을 습격하게 하였다고 하고, 당나라 소정방이 이곳에 군사를 감추었다고도 한다.

⑱ 충청남도 부여군 팔충리(八忠里)

충화면에 있다.

백제가 망할 때의 충신인 성충(成忠)·흥수(興首)·계백(階伯)·복신(福信)·지수신(遲受信) 등 8충신이 이곳에서 났으므로 본래 팔충면이라 하였다.

부근에 팔충치(고개), 팔충교(다리) 등이 있다.

⑲ 충청남도 청양군 금정리(金井里)

사양면(지금 남양면)에 있다.

백제 31대 의자왕이 이곳에서 나는 좋은 우물의 물을 길러다 먹었으므로 금정이라 하였다고 한다.

⑳ 충청남도 청양군 사양면(斜陽面)

이곳에 사양리와 사양치라는 고개가 있다.(사양면은 그 이름 때문에 남양면으로 바뀌었다.)

사양(斜陽)이란 기울어지는 해를 뜻한다.

사양면에서 부여군 은산면으로 넘어가는 고개를 사양치라고 한다. 백제 의자왕 때에 이곳 금정리에는 좋은 우물이 있어서 이 물을 백제 왕실에서 마셨으므로 마을 이름을 이같이 부르게 되었다고 한다.

백제 왕실에서는 이 마을 사람들로 하여금 매일 이 물을 길어서 부여의 궁중으로 운반케 하였다. 그런데 백성들이 아침 일찍 물을 길어서 부여의 궁중에 가져다 주고 이 고개에 돌아오면 꼭 저녁 노을이 지기 시작하므로 고개 이름을 '해가 기운다'는 뜻의 사양치라 부르게 되었다는 것이다.

마을 사람들이 물을 나른 지 얼마되지 않아 이 고개 위에는 한 여인이 경영하는 주막이 생겼다. 이 여인은 지친 마을 사람들에게 음식을 제공하며 친절을 베풀더니 나중에는 궁궐 소식을 물어보기도 하고 백제 군사들의 움직임이나 궁궐 내의 상세한 소식을 지나는 말처럼 묻기도 하였다. 그후 신라와 당나라 연합군이 백제를 침공했다는 소문이 들려오고 얼마 후 백제가 멸망하게 되자 주막집 여인도 사라져 버렸는데, 마을 사람들은 그제야 그 여인이 나·당(羅唐) 연합군의 첩자였음을 알게 되었다고 한다. 그후부터 이 고개는 첩자에 의해 나라를 기울어지게 한 고개였으므로 글자 그대로 사양치가 되었으며, 인근 주민들은 넘어다니기를 꺼리게 되었다고 한다.

더구나 1987년 1월 1일을 기하여 사양면이라는 이름의 뜻이 좋지 않다고 생각한 주민들의 건의로 사양면이 남양면(南陽面)으로 바뀌고 말았으니, 사화 속의 한 이름도 영영 사양길로 들어서고 말았다.

㉑ 전라북도 김제시 성산(城山)

교동의 향교골 서북쪽에 있는 산이다.

나·당 연합군이 백제를 공격할 때 당나라 군사들이 백제군과 싸우기 위하여 쌓은 토성이라고 한다.

㉒ 전라북도 군산시 오성산(五聖山)

성산면 성덕리와 나포면 서포리 경계에 있는 높이 226m의 산이다.

태흥산 또는 조선시대 봉수대가 있어 봉우재라고도 한다. 백제 말기에 당나라 장수 소정방이 백제를 치기 위해 군대를 이끌고 이 산에 이르자 안개가 자욱하여 길을 분간할 수 없었다. 이때 다섯 노인이 나타나므로 이들에게 길을 묻자 노인들이 "우리나라를 치러 왔는데 어떻게 길을 가르쳐 줄 수 있는가?" 하였다. 이에 소정방이 이들을 죽인 후 군대를 이끌고 떠나려다가 뉘우쳐, 이 산에 다섯 노인을 장사지냈으므로 오성산이라 부르게 되었다고 한다.

부근의 천방산 역시 소정방이 군사를 이끌고 지나다가 안개를 만나 불공을 드린 후 안개를 헤쳐 나갔다는 전설을 지니고 있다.

㉓ 전라북도 부안군 계화도(界火島)

계화면의 서북 끝에 있다.

이곳은 계화도까지 바다를 막아 육지가 된 곳이다. 이곳을 백제가 멸망할 때 당나라 소정방의 군대가 상륙한 지벌포로 보고 있다. 이곳을 지벌포로 보는 이유는 지＝계, 벌＝불＝火로 보기 때문이다. 이 지벌포에 대하여는 금강하구의 질구지개로 보는 견해도 있어 해석상 논란의 여지가 있다.

역사 속의 군사혁명
―고려 무신(武臣)의 난

  1170년 고려 의종 때 일어난 무신의 난은 역대 군왕들의 숭문천무(崇文賤武)의 풍조에서 비롯되었다. 고려는 과거제도를 채택하면서 문(文)을 숭상하고 무(武)를 천시하는 경향이 생겼는데, 성종 이후 무신은 군의 최고 지휘관에도 오르지 못하게 되고 그 자리를 문신이 차지하였다.

  현종 때(1014년)는 무신의 녹봉을 박탈하여 문신에게 주었으며 인종 때는 무신 교육기관도 폐지하여 무신들은 마치 역부(役夫)와 같이 취급되기도 하였다. 특히 묘청의 난이 문신 김부식에 의하여 평정되자 문신의 무신 멸시 풍조는 더욱 깊어졌다.

  의종은 문신들을 데리고 밤늦도록 향락에 빠지는 일이 많았다. 이때 호위로 따라다니던 무신들이 장군 정중부(鄭仲夫)에게,

  문신들은 술과 고기로 질탕하게 노는데
  무신들은 배 고프고 피곤하니 참을 수 없다.

고 하면서 분개하였다. 정중부도 전날 김부식의 아들 김돈중이 자신의 수염을 촛불로 태우는 수모를 당하여 그들의 행패를 더 이상

두고볼 수 없다고 생각했을 법하다. 마침내 1170년(의종 24) 8월 30일 왕이 장단의 보현원으로 행차하는 길에 대장군 이소응이 문신 한뇌에게 뺨을 맞은 사건이 일어나자 분노가 폭발하였다.

격분한 무신들은 보현원에 이르자 문관이란 문관은 한 사람도 빠짐없이 잡아 죽이고, 그들의 시신은 연못에 집어넣어 버렸다. 그리고 10월 2일 의종은 경상도 거제로 귀양 보내고 태자 기(祈)는 전라도 진도(고군면 석현리)로 귀양 보냈다가 죽이고 말았다.

이것이 우리 역사에 한 획을 긋는 고려 무신의 난이다. 병사나 무인은 전쟁을 대비하여 평화시에 미리 양성하는 것이다. 그러나 고려는 평화시라 하여 무신을 천시하였고, 특히 문신 김부식이 묘청의 난을 정벌하고 난 후 무신 경시 경향을 심화시킴으로써 무신의 난을 불러일으킨 것이다.

고려 무신의 난은 정중부 이후 경대승 → 이의민 → 최충헌으로 이어져 최우, 최항, 최의가 대를 이어 집권하게 되었다. 1258년(고종 45) 최씨 정권의 최후 집권자인 최의가 죽기까지 무려 90년간 무신 정권이 나라를 이끌어갔다.

우리 역사에서 일시적으로 무신이 정권을 장악하고 집권한 예는 더러 있지만 고려의 무신정권은 1세기 가까이 집권함으로써 사회질서의 붕괴, 하극상의 풍조로 인한 천민의 난 등 암흑시대를 불러와 고려의 쇠망을 재촉하였던 것이다.

그러나 고려의 무신에 의한 군사 쿠데타는 조정의 극심한 차별정책에서 비롯된 것으로, 근세 우리 역사를 얼룩지게 한 30여 년간의 군사통치와는 그 동기나 배경이 전혀 다른 것이다.

① 경기도 장단군 조정침(朝廷沈)

군사 분계선 내의 북한측 사천(砂川 : 임진강 지류)이 흘러내리는 곳으로 추정된다. 부근에 보현원이 있었으며 고려 의종이 둑을 쌓고 못을 만들어 놀이하던 곳이다.

무신들이 보현원에서 문신들을 모두 죽여 그 시체를 이 못에 버려 못이 메워지게 되니, 고려 조정이 못에 가라앉았다는 뜻에서 조정침이라 부르게 된 역사의 현장이다.

② 경상남도 거제시 폐왕성(廢王城)

일명 피왕성이라고도 하며 둔덕면 거림리 95번지에 있는 석성이다.

고려 무신의 난 때 의종을 유폐시킨 곳이므로 폐왕성, 또는 피왕성이라 한다.

1173년 의종을 다시 왕으로 세우려는 신하들에 의하여 의종은 경주까지 나갔다가 정중부가 보낸 이의민에게 잡혀 죽었다.

③ 경상남도 거제시 어구리(於口里)

둔덕면의 마을이다.

의종이 피왕성에 쫓겨와 있을 때 몰래 무기를 만들었던 곳이라고 한다. 외인의 출입을 금지시켰으므로 외인금(外人禁)이라고도 하며, 혹은 인근에 임금이 머물렀다 하여 인그미라 하다가 변하여 어구리가 되었다고 한다.

물거품 된 마지막 대륙진출의 꿈
—위화도(威化島) 회군(回軍)

봉천토죄(奉天討罪)이시매 사방 제후가 모이더니
성화(聖化)가 오라시어 서이(西夷) 또 모이니
창의반사(唱義班師)이시매 천리의 인민이 모이더니
성화가 깊으시어 북적(北狄)이 또 모이니
—용비어천가 제9장

강가에 자거늘 밀물이 사흘이로되
나가니 막 잠깁니다
섬 안에 주무실 때 큰 비 사흘이로되
비니 막 잠깁니다
—용비어천가 제67장

강가 아니 말리시어 밀물을 막으시니
하늘이 부러 남을 보이시니
큰 비를 아니 그치시어 날물(出水)을 외어 돌리시니
하늘이 부러 우리를 보이시니
—용비어천가 제68장

우리 역사의 수레바퀴를 돌려 방향을 바꾸게 한 위화도.

이 섬에서의 '창의반사' (용비어천가 제9장, 곧 위화도 회군)로 조선 왕조 창업의 전기가 마련되었고, 최영이 처단되었으며, 고려 왕조가 토담 무너지듯 내려앉았다. '목자득국(木子得國)', 곧 이씨(李＝木과 子임)가 나라를 세운다는 항간의 민요, '나무 아들이 나라를 얻네'가 현실화되었다고 조선 왕조의 사가들은 말한다.

1388년 고려 우왕 때, 임금이 해주의 백사정에 사냥을 나간다고 핑계를 대고 5부의 장정들을 조련하여 서해도(황해도)로 나갔는데, 이는 사실 명나라의 요동을 치기 위한 연막전술이었다.

이때 우왕은 문하시중 최영과 함께 이성계를 불러 명하기를 "과인이 요양을 치고자 하니 경들은 힘을 다하라." 하였다. 이에 대하여 이성계는,

이제 군을 움직임에는 4불가(四不可)가 있습니다. 작은 나라가 큰 나라를 치는 일이 그 첫째요, 여름철에 군사를 보내는 일이 그 둘째요, 온 나라가 동원되면 왜적이 그 빈틈을 노릴 것이니 그 셋째요, 때가 무더운 장마철이라 활이 늘어지고 군사가 병들 것이니 그 넷째입니다.

하였다. 그러나 우왕과 최영이 이를 듣지 않고 평양까지 진출하여 각도의 군사들을 불러들이고 최영으로 팔도 도통사, 조민수로 좌군 도통사, 이성계로 우군 도통사로 삼아 10만 대군을 압록강으로 출발시켰다.

압록강 하구 중간에 있는 섬인 위화도에 이르니 도망가는 군사가 많았다.

이때 비가 계속 내리므로 이성계는 다시 우왕에게 회군할 것을 건의하였으나 우왕은 이를 듣지 아니하였다. 이에 이성계는 다시

여러 장수와 상의하니 장수들이 오직 이성계의 말을 따르겠다고 하였다. 이성계는 곧 백마를 타고 군사를 지휘하여 군사들부터 먼저 강을 건너 되돌아가게 하니 이를 본 군사들이 "고금에 이런 분이 다시 있을 것인가." 하였다. 이때가 1388년(우왕 14) 5월 20일이었다.

이성계가 군사들을 모두 건너 보내고 자신도 강을 건너 오자 곧 큰 물이 닥쳐 위화도 섬을 휩쓸었다.(용비어천가 제 67장). 이성계가 회군하는 군사들을 이끌고 성문 밖에 머무니 동북면의 백성과 여진족들과 따라가지 아니하였든 많은 사람들이 밤낮으로 다투어 오니 모여든 인원이 천여 명이나 되었다.

이상의 내용은 용비어천가에 나타난 이성계의 위화도 회군에 관한 것으로서 한결같이 회군의 불가피성과 이성계의 결단, 그리고 자연의 조화 등을 끌어들여 회군 자체를 미화하고 찬양한 것이다.

고려 말기에 요동정벌을 단행하게 되었던 배경은 무엇인가.

요동은 만주의 서쪽을 북에서 남으로 흐르는 요하(遼河)의 동쪽을 말하며 요동성, 안시성 등이 이 강의 동쪽에 있어 고조선은 물론 고구려와 발해의 땅이다. 더구나 고려의 건국이념은 고구려의 옛땅을 되찾고자 하는 데 있었으며, 따라서 나라 이름도 '고구려=고려'라 한 것이다.

고려의 이와 같은 북진정책은 신라의 삼국통일이 대동강 하류, 원산 이남을 연결하는 선의 불완전 통일로서 지금 남북한 국토 면적의 약 절반에 불과한 것이었기 때문이다. 그리하여 꾸준한 북진정책의 결과 의주에서 강계, 갑산, 길주로 이어지는 선의 국토를 회복하게 되었다.

그러나 이런 과정에서 고려와 신흥세력인 명나라 사이에 갈등이 표출되었으니 그 하나가 철령위 문제였다. 철령은 1258년(고종 45) 조휘·탁청이 철령 이북의 땅을 가지고 몽고에 투항하여 몽고

(원)에서 영흥에 쌍성총관부를 두었고, 그것이 1356년(공민왕 5)까지 존속되었으나 공민왕이 배원정책을 펴서 원의 세력을 축출함으로써 회복한 땅이다.

그러나 명나라는 철령의 북쪽 땅은 본래 원나라의 땅이라 하여 명나라에 귀속시키고 이곳에 철령위(衛)를 설치하려 하였다. 고려 조정은 이에 대항하여 이곳에 성을 신축하는 등 분쟁과 갈등을 거듭하다가 마침내 거국적인 요동정벌을 단행하였으나 이성계의 위화도 회군으로 그 꿈은 물거품이 되고 말았다.

이성계의 군사가 회군하여 되돌아오자 크게 놀란 우왕과 최영은 즉시 평양에서 송도로 귀경하였으나 곧 이성계에게 붙잡혀 최영은 경기도 고양으로 유배되었고, 우왕은 강화도로 추방되었다. 그리고 그 이후 이성계는 고려의 임금을 마음대로 들여세우거나 폐위시키는 등 사실상 조선 왕조 창업의 기반을 닦았으며, 이는 사실상 친원파와 친명파간의 신·구세력 교체를 의미하였다.

위화도 회군.

군 작전상 또는 농사철인 점을 감안한다면 계절적인 문제는 있었다고 본다. 그러나 10만의 대병력으로 만주벌을 공략하여 단군 이래의 옛땅을 회복하는 기회가 되었을 법도 한데 어찌 그리도 쉽게 포기하고 창을 거꾸로 돌렸던가.

5천년 역사 속에서 처음이자 마지막이었던 만주 대륙, 고토 회복의 꿈은 이것으로 물거품이 되었고, 그후 우리 민족은 영영 한반도의 압록강 이남에 갇혀 살아야 하는 약소민족의 신세가 되어버렸던 것이다.

산마루 강둑에 서거들랑
사나이 눈 한번 크게 떠 보게
백두산, 압록강도 국경 아니다.

그 너머 대륙 땅 옛 고향인데
못났다. 왜 오늘 우리들
임진강 아래서 살아야 하나.
―이은상의 「그대 왜 거기 가 셨나」에서

. . . .

① 강원도 회양군 철령(鐵嶺)
 함경남도 안변과 강원도 경계에 있는 높이 685m의 고개.
 백사 이항복의 시조 '철령 높은 재에 자고 가는 저 구름아' 로 유
명한 곳이다. 이 관문의 북쪽은 여진족이 발호하는 곳이었으므로
호적방어선의 제1선이 되었던 곳이다. 일명 철관(鐵關)이라고도
하였는데, '관' 은 나라에서 적을 방어하기 위하여 요새지로 삼고
출입자를 검문하던 곳이다. 함경도를 '관북' 이라 부르는 것도 '철
령관 이북 지방' 이라는 뜻이다. 난공불락의 요새지를 철옹성이라
부르는 것처럼 이 고개 역시 험준한 단애로 되어 있었다.
 이곡(李穀)의 「철령기」에 의하면,

 한 사람이 관을 지키면 만 명의 군사가 덤벼도 깨뜨리지 못한다.
고려 충렬왕 때 나유(羅裕) 등의 고려 장수는 오랑캐가 군사를 이끌
고 쳐들어오자 이곳에서 적을 막아야 했음에도 불구하고 싸우기는
커녕 겁을 집어먹고 아예 도망을 치고 말았으므로 이 고개를 넘어
온 적병에 의해 백성들의 피해가 컸다.

고 한다. 이때 적은 철령을 넘으면서 길이 좁아 겨우 한 사람씩 통
과할 수밖에 없었으므로 말에서 내려 고기꿰미처럼 한 줄로 늘어

서서 올라왔다고 한다.

　② 평안북도 신의주시 위화도(威化島)

　압록강 하류의 신의주시와 중국과의 사이 압록강 중간에 있는 섬으로서 대륙으로 건너가는 징검다리와 같다.

　섬이름은 본래 '울혜' 섬, 또는 중지도(中之島)라 불렸다고 한다. 섬은 현재 북한 땅에 속하는데 91년 8월초 필자가 대안의 중국 단동시를 방문하였을 때는 아침 안개에 쌓여 아직 잠에서 깨어나지 않은 듯 어렴풋이만 보였다.

　'울혜' 섬을 '위화도' 로 표기한 것은 회군 당시 '이성계의 위엄(威)에 압록강 물과 장마도 감화(化)되었다' 는 뜻에서 위화도로 미화한 이름일 것이다.

　그런데 고구려 동명성왕 주몽의 이모뻘이 되는 '위화' 와 위화도는 어떤 관계가 있는 것일까. 청하(靑河), 즉 압록강을 다스리는 하백에게 세 딸이 있었으니 큰딸이 유화(柳花), 둘째 딸이 훤화(萱花), 막내딸이 위화(葦花)이다. 부여왕 해모수가 유화를 임신케 하여 아들을 낳았으니 그가 곧 동명왕 주몽이며 위화는 주몽의 이모가 되는 것이다.

　또 평양을 '유경(柳京)' 이라 하듯이 버들은 '배달' 과도 관계가 있을 듯싶은데, 그 버들이 이미 주몽의 모친 '유화(柳花 : 버들꽃)' 와 서로 통하는 것 같아 배달 겨레의 아득한 근원을 떠올리게 된다.

　③ 평안북도 의주군 회군강(回軍江)과 행군천(行軍川)

　비현면에 있는 하천이다.

　이성계의 요동 정벌군이 위화도에서 군사를 되돌려 이 강을 건너갔으므로 회군강이라 부른다고 한다. 행군천 역시 그 당시 이성

계의 군사들이 말에 물을 먹이며 잠시 쉬어 갔으므로 행군천이라
부르게 되었다고 한다.

'청(靑)'은 12월 침략 예고한 것
─병자호란(丙子胡亂)

수난으로 점철된 조선 왕조사에서도 가장 치욕스런 부분이 바로 병자호란의 역사이다.

1636~1637년(인조 14~15) 사이에 청 태종이 10만 대군을 이끌고 얼어붙은 압록강을 건너(음력 12월) 이 강토를 유린한 싸움이 병자호란이다.

1627년 후금은 정묘호란을 일으켜 우리나라와 형제지국의 맹약을 맺었다. 그리고 명나라를 치기 위하여 군량과 병선을 요구하였으며 1632년에는 형제관계를 군신(君臣), 곧 임금과 신하의 관계로 하고 세폐도 늘릴 것을 요구하였다.

후금의 태종은 내몽고를 통일하자 한(汗)이라는 왕호를 버리고 황제의 칭호를 택하였으며 1636년에는 용골대와 마부대를 보내 조선도 후금의 '한'을 '황제'로 부르도록 하였다. 이에 조선은 배청의 분위기가 고조되어 임금이 청나라 사신을 인견하지 않고 되돌려보내는 한편 8도에 교서를 내려 방비를 더욱 튼튼히 하도록 하였다.

후금은 국호를 청(淸)으로 바꾸고 12월에는 청 태종이 친히 만주, 몽고, 한인으로 구성된 10만 대군을 거느리고 압록강을 건너

풍우같이 쳐들어왔다.

그들은 의주부윤 임경업이 지키는 백마산성을 피하고 서울로 직행하여 압록강을 건넌 지 10여 일 만에 서울 근교에 육박한 것이다.

뒤늦게 이를 안 조정은 주화론자 최명길을 적진에 보내는 한편 두 왕자와 비빈, 종실, 남녀 귀족들을 강화도로 피난케 하였다. 국왕도 세자와 함께 강화도로 들어가려 하였으나 이미 적군에게 길이 막혔으므로 부득이 남한산성으로 피하였다.

남한산성을 완전히 포위한 적군에 의하여 성은 고립되고 50일분의 식량도 45일이 지나자 떨어져 굶주림과 추위로 사기가 크게 떨어졌다. 구원군은 도처에서 청군에 격파되었으며 마침내 강화도가 함락되자 1637년 정월 30일 인조는 성문을 열고 왕세자와 함께 삼전도에 나가 수항단(受降壇)에서 청 태종을 향하여 치욕스런 '삼궤구고두'의 항복을 하게 되었다.

그 결과 조선과 청나라는 화약을 맺었는데 조선은 청나라에 신하의 예를 행하고, 명의 연호 폐지 및 교류 중단, 왕자와 대신의 자녀들을 인질로 보내는 일 등을 약속하게 되었다.

이에 따라 소현세자와 봉림대군이 인질로 잡혀가고, 척화파의 강경론자인 홍익한, 윤집, 오달제의 3학사가 잡혀가 참형을 당하였으며 김상헌도 뒤에 잡혀가서 옥중생활을 하다가 돌아왔다. 또한 이때 수많은 부녀자들이 청나라로 끌려가기도 하였다. 이후 조선은 명나라의 손을 떠나 청에 복속케 되었으며 1639년에는 청나라의 강요로 '청태종 송덕비'를 삼전도에 세우게 되었다.

일화 한 가지. 병자호란 전 조선에 사신으로 온 용골대가 서울을 떠나면서 객사의 벽위에 '청(靑)'자 한 글자를 크게 써놓고 갔다. 그런데 이 글자를 풀이하면 靑＝十+二月이 되며, 이것은 12월 압록강에 얼음이 어는 결빙기를 이용하여 조선을 침략할 것임을 암시한 것이라 하였다. 하기는 '청(淸)'이라는 나라 이름 역시 압록강 물(三十淸河)을 건너 12월(靑)의 침략을 예고한 것이라 풀이할 수 있겠다.

또 다른 야사를 보면 인조도 강화로 뒤따라 피난하고자 임금이 타는 어마를 대령케 하였다. 그러나 어찌된 영문인지 어마가 움직이지 않았다. 말 모는 자를 바꾸어도 어마가 촌보도 움직이지 않고 버티더니 말머리를 남한산성으로 돌리자 그때야 날쎄게 달리더라는 것이다. 이는 청나라 군대가 임금의 강화도 피난계획을 알고 복병을 대기시켜 놓았으므로 어마가 이를 알고 움직이지 않은 것이라 하였고, 그래서 이 말을 천마(天馬)라 불렀다고 한다.

. . . .

① 서울특별시 송파구 삼전도비(三田渡碑)

석촌동 42번지 송파 로터리에 있다.

본 이름은 '대청황제 공덕비'. 이곳에서 인조는 세 번 절을 하는데 절은 한 번씩 할 때마다 이마가 땅에 닿도록 세 번 머리를 조아려야 하는 삼궤구고두(三詭九叩頭)의 의식을 치러야만 했다.

이 비석은 청나라의 강요에 의하여 세워진 비석으로 높이 4.6m, 폭 1.5m, 두께 0.4m되는 국내에서 가장 큰 비석이다.

바른쪽 반은 여진문자(만주글자), 나머지 반은 몽고문자, 뒷면은 모두 한자로 새겨져 있다.(청나라는 모든 공문서도 이처럼 세 가지 공용어를 썼다.) 이 비문의 글 뜻은 평화를 파괴한 것은 우리 측이고, 우리 임금은 청나라 군사를 봄날에 살얼음 밟듯하였으며, 청나라 황제의 덕을 입고 꿩이나 새처럼 흩어졌던 백성들이 다시 모여들어 마른 뼈에 다시 살이 붙고 차가운 뿌리에 다시 봄이 왔다는 등, 청 태종의 높은 덕을 찬양하는 내용이다.

　이 비문의 글씨를 쓴 한성판윤 오준은 치욕적인 글을 써야만 했던 오른손을 스스로 돌로 찍어 병신으로 만들어 버렸고, 벼슬을 사퇴한 뒤 두 번 다시 글을 쓰지 않았다고 한다.

　이 비석은 갑오경장 후 한강물에 쓰러졌던 것을 일본인들이 다시 세우고, 해방 후 다시 파묻었으나 1963년 문교부에서 다시 세운 것이다. 오욕으로 점철된 역사의 살아 있는 증거물이라 할 것이다.

　② 서울특별시 송파구 진터벌

　석촌동의 석촌호수 남쪽 벌판을 부르던 이름으로 진허평(陣墟坪)이라고도 하였으나 지금은 별로 쓰이지 않는 이름이다.

　병자호란 때 청나라 병사들에게 수모를 받을 것을 걱정하던 벼슬아치의 부인들이 모여앉아, "만약 청병을 만나면 자살하겠다."느니, "목을 맬 수 있게 무명띠를 준비해 두겠다."느니 하였다. 이때 영의정을 지낸 김유의 부인 유씨만이 "당해 보지 않으면 모르는 것이니 그때 가봐야 알 일"이라고 말하였다. 이에 이 참판의 부인이 "사대부집 여인이 그런 말을 할수 있느냐."고 반박하였다.

　그후 두 부인이 모두 청나라 군사한테 잡히게 되었다. 그러나 그때 유씨를 나무랐던 이 참판 부인은 순순히 오랑캐에게 절개를 굽히고 그의 애첩이 되어 청나라로 갔으나 유씨 부인은 청나라 장수의 유혹에 끝까지 저항하다 죽음을 당하였으며, 뒤에 백성들이 한강변에 유씨의 사당을 지어 모셨다고 한다. 이 일로 인하여 뒷날 이 참판 부인의 정절을 '말만 앞세운 정절' 이라 하였다. 진터벌은 병자호란 때 진을 친 벌판이라 하여 생긴 이름이다.

　③ 서울특별시 종로구 정문동(旌門洞)

명륜동 2가 127번지에 있던 마을로 지금은 별로 쓰이지 않는 이름이다.

병자호란 때 정신국과 박잠미 두 사람이 성균관에 모셔진 다섯 성인의 위패를 모시고 남한산성으로 피난하였다. 뒤에 나라에서 이들에게 정문을 내렸는데 이 때문에 생겨난 이름이다.

④ 서울특별시 종로구 명인촌(明人村)

연지동 1번지 부근에 있었던 명나라 사람들이 살던 마을이다.

명나라가 청나라에 망하자 명의 여러 선비들이 효종을 찾아 우리나라에 와서 명나라의 원수 갚기를 맹세하므로 효종이 왕이 되기 전에 살았던 조양루 북쪽에 그들이 살 땅을 준 것이다.

⑤ 서울특별시 서대문구 홍제천(弘濟川)

지금의 모래내를 말한다.

병자호란으로 수많은 조선의 부녀자들이 청나라로 끌려갔다가 다시 서울로 돌아온 여자들이 많았다. 이미 적군에 의해 정절을 잃은 여인들이지만 다시 받아들이지 않을 수도 없어 조정에서는 골머리를 앓았다. 이에 인조가 영을 내려, "홍제원의 냇물에 목욕을 하고 서울로 들어오면 그 죄를 묻지 않겠노라." 하였으며 그런 후에 다시 그녀들의 정조문제를 거론하면 엄중히 벌하겠다고 하였다. 곧 홍제천의 냇물은 여인들의 정조를 다시 복원시켜 주면서 그 이름처럼 '널리 구제한 내'인 것이다. 그러나 이 모든 것이 나약한 나라, 나약한 남성들에 의하여 이 땅의 여인들이 '승리자의 전리품'으로 된 탓일 뿐이다.

또 청군이 한양 점령 후 많은 부녀자들이 청군의 자식을 낳았으며, 어떤 여인들은 자식을 낳지 않고 자살소동을 벌리는 등 하루에도 수십여 건의 자살소동이 있었다고 한다.

조정은 이를 방관할 수 없어 한양의 약수리, 평양의 모란봉 약수터, 충청도 초정 약수터 등 10여 곳을 정하여 부녀자가 그 물에 목욕재계하고 궁궐을 향해 세 번 절하면 모든 죄를 사면한다고 하였다. 그리고 그런 여인을 받아주지 않으면 엄벌하겠다는 영을 내리기도 하였다.

그러자 한양 약수리에는 처음에 부녀자 몇 명이 밤중에 몰래 나타났으나 나중에는 부녀자들의 인파가 동대문까지 뻗쳤다고도 한다.

한편 만주의 심양으로 끌려간 여인들 중에는 서울로 돌아오지 못하고 함경북도의 국경지대에서 생계를 꾸려나가는 여인집단도 있었다고 한다. 병자호란 때 청나라는 우리나라 여인 중 젖이 큰 대유녀(大乳女) 3천 명을 만주의 청 태종 고향으로 이주시켜 그들의 자손을 번성케 하려 했다는 이야기도 있다.

원시사회 때부터 여자는 '승리자의 전리품' 이었다는 사실과 함께 오욕의 조선 역사를 탄식하게 된다.

⑥ 인천광역시 강화군 병자호란 유적

강화읍에는 여러 곳에 당시의 유적이 있다.

강화읍 갑곶리 삼충사적비(三忠事蹟碑)는 병자호란 때 순절한 황선신, 강흥업, 구원일의 세 충신을 추모하여 세웠다. 인근에는 정묘호란 때 순절한 충신들을 모신 표충단도 있다.

또 강화읍 관청리의 행궁터 후원에는 병자호란 때 빈궁을 모시고 강화도로 피란했다가 소현세자빈이 적군에 잡혀갔다는 소식을 듣고 목을 매어 자결한 궁녀들의 혼백을 모신 궁아제단터가 있다.

한편 강화읍 밀목재 밑에 있는 맥현제단터는 강화읍성이 청군에 함락될 때 떼죽음을 당한 강화 군민들의 혼백을 모셨던 곳이다. 이외에도 강화읍에는 이때 순절한 황선신, 강흥업, 안몽상 세 충신의 묘도 있다.

⑦ 인천광역시 강화군 진강 목장터
  양도면 도장리에 있는 목장터이다.
  봉림대군이 청나라에 끌려갔다 올 때 청나라 세조가 말 한 필을 주며 "이 말이 진강목장의 말이니 데리고 가라."고 하였다. 봉림대군은 이 말을 가지고 와 잘 길러 북벌을 할 때 쓰려고 하였으며 '벌대총'이라 이름하였다. 그후 이 목장에서 나는 말을 벌대총이라 부르게 되었다. 이곳을 벌대총터라고도 부른다.

⑧ 인천광역시 강화군 부근리(富近里)
  하점면의 마을로서 본래 부군리(負君 또는 扶君)였다고 한다.
  병자호란 때 봉림대군과 인평대군이 말을 타고 피난하다 이곳 다리(목숙다리)에 이르렀는데, 뒤쫓아온 오랑캐들이 말을 때려 쓰러뜨리고 두 대군을 등에 업고 갔기 때문이라고 한다.

⑨ 경기도 광주군 한봉(汗峰)
  중부면의 검복리, 산성리, 엄미리, 경계에 있는 높이 320m의 산. 병자호란 때 청 태종(한 : 汗)이 주둔하였으므로 한봉이라 한다.

⑩ 경기도 광주군 법화동(法華洞)
  서부면 상사창리에 있는 마을이다.
  남한산성이 청군에 포위되었을 때 원두표 장군이 비장 서기남의 계책에 따라 함정을 파놓고 적장 법화장군 앙고리를 유인하여 함정에 빠뜨려 죽게 하였다. 그후 청태종은 그의 매부가 되는 앙고리의 넋을 위로하기 위하여 이 절을 지었다고 한다.

⑪ 경기도 김포군 애기봉(愛妓峰)

하서면의 조강(임진강과 한강이 합류) 중간에 있는 높이 143m의 봉우리이다.

강 건너 북녘땅을 마주 바라보는 곳이다. 병자호란 때 평안감사와 사랑하던 기생이 피난길을 떠났다가 도중에 청군에게 잡혀 평안감사는 끌려가고, 기생은 이곳에서 감사를 기다리다 병이 들어 죽었다. 그녀의 유언에 따라 그 시신을 이 산꼭대기에 묻고 애기봉이라 부르게 되었다고 전해진다.

이 봉우리가 지금은 실향민들이 두고온 산하를 그리며 애타게〔哀〕 기도하는〔祈〕 애기봉이 되었다.

⑫ 강원도 원주시 다둔리(多屯里)

지정면 월송리 송호 북서쪽 긴 골짜기에 있는 마을이다.

병자호란 때 군사들이 많이 주둔했던 곳이므로 다둔리라 부르게 되었다고 한다.

⑬ 강원도 홍천군 항서령

서석면 수하리 용의터에 있는 고개로서 황새령이라고도 한다.

병자호란 때 용의터에 있는 우리 군대가 항서(항복문서)를 가지고 구둔치에 주둔한 청군에게 전달했으므로 항서령이라 부른다고 한다.

⑭ 강원도 철원군 전골총(戰骨塚)

김화읍 읍내리에 있는 옛 무덤이다.

병자호란 때 평안 병사와 의병 2,300여 명이 적군과 격전을 벌여 세력이 약한 우리 군사들이 전사한 곳이라고 한다. 이때 전사자의 유해를 모아 6개소의 큰 무덤을 만들었으며, 그런 까닭에 전골총이라 부른다. 이 무덤은 1637년 1월 28일을 제사일로 정하여 제사를 지냈다고 한다.

⑮ 강원도 춘천시 마작산과 뜨내리재

신북면 천전리(샘밭) 인근에 있는 산과 고개이다.

뜨고 내리는 고개가 있다면 믿을 사람이 아무도 없을 것이다. 그러나 우리 설화 속에는 분명히 떳다 가라앉았다 하는 고개가 있다. 천전리 인근에는 마작산(麻作山) 또는 마적산(馬蹟山)이라는 산이 있고, 이 부근에 뜨내리재, 또는 부침치(浮沈峙)라는 고개가 있다.

병자호란 때였다. 이 마을에 살던 이석을봉(李石乙封)이라는 농민에게 무작개라는 젊은 아내가 있었다. 당시 전국토가 청나라 호병(胡兵)에 의해 유린당하던 때여서 많은 부녀자들이 피해를 입었고 이곳 역시 예외는 아니었다.

이곳을 지나가던 오랑캐들이 젊은 무작개를 보자 겁탈하려고 달려들었다.

무작개는 달려드는 호병에게 머리로 턱을 받아 이빨을 분질러 놓았다. 이에 성난 호병은 무작개의 머리가죽을 벌겋게 벗겨버렸다. 그렇게 해놓고 호병이 다시 덤벼들자 무작개는 호병의 국부를 붙들고 늘어졌다. 이번에는 그 붙들었던 두 손이 뎅강 잘렸다.

그런데도 호병이 다시 겁탈하려 하자 무작개는 입으로 그의 코를 물어서 잘라냈다. 전해지는 바에 의하면 성난 호병은 무작개의 온몸을 토막토막 잘랐다. 그러자 무작개의 나누어진 몸뚱이들은 토막토막으로 잘릴 때마다 땅에서 풀쩍풀쩍 뛰어오르며 끝까지 반항하였다고 한다.

나중에는 그녀의 시체를 인근 땅 속에 묻자 그 땅까지 들썩거렸다. 뜨내리재란 땅이 떴다 내렸다 하였다는 뜻이며 그래서 '부침치'(浮沈峙)라고도 하였다는 것이다. 그 끔찍했던 현장이 바로 뜨내리재이며, 무작개의 시체가 묻혔으므로 이 산을 무작산이라 하였는데, 뒤에 마작산으로 바뀌었다고 한다.

병자호란이 끝나자 조선은 청국에 신하의 나라가 되었고, 이때부터 청인들은 그들의 소금을 조선의 각 고을에 팔아서 큰 이득을 보게 되었다. 이 소금은 되놈(호인)들이 파는 소금이라 하여 되소금으로 통하였는데, 되소금장수(호인)가 강원도 두메산골까지 누비며 소금을 팔았다. 그러나 이 뜨내리재에 이르면 고개가 떴다내렸다 하므로 소금짐을 뒤엎어 놓고 현기증으로 머리가 돌아 발광하고 만다는 소문이 퍼졌다.

그러기에 되놈 소금장수는(비단 소금뿐이 아니라 배추건 다른 물건이건 되 : 胡와 관련된 것이면 무엇이든지) 이 뜨내리재를 넘지 못하고 길이 곱절이나 더 먼 낭천(狼川)길을 따라서 양구로 돌아가곤 하였다고 한다.

이 뜨내리재의 남쪽 아래는 지금 소양강댐 선착장이 들어서서 양구, 인제 쪽을 다니는 배가 닿고 뜨며, 또 사람들이 뜨고 내리는 곳이 되었으니 청병에게 무참히 난도질당했던 옛 여인 무작개의 한이 풀어지지 않았음인가.

본래 인간만사 부침이 있고, 기복이 많은 것은 당연한 일이건만, 우리네 불행한 역사 속에 앙금처럼 가라앉아 있는 뜨내리재(부침치)의 무작개 사연은 유심한 나그네의 가슴을 미어지게 한다.

⑯ 충청북도 괴산군 병방골

장안면 방곡리에 있는 마을이다.

병자호란 때 이곳에서 청나라 군대를 막았으므로 병방골(兵防谷)이라 하며, 광진리에는 병자호란 때 청군과 싸우다 죽은 남편을 따라 순사한 열녀 이씨의 정문도 있다.

⑰ 충청북도 제천시 되터

고암리의 당모루 서남쪽에 있는 고개이다.

병자호란 때 오랑캐(되놈)가 이곳에 진을 쳤으므로 되터라 부른
다고 한다.

⑱ 전라북도 무주군 안렴대

적상면 적상산 꼭대기에 있는 바위로 넓어서 수십 명이 앉을 만
하고 큰 석굴이 있다.

고려 때 거란의 군대가 침입하자 삼도의 안렴사가 피난하였으므
로 안렴대라 부른다고 한다. 병자호란 때 승려 상훈이 왕조실록의
사적을 굴 속에 감추어 보존하였다. 이때 강화도에 침입한 적군에
의하여 실록 중 18~19권이 없어졌으므로 안렴대에 보관되었던
사적을 옮겨 써서 보충하였다.

⑲ 전라북도 정읍시 망제리(望帝里)

덕천면에 있으며 망제봉이 있다.

병자호란 때 여산의 송인이 충의의 뜻을 지니고 의병을 모아 출
병하였으나, 청나라와 화의를 맺었다는 소식을 듣고 이곳에서 명
나라를 바라보며 통곡하였다고 한다.

『병자호란 창의록』에는 호남의 의사들이 병자호란 때 의병을 일
으켜 여산을 지나 청주까지 이르렀는데 이미 항복하였으므로 통
곡하며 돌아갔다는 기록이 있다.

⑳ 황해도 수안군 광제굴(廣濟窟)

수안읍의 양파령에 있는 굴이다.

굴 안으로 수백 명이 들어갈 만큼 크다고 한다. 병자호란 때 이
학귀라는 사람이 수안의 군민들을 굴 속으로 피하게 하였으므로

광제굴, 또는 이학귀굴이라 부른다고 한다.

㉑ 평안북도 의주군 백마산성(白馬山城)

고성면 경계에 있는 높이 409m의 산이다.

옛날 이 산에서 흰 용마가 나왔으므로 백마산이라 부른다고 한다. 백마산성은 고려 현종 때 강감찬이 처음 축조하였고 인조 때 의주부윤 임경업이 개축하였다. 청 태종이 조선을 침입할 때 임경업의 뛰어남을 알았으므로 백마산성을 피하여 남으로 진격함으로써 남한산성에서 인조의 항복을 받았다.

성은 둘레가 2천6백 보, 높이 2장, 우물이 32개소가 있었다고 기록되어 있다.

코를 베어 죽여 씨도 남기지 마라
—천주교 박해

눈 속의 겨울밤 촛불 아래 지새는데
선학(仙鶴)의 봄바람에 넋이 타던 어진 이들
빙천(氷泉)에 혼을 씻고 몸 꿇어 손 모으니
기도소리 들리네 천진암에서
찬미소리 들리네 천진암에서
선비들이 모이네 천진암으로

이것은 변기영 신부가 우리나라 천주교 발상지인 천진암을 노래한 것이다.

로마의 폭군 네로가 했던 것과 별로 다를 바 없는 종교 탄압이 조선 말기 이 땅에서 여러 번 있었고, 그 순교의 핏자국이 여러 곳에 남아 있어 그때의 참혹한 정경을 전해 주고 있다.

천주교는 원명이 카톨릭(Catholic)이다. 카톨릭은 희랍어로 '보편적', '세계적'에서 유래된 것이며 그리스도의 가르침에 따라서 베드로(Peter), 바오로(Paul)등이 완성한 종교이다. 유일신(唯一神) 천주를 신봉하여 그리스도의 가르침을 지켜 사랑으로 선종(善終)한 후 영생을 얻어 천국에 들어가는 것을 목표로 한다.

7성사(聖事), 즉 성세(聖洗)·견진(堅振)·고해(告解)·성체(聖體)·종부(終傅)·신품(神品)·혼배(婚配)가 있고, 교회조직은 그리스도의 대리자인 베드로를 후계한 교황을 중심으로 세계적인 통일체를 이루고 있다.

1517년 루터가 종교개혁 운동을 일으켜 프로테스탄트 교파를 이루고 카톨릭에서 분리되어 나간 후 카톨릭은 구교, 프로테스탄트는 신교라고도 부른다.

우리나라는 임진왜란 때인 1594년 포루투칼 신부 세스페데스가 일본인의 종군신부로 입국하였으나 선교는 하지 않았고, 일본에 돌아가 조선인 포로들에게 천주교를 전파하였다. 우리나라 학자들은 연경(북경) 사신을 통하여 당시 서학(西學)으로 불리던 천주교 사상을 받아들이고 연구하기 시작하였다.

1603년 북경을 왕래한 허균이 천주교를 연구하였으며, 병자호란 때 인질로 잡혀간 소현세자는 북경에서 선교사 아담 샬과 사귀고 귀국할 때 천주교 서적과 천주상 등을 가지고 돌아왔으나 3개월 만에 죽어 그 활동은 정지되었다.

천주교는 당시 조선 사회에 일종의 학문으로 받아들여져서 영조 말부터는 정권에서 밀려난 남인의 유력 인사들, 즉 이벽·권일신·이가환·정약종 3형제(정약전, 정약용) 등이 서학에 열중함으로써 신앙에의 길로 들어서게 되었다.

우리나라 최초로 천주교에 정식 입교한 사람은 이승훈으로서 1783년(정조 7) 북경에서   세례를 받았고, 다음해에 성서와 천주상 등을 가지고 돌아왔다. 그후 서울 명동 중인계급인 김범우의 집에 최초의 교회가 서고 신자들이 늘어나, 우리나라는 세계 교회 사상 전도 없이 학자들에 의한 자발적인 연구로 천주교가 수입, 전래되는 하나의 특징을 이루게 되었다.

1785년 김범우 등의 신앙활동이 조정에 보고되어 그들은 유배되었고 많은 서적이 불살라졌으나 정조는 비교적 천주교 탄압을 자제하였다. 그러나 주자학에 사로잡힌 조정의 신하들은 천주교가 충효사상에 반하고 군신의 도를 해치며 사회의 기강을 문란케 한다 하여 1791년(정조 15)의 신해사옥, 1801년(순조 1) 신유사옥을 일으켰다.

신유사옥은 천주교 전래 후 최대의 박해로서 이때 이승훈·이가환·권철신·정약종과 중국인 신부 주문모 등 3백여 명이 순교하였고, 이후 천주교 색출을 위하여 5가(五家)작통법이 시행되었다.

신해사옥은, 천주교가 대탄압을 받게 되자 황사영이 북경의 주교에게 구원을 청하는 백서를 전하려다 발각되어 군문효수를 당한 사건으로 이후 천주교에 대한 탄압이 강화되었다. 1815년(순조 15)에는 경상도, 1827년(순조 27)에는 전라도에서 다시 수백 명의 신도가 수난을 당하였다.

1831년에는 북경에 속했던 우리나라 천주교가 조선교구로 독립하였고, 그후 불란서 신부 모방, 앙베르 주교, 이어서 샤스탕 신부 등이 입국하여 교세가 확장되어 나갔다.

1839년(헌종 5)에는 기해사옥을 일으켜 3명의 선교사와 수많은 신자가 사형을 당하였다.

1845년(헌종 11)에는 김대건이 우리나라 최초의 신부가 되어 페레오르 주교, 다불리 신부와 함께 입국, 전도하다가 붙들려 사형되었다.

그후 철종 때에는 메스트르, 베르누, 페론 등이 입국하여 교세를 확장하였다. 그러나 대원군 집정 후 구세력들에 의하여 탄압이 강화되었고, 병인양요와 신미양요, 남연군묘 도굴사건 등으로 많은 천주교 신자와 외국인 신부들이 처형되었다.

대원군이 몰락하고 1882년(고종 19) 미국과 수호조약을 맺게 되자 이를 계기로 천주교의 활동은 자유를 얻게 되었으나, 이렇게 되기까지 이 땅 곳곳에는 엄청난 순교의 피가 흘러야만 했다.

천주(天主)가 만왕의 왕이라 하면서 임금을 업신여기고, 하나님을 아버지라 부르면서 제 아비도 안중에 없는 천주학은 곧 무군무부(無君無父)를 주장하는 사학(邪學)이요, 제사도 지내지 않으니 조상도 몰라보는 자들…

곧 천주교인에 대한 조선 왕조의 탄압은 역율, 즉 역적죄로 교인을 다스리도록 법령을 반포하였으며, "당연히 코를 베어 죽여서 씨도 남기지 않도록 하라."는 엄한 명령이 시행된 결과였다.

. . . .

① 서울특별시 마포구 절두산(切頭山)
합정동의 한강변에 있으며 잠두봉, 덜머리〔加乙頭〕, 용두봉이라고도 부른다.
이곳은 대원군 때 천주교 순교지로서 망나니들이 칼춤을 추며 천주교인들의 목을 잘랐던 곳이므로 절두산, 즉 목 자르는 산이라는 뜻의 이름이 붙여졌다. 이곳에 절두산 순교기념 박물관과 공원이 조성되어 있고, 김대건 신부의 동상, 복자바위 등이 있다. 복자바위는 우리나라에서 천주교를 포교하다 충남 아산군 음봉면에서 안토니 타불뤼 주교, 리오메트로 신부, 위앵 신부 등 3명의 프랑스 신부가 형장으로 끌려가던 길에 최후의 설교를 하였던 바위로, 그 바위를 이곳으로 옮긴 것이다.

② 서울특별시 용산구 새남터 성당

이촌 제2동(서부이촌동)에 있으며 카톨릭 순교성지로서 한강철교를 건너기 전의 철도 옆에 있다.

죽은 혼령이 안심하고 저 세상으로 가도록 하는 굿을 지노귀(진오귀)굿이라 하는데, 조선시대에 중죄인을 처형하는 사형터이므로 무녀들이 많이 살았고, '지노귀새남' 하던 곳이므로 새남터라 부르게 되었다고 한다. 대원군 집정 때인 1866년 병인사옥 때 프랑스 선교사 베르누 등 9명과 수많은 천주교 신자가 이곳에서 처형되었다. 이곳에는 순교기념성당과 순교기념탑 등이 서 있다.

③ 서울특별시 중구 명동성당

이곳은 본래 종현(鍾峴)이라 불렀다.

정유재란(조선 선조) 때 명나라 장수 양호가 이 고개에 진을 치고 남대문에 걸려 있던 종을 가져다가 여기에 달았으므로 종현, 또는 북달재라 한 것이다.

지금은 명동성당의 종이 걸려 또 다른 의미의 종소리를 들려준다. 이곳의 지명이 조선시대에는 명례방(明禮坊)이요, 일제 때는 명치정(明治町), 그리고 해방 후에는 명동(明洞)이 되어 '밝을 명(明)' 자와 인연이 깊으니 분명 어둠을 밝히는 광명의 종소리임에 틀림이 없을 것 같다.

1882년 한미수호조약 이후 비로소 천주교의 신앙의 자유가 공인되었다. 그리하여 천주교인들은 그 동안 억압받은 한과 천주에 대한 자부심을 걸고 명동성당을 세웠다. 그 자리는 우리나라 최초의 천주교 순교자 김범우의 집터로서, 최초의 교회(성당)가 들어섰던 곳을 선택하였다. 성당을 쌓아 올린 벽돌은 수많은 천주교인들의 피로 얼룩진 새남터 형장의 흙을 파다가 벽돌로 구워냈다.

그 벽돌 한 장이라도 내 손으로 운반하겠다.

　　주의 영광이 내리소서, 내 교우가 치명당한
　　새남터 흙을 가져다가 성당을 지음에
　　주의 영광이 임하소서.

　그리하여 성당의 건물이 올라가기 시작하였으나 조정에서는 궁궐을 마주 바라보는 곳에 '뾰족집'이 자꾸만 위로 올라감으로 이 건물이 왕궁을 빤히 내려다볼 것 같아 자주 공사를 방해하였다. 그리하여 6년이나 걸려서 성당이 완성되었고, 1909년에는 이재명 의사가 이곳 성당에서 벨기에 황제 추도식에 참석하고 나오던 이완용을 칼로 죽이려다 체포되어 처형되었다.
　그후 이곳은 노사분규, 학생시위, 재야운동 등 분출되지 못한 욕구들이 모여 토로하는 곳이 되었으며, 6공 초기에는 '양심수 석방' 등을 외치며 서울대 조성만 군이 이 성당에서 뛰어내리는 장면이 TV 화면에 생생하게 비추어 온 나라에 방영되기도 하였다.

④ 경기도 광주군 천진암(天眞菴)
　퇴촌면 우산리 앵자봉 기슭에 있다.
　'암' 하면 무슨 절이나 암자를 떠올리겠지만 이곳은 절이 아닌 우리나라 천주교 발상지.
　1780년경 정약용 3형제, 권철신 형제, 이벽, 이승훈 등의 젊은 서학파들이 이곳에 모여 강론을 하고 스스로 천주의 진리를 탐구하였다. 이곳에서 그들은 7일마다 하루를 주일로 삼아야 했으나 서양의 요일을 모르기 때문에 이레, 열나흘, 스무하루, 스무여드레를 천주 공경의 날로 정하고 예배를 드렸다.
　이곳 12여만 평을 사들여 깔멜 수녀원을 세웠고, 5천 자로 된 한국천주교회 기원사를 밝히는 대형기념비가 서 있다. 천주교(天)의 진수(眞髓)가 이곳이었기에 천진암이었던가.

마현에 정다산의 집터가 있고 정다산의 기념비가 3개 서 있는데 아깝게도 정다산이 천주교 신자라는 명확한 말 한마디가 없는데, 우리 신자들 중에도 정다산이 요한이라는 본명으로 영세하였고, 더욱이 1836년 유파치피꼬 중국인 신부에게 종부성사까지 잘 받고 선종하였다는 사실은 모르는 사람이 많다.

이것은 변기영 신부가 쓴 『이벽성조와 천진암』이라는 책의 내용 중 한 구절이다.

⑤ 경기도 용인군 골배와 은이(隱)마을
내사면 남곡리에 있는 마을이다.
골배는 천주교 성인 김대건이 어렸을 때 지냈던 곳이다. 1850년 경 천주교인들이 숨어 살았던 곳이라고 해서 은이마을이라 부른다고 한다.

⑥ 경기도 안성군 미리내
양성면 미산리에 있다.
이곳에 김대건 신부의 묘소가 있다.
김대건 신부는 25세로 새남터에서 순교하였는데, 그의 시신을 주민들과 신자들이 몰래 빼내어 밤으로만 7일을 걸어서 운구, 이곳에 모셨다고 한다. 그후 그의 분묘를 열어 그 두개골은 카톨릭 신학대학에, 그리고 하악골(턱뼈)은 이곳 경당에 안치되어 있다. 이곳 미리내는 미리천(彌里川)으로 쓰며 불교의 미륵(彌勒) 신앙에서 비롯된 이름이다. 미륵은 석가가 죽은 후 56억 7천만 년이 지나면 다시 사바세계에 나타나 중생을 구제한다는 미래불이다.
미리내와 김대건 신부.
그의 순교 후 천주교의 비약적인 신장은 그가 미리 이곳 미리내에 터를 잡은 때문일까. 아니면 미륵신앙의 '마리트레야(범어)'처럼 뒷날 이 세상의 중생을 구제하여 영생복락을 누리게 하려 함이었을까.

그는 그 이름처럼 천주교를 크게(大) 이룩한(建) 것이다.

⑦ 강원도 원주시 곤이동

호저면 고산리 선바위 뒤 골짜기에 있는 마을이다.

고종 때 천주교인들이 조정의 박해를 피해 이곳에 숨어 들어와 개척한 마을이다.

⑧ 충청북도 제천시 점말

봉양읍 구학리 배론 동북쪽에 있는 마을이다.

옹기점이 있었으므로 점말이라 한다. 1801년(순조 1) 신유사옥 때 천주교의 대박해를 피하여 이곳에 숨어 들어온 황사영이 신도들과 함께 옹기를 구워가며 연명하던 곳이다. 이곳은 소위 '고금에 없던 대흉사'라 하여 당대의 조야를 깜짝 놀라게 했던 '황사영 백서사건'의 현장이다. 그는 이곳에서 가로 62cm, 세로 38cm의 흰 비단에 깨알 같은 글자 1만 3천11자를 써서 중국으로 가는 사신편에 중국으로 보내려고 하였다. 그 편지 내용은 조선에서 신부의 활동과 순교, 선교를 위한 자금지원, 서양인 신부의 파견, 배 수백 척과 강한 병사 5, 6만의 파병 등 당시로서는 상상하기 어려운 내용과 임금에게 불손한 언사까지 들어 있어 조정을 놀라게 했었다. 이 편지가 발각되어 황사영은 능지처참을 당했으며, 조정에서는 이 백서를 860여 자로 고쳐서 청나라 황제에게 보고하였다. 이 사건이 '황사영 백서사건'이며, 백서란 당시 비밀정보를 명주천에 글로 쓰고 옷 속에 꿰매 넣어서 보내는 편지의 일종으로, 여기에 백반을 칠하면 글씨가 보이지 않으며 물에 담그면 글씨가 되살아

난다고 한다.

배론은 주론(舟論)이라고도 하는데 이곳 지형이 배의 밑바닥 같이 후미진 곳이기 때문이라고 한다. 그러나 이곳은 우리나라 최초의 신학교가 있었으며 그 교장이 당시의 베르뇌 주교였고, 또 최초의 『한불자전』을 편집한 것도 베르뇌 주교를 포함한 신부들과 신도들이었다. 그후 베르뇌 주교는 병인박해 때 다른 신부들과 함께 형장의 이슬로 사라졌다. 배론과 베르뇌 신부, 어쩐지 두 이름이 무관치 않은 듯도 하고 인명과 지명이 빚어낸 역사의 한 토막 같다.

⑨ 충청북도 제천시 점말

홍학면 포전리 갈골 서남쪽에 있는 마을이다.

조선 말기 천주교인에 대한 박해를 피하여 교인들이 숨어 살면서 오지(옹기그릇) 그릇을 만들었던 곳이다. 이곳에서 만들어진 오지는 그 품질이 매우 우수하였다고 한다.

⑩ 충청북도 괴산군 교수석(絞首石)

연풍면 행촌리 연풍성당 안에 있는 돌이다.

곧 목졸라 죽인 돌이라는 뜻이다. 이곳에는 조선 말기 천주교를 탄압할 때 행형(行刑)의 참혹함을 전해 주는 형구가 전시되어 있다. 특히 이 자연석에는 한가운데 구멍을 뚫어서 마치 연자마를 연상케 하는데 천주교인을 처형할 때 올가미를 목에 걸게 하고 그 구멍을 통해 올가미를 잡아당겨 교인들을 처형하였으므로 교수석이라 부르는 것이다.

이곳 역시 그 당시 조정의 배교를 거부하다 무참히 학살된 교인들을 위해 꾸민 연풍성지가 조성되어 있는데 본래 연풍감옥이 있었던 곳이고, 연풍성당 자리는 천주교 탄압의 실무를 맡았던 포도

청의 자리였다고 한다.

⑪ 충청남도 청양군 다락골과 줄묘

화성면 농암리에 있다.

다락골은 산 안쪽이 되므로 달안골, 원내동, 상월이라고도 한다. 헌종 때 천주교 신자들이 이곳에서 천주교를 포교하여 천주교 마을이 되었다가 1839년(헌종 5) 많은 신도들이 학살되었다.

줄묘는 천주교인들의 무덤으로, 홍주감옥에서 순교한 천주교인 16인을 이곳에 줄을 맞추어 묻었으므로 줄묘라 한다.

⑫ 충청남도 서산시 교수목(絞首木)

해미면 읍내리 성내에 있다.

이 나무는 교수목 또는 호야나무라고도 부르는데 나이 약 6백 년 된 고목으로 '목졸라 죽인 나무' 라는 뜻이다. 병인사옥 때 해미 읍성에서 수많은 천주교인들이 처형을 당했는데 수십 명씩 두름으로 엮어 갈대숲이 우거진 해미천 냇둑 한 구덩이에 생매장을 하기도 했다고 한다. 그곳에는 해미 순교탑이 세워져 있다. 그 당시 교인들을 볏단 집어던지듯 태질을 하여 박살냈던 서문 밖 돌다리는 서산성당으로 옮겨졌는데 그후에도 비가 오면 불그레한 핏자국이 비쳤다고 한다. 이 교수목이 서 있었던 곳은 감옥문 앞이었는데, 당시 영문 앞에 살면서 교인들의 학살을 목격한 두 소년의 증언이 『해미 순교자 약사』에 실려 있다.

이 기록에 의하면, 신도들을 주야로 이 나무에 매달아 고문을 하면서 신앙을 버릴 것을 강요하다 목졸라 죽였으므로 '교수목' 이라 부르게 되었다고 한다. 또 그 당시 처형되기를 기다리던 천주교도들은 자신이 죽는 것보다 다른 신도가 죽는 것이 더욱 괴로웠으므로 서로 먼저 처형되기를 원했다는 기록도 보인다. 이처럼 해미

읍성은 순교의 성지로 널리 알려져서 천주교인들의 한이 서린 '신앙의 못(墓)자리 해미'라는 표현이 남게 된 것이다.

⑬ 충청남도 당진군 송산리(松山里)

우강면에 있는 마을로서 김대건 신부가 탄생한 곳이다.

이 땅에 천주교가 들어오고 나서 4대에 걸쳐 순교한 집안은 김대건 신부 집안밖에 없으며, 세계적으로도 그 예가 없다고 한다. 1784년 이 지역에 천주교가 전해지자 솔뫼마을의 김진후는 천주교 신자가 되었다. 그는 옥살이 끝에 1814년에 순교했고, 그의 셋째 아들인 김한현이 1816년에, 그로부터 23년 뒤에는 손자인 김제준이 순교하였다. 그후 1846년 스물다섯 살난 우리나라 최초의 신부 김대건이 '천주의 영광을 위해 박해를 굳세게 참고 사람들의 영혼을 구해 주는 일을 계속하도록' 부탁한 채 순교함으로써 32년 동안에 4대가 순교하는 전무후무한 순교의 집안이 되었다.

또한 부자 2대에 걸쳐 복자(모든 사람이 공경할 만한 복된 사람이라는 뜻으로, 순교자 중에서도 그 행적이 빼어나 로마 교황청이 엄격한 심사를 거쳐서 결정한다.)가 탄생한 것도 지극히 드문 일이라고 한다.

솔뫼마을. 예로부터 소나무는 그 고결함으로 인하여 선비의 지조에 비유되고 있거니와, 신념의 부름을 지키기 위하여 목숨을 내놓기를 마다하지 않은 김대건 신부는 솔뫼마을의 소나무와 좋은 짝을 이룬다.

송산리 인근의 합덕리는 전국에서 가장 많은 신부 40명, 수녀 50명이 배출되어 늘 얘깃거리가 되는 곳으로 '신앙의 못(苗)자리 합덕'이라고 불려진다. 솔뫼성지에는 도포차림의 김대건 신부 동상, 순교 1백 주년 기념비, 3층 건물의 기념관 등이 있다.

미완의 혁명, 불운한 역사인
—동학혁명운동과 전봉준(全琫準)

할아버지 동학군 선두에 서서
죽창 들고 외치던 소리 소리,
일어선 분노가
쾅 쾅 죽은 역사를 찍을 때
쓰러지던 어둠의 계곡
어둠에서 다시 빛나던 저 조선낫.
—임홍재「청보리의 노래」중에서

　동학농민봉기는 동북아시아의 역사를 흔들어 놓았던 큰 사건이다. 조선 말기 양반사회와 관료의 부패, 그리고 외국의 침략에 대항하여 일어난 동학농민운동은 대외적으로 청·일 양국의 출병을 유발하여 청일전쟁의 직접적인 계기가 되었고, 청이 패함으로써 동북아시아의 세력판도를 바꾸었다. 대내적으로는 갑오경장에 의한 정치적 혁신뿐 아니라 위정자나 벼슬아치들의 반성을 가져오는 계기가 되었다.
　그 발단은 호남지방의 정읍 배들평 만석보에서 비롯되었다. 원래 호남은 물산이 풍부한 곳이어서 관리들의 수탈과 가렴주구가 심하였다. 특히 고부군수 조병갑의 과중한 징세와 수탈, 횡포, 학정이 심하여 그 도화선이 되었다. 이미 그 이전 전라도로 유배된 다산 정약용도 호남지방의 관리들의 횡포와 수탈을 목격하고 장차 호남지방의 민란을 예언한 바 있었다.

1894년 1월 10일 녹두장군 전봉준을 중심으로 만석보에 모인 농민들이 고부관아를 습격한 것을 시발로 그 해 4월에는 백산에 수많은 농민군이 집결하였고, 5월 말에는 관군을 격파하고 전주성을 점령하였다.

천진조약에 따라 청나라 군사와 일본군이 조선에 급파된 것이 6월이며, 정부와 강화를 맺은 동학군은 53개소에 집강소를 설치하고 폐정개혁을 단행하였다. 그러나 정부가 강화조건을 이행하지 않음에 따라 호남군 10만, 호서군 10만(그 숫자에는 차이가 있다.) 이 논산을 거쳐 10월 23일 공주 감영을 점령한 후 서울로 진격코자 하였으나 우금치에서 근대식 무기로 무장한 일본군과 관군에 의해 수많은 사상자를 내고 패주하여 거사는 미완의 혁명으로 끝났다. 그리하여 '척왜구국'(왜적을 몰아내고 나라를 구하자)의 기치를 내걸고 충청도와 전라도, 경상도, 경기도, 강원도, 황해도에서 들불처럼 타올랐던 농민봉기는 막을 내렸다. 우리 민족 수백만 명이 참여하였고 수십만 명이 죽어 이 강산을 피로 물들였으나, 외세에 이끌려다닌 조정에 의해 제 백성의 목숨을 왜적의 손에 내주고 만 것이다.

동학 농민군이 잡히는 대로 돌로 쳐죽이고, 산 채로 파묻고, 불태우고, 목 조르고, 물 속에 수장하고, 몽둥이로 두들기고, 찢어 죽이고, 작두로 목을 자르는 등 그들의 살상 방법은 이루 말할 수 없이 잔인하였다.

그리하여 살아남은 자들은 모든 재산을 빼앗기고, 나중에는 의병에 가담하거나 정든 고국을 떠나 만주로 이주하였으니, 그 당시

이 나라는 그들의 조국이 아니었다.

전봉준(1854~1895).

1854년 전라북도 고창군 고창읍 죽림리 당촌에서 태어났던 그는 '시운이 따르지 않은 역사인'이었다.(그의 출생연대는 1855년 설이 있으며, 출생지도 정읍 조소리, 지금실 등 여러 설이 있다.)

그가 순창군 피로리에서 배반자의 밀고로 붙들려 서울로 압송될 때,

> 전봉준이 벼슬아치를 보고는 모두 '너'라고 부르며 꾸짖고 조금도 굴하지 않았다.… 조금이라도 그의 뜻을 거스르면 꾸짖기를 "내 죄는 종묘사직에 관계되니 죽게 되면 죽을 뿐이다. 너희들이 어찌 나를 함부로 다루느냐?" 하였고, 잡아가는 관리들이 '예 예' 하며 잘 모셨다.

고 「오하기문」에 씌여 있다.

1894년 12월 2일 순창 피로리에서 붙들려 일본 영사관 감방에 갖힌 전봉준은, 일제가 지위를 준다느니 재산을 준다느니 하는 온갖 회유에 오로지 한 가지 '죽음'만을 달라는 대답을 했다고 한다. 재판정에서도 당당하여 일본인들조차 그에게 경의를 표했다고 한다. 1895년 3월 29일 참형의 판결을 받고 잘리워진 그의 목은 길거리에 걸려졌다.

그는 민중의 동력을 이끌어내고 이를 폭발적으로 분출시킨 제일의 공로자이다. 그의 뛰어난 전략과 전술, 민심을 얻기 위한 농민군의 행동지침, 반봉건, 반외세의 지향을 뚜렷이 한 점, 동학의 주술성을 조직에 활용한 점, 흥선대원군과 손을 잡은 일, 고을의 수령, 방백을 설득한 일 등 그의 지도력은 남다른 데가 있었다.

만약 외세의 개입이 없고, 동학 농민군이 서울에 입성하였다면

우리의 역사는 어떻게 달라졌을 것인가. '새야 새야 파랑새야'에서 파랑새는 곧 '팔왕(八王=全)' 새로서 그의 성씨를 뜻한다고 한다. 민중의 행복을 찾아주려고 했던 파랑새.

그 파랑새가 살았던 곳은 정읍군 조소마을로서 '새둥지'의 뜻을 지니고 있으나, 그 한맺힌 영혼은 지금 어디에 둥지를 틀었을까.

때가 오면 천지도 힘을 합하건만
운이 다하매 영웅도 어쩔 수 없구나.
백성 위한 정의뿐 잘못 없건만
나라 위한 붉은 마음 그 누가 알아주랴.

이것은 그가 감옥에서 쓴 시이다. 사형이 선고되고 바로 그날 사형이 집행되었는데 이때 민중의 파랑새 전봉준은 "나를 죽이고자 할진대 종로 네거리에서 내 목을 쳐 오고가는 사람들에게 내 피를 뿌려주기 바라노라." 하였다.

40여 세로 짧은 생을 마쳤지만 그는 '역사인'으로서, 우뚝 빛나는 횃불처럼 서 있는 것 같다.

. . . .

① 인천광역시 강화군 동학골
강화읍 용정리 대묵굴 동쪽에 있는 골짜기이다.
동학농민봉기 때 농민군들이 이곳에 진을 쳤으므로 동학골이라 부른다고 한다.

② 강원도 홍천군 패병산(敗兵山)

패명산이라고도 하며 북방면에 있는 산이다.

동학농민봉기 때 농민군과 관군이 이곳에서 진을 치고 싸웠는데, 관군이 패하였으므로 패병산이라 불렀다고 한다.

③ 강원도 홍천군 진등고개

서석면 풍암리에 있는 고개이다.

동학농민혁명 때 관군과 동학군이 싸워서 동학군이 졌으므로 진등고개라 부른다고 한다.

④ 충청북도 옥천군 진터벌

옥천읍 서정리에 있는 들판이다.

동학농민혁명 때 군대가 이곳에 진을 쳤기 때문에 붙여진 이름이라고 하는데, 그 부대가 동학군인지, 관군이나 일본군인지는 확실하지 않다.

⑤ 충청북도 청주시 모충동(慕忠洞)

갑오년 10월 3일 대전에 집결한 동학군을 진압코자 영관 염도희가 70인의 부하를 이끌고 출진하였다가 강외면에서 전멸하였으므로, 그들의 충성을 기리어 단을 세우고 제사를 지내는 모충사를 세웠다.

⑥ 충청남도 당진군 둔군봉(屯軍峰)

합덕면에 있는 높이 136m의 산이다.

동학농민혁명 때 관군이 주둔하였으므로 둔군봉이라 한다.

⑦ 충청남도 당진군 승전목(勝戰)

당진읍 구룡리에 있는 목이다.

동학농민혁명 때 관군이 이곳에서 동학군을 무찔러 이겼으므로 승전목, 승전모랭이라 한다.

⑧ 충청남도 천안군 시성산(屍城山)

성남면 화성리에 있는 산으로 본래의 이름은 세성산이었다.

동학운동 때 이곳 동학접주 김복룡이 동학군을 이끌고 이 산에서 관군과 대결하는데, 김복룡은 농민군에게 쪽지로 눈을 가리고 주문만 외우면 관군의 총대에서 물이 나오고, 비록 총탄이 비오듯 하여도 맞지 않는다고 하였다. 관군이 산을 포위하고 공격을 하는데 교도들이 눈을 가리고 주문만 외우고 있으므로 총 쏘는 것을 중지시켰다. 이 싸움에서 동학군은 수백 명의 사상자를 내어 시체가 쌓였으므로 시성산이라 하였으며, 산 아래 개울은 피가 많이 흘러내려서 피골이라 부르게 되었다.

시성산에서 농민군이 패함으로써 우금치 전투도 큰 타격을 입었다.

⑨ 충청남도 공주시 우금치(牛禁峙)

공주시 금학동에서 주미동으로 넘어가는 고개이다.

조선 농민의 희망, 전봉준의 뜻이 좌절된 곳이 바로 이 고개이다. 20만에 달하는 호남·호서의 동학군이 이 고개를 넘어 공주감영을 점령하려 하였으나, 일본군과 관군의 신식 무기에 당하여 10만(혹은 4만) 여의 사상자를 내고 남쪽으로 패주하였다. 우금치는 원래 밤에 도둑이 나타나는 곳이므로 소를 몰고 넘어가지 못하게 하였다 하여 우금치라 불렀는데, 그 이름대로 소처럼 우직한 동학 농민에게 끝내 이 고개를 넘어가지 못하게 한 '우금치'가 되고 말았다. 이곳에 있는 동학혁명 위령탑은 공주 쪽으로 조금 내려가서 서 있는데, 그것은 이 고개를 끝내 넘지 못한 동학 혁명군의 한을 풀어주기 위해서라고 한다. 고개 밑에는 그때 동학군의 시체로 가득 찼던 '송장배미'라는 논도 있다.

⑩ 전라북도 남원시 방어치(방애재)
운봉면 장교리에서 산동면으로 넘어가는 고개이다.
동학운동 때 이 고개에서 관군이 동학군을 크게 물리치고 방어하였으므로 방어치라 부른다고 한다. 부근의 합미성(合米城)은 동학운동 때 쌀을 저장하였던 곳이라고 한다.

⑪ 전라북도 완주군 송장배미
봉동면 구미리에 있는 논이다.
갑오년 동학운동 때 농민군과 관군이 싸워서 그 싸움에서 죽은 시체를 이 논에다 쌓았으므로 송장배미라 부른다고 한다. 그 시체는 대부분 관군의 시체였을 것이다.

⑫ 전라북도 정읍시 만석보(萬石洑)
이평면 팔선리의 배들평야에 있는 보의 터이다.
1894년 1월 9일 전봉준과 동학농민들이 고부관아를 습격하고 만석보를 헌 뒤 쌓아놓은 보세미를 농민들에게 되돌려 준 곳으로, 동학혁명의 직접적인 발단이 된 곳이다. 만석보라는 이름은 가뭄에도 정읍천의 물로 농사를 지을 수 있다고 해서 붙여진 이름으로, 이곳에 만석보 유지비가 서 있다.

⑬ 전라북도 전주시 검두봉(劍頭峰)과 투구봉
전주시 동완산동에 있는 산봉우리이다.
동학운동 때 검두봉에는 관군이, 투구봉에는 동학군이 진을 치고 맞서 싸웠다.

⑭ **전라북도 정읍시 황토재**

덕천면 하학리에 있는 고개이다.

농민군이 전라감영의 관군을 맞아 전멸시킨 곳으로 이곳에 동학 혁명 기념탑이 서 있다.

⑮ **전라북도 김제시 백산면(白山面)**

백산은 황토재의 전투를 앞두고 동학군이 전정, 군정, 환곡 등의 3폐 시정 조건을 내걸고 집결한 곳으로 각지의 농민 수만 명이 모였다. 이때 '앉으면 죽산(竹山), 서면 백산' 이라는 말이 생겼는데, 앉으면 대나무로 만든 대창이 숲을 이루고(인근에 죽산면이 있다.), 서면 흰 옷 입은 백성들이 숲을 이루었기 때문이다. 이를 '백산 대집결' 이라 한다.

⑯ **전라북도 정읍시 조소(鳥巢)**

이평면의 마을로서 '새둥지' 라는 뜻이다.

민중의 파랑새 전봉준이 동학농민봉기의 뜻을 세운 곳이다.

인걸과 지명의 일치는 결코 우연이라고만 할 수 없는 것 같다. 3간 흙담집으로서 사적 제293호로 지정된 '전봉준 구거' 가 있다.

⑰ **전라북도 순창군 피로리(避老里)**

쌍치면에 있으며 조선시대에 당쟁에 패한 노론(老論)의 선비들이 이곳에 숨어 들었으므로 피로리라 불렀다고 한다.

이름에는 '숨을 피' 자가 들어 있는데, 옛 부하 김경천이로 '피로한 파랑새' 를 밀고하여 전봉준이 잡힌 곳이다.

⑱ **전라남도 나주시 여제촌**

송촌동에 있는 마을이다.

동학운동 때 많은 사람이 죽었으며, 특히 호남지방에서는 관군의 희생자가 많았으므로 그들을 위하여 여제를 지냈던 곳이다. 연수촌이라고도 부른다.

⑲ 전라남도 신안군 진재

지도읍 봉리의 감정리로 가는 고개이다.

동학운동 때 농민군이 이곳에 진(陣)을 쳤던 곳이므로 진재라 부른다.

⑳ 전라남도 완도군 의병골

금일읍 신구리에 있는 골짜기이다.

동학운동 때 포로로 잡힌 동학군을 이곳에서 총살하였으므로 이 골짜기를 의병골이라 부른다.

㉑ 경상북도 상주시 원통산

화동면, 화서면 경계에 있으며 우산 또는 자양산이라고도 한다. 동학운동 때 이곳에서 사람이 많이 죽었으므로 원통산이라 한다.

㉒ 경상남도 사천군 선진성터와 개재

용현면 선진리에 있으며 임진왜란 때 왜적의 거점이었다. 동쪽에 청나라 원군의 무기고가 있어서 동학운동 때는 농민군이 이곳에 저장된 많은 무기를 사용하였다.

인근의 용티리에 있는 개재는 동학운동 때 농민군이 관군의 습격을 받고 고개 위 굴등바우에 숨어 있었는데, 개가 짖어 발각되고 몰살당했으므로 개재라 한다.

㉓ 경상남도 사천군 도가터

축동면 길평리 하동 북쪽에 있는 마을이다.

그 전에 술도가가 있었는데, 갑오년 동학군이 군자금인 엽전 1가마니를 맡기고 왜적과 싸웠으나 그들이 패하여 찾아가지 않았으므로 도가집은 큰 부자가 되었다고 한다.

㉔ 경상남도 하동군 고시랑산

고승당산, 고성산이라고도 하며 옥종면 대곡리에 있는 산이다. 1894년 9월 동학군이 서부 경상남도의 남해, 사천, 곤양, 하동, 진주 등을 장악하자 일본군이 출동하여 이곳에서 큰 싸움이 벌어졌다. 농민군 5천여 명은 완전무장한 일본군 170여 명과 싸워 1천여 명의 사상자를 내고 후퇴하였다. 그후 이 산에는 비가 오거나 날씨가 흐리면 "고시랑 고시랑" 하는 한맺힌 소리가 들렸으므로 고시랑산이라 부른다.

㉕ 경상남도 하동군 잿구더기

진교면 양포리에 있는 모퉁이이다.

일본군과 싸움에서 크게 패한 동학군들이 이 모퉁이에서 서류 등을 태워 재가 많았으므로 잿구더기라 부른다고 한다.

이 전쟁 후 중국은 조선에서 물러났다
—청일전쟁(淸日戰爭)

1894년 부터 1895년까지 청나라와 일본군 사이에 일어난 전쟁이다.

명치유신 이후 급속도로 국력이 신장한 일본은 그 세력을 우리 나라로 확장하였다. 그러나 오래 전부터 조선의 종주권을 주장해 온 청나라가 호락호락 물러설 리는 없었다. 치고 넘어오려는 일본 과 기존의 판도를 고수하려는 청나라가 조선에서 맞붙는 것은 필연적일 수밖에 없었다.

1882년의 임오군란, 1884년의 갑신정변 등에서 양국간의 알력은 심화되었고, 그 결과 두 나라는 천진조약을 체결하여 두 나라 중 어느 한 나라가 한국에 군대를 보낼 때는 미리 상대방에게 통보하고 사후에는 즉시 철병키로 하였다.

1894년 한국에서 동학농민봉기가 일어나자 조정은 청나라에 원군을 청하여 3천 명의 청군이 들어왔다. 이에 일본은 항의서를 제출하고 공사관과 거류민을 보호한다는 이유로 즉시 군대를 보내 조선에서 청·일 양국의 세력균형을 유지하려 하였다.

이후 그들은 조선 정부의 철병 요구를 거부하였으며, 일본은 조선 정부와 청국의 원세개에게 압력을 넣어 개화당 정권을 세우게 하였는데, 이는 청의 세력을 몰아내고 일본의 세력을 뿌리박기 위함이었다.

그 해 7월 23일 일본은 아산 풍도 앞바다에서 청군에 대하여 전단을 열고 8월 1일 선전포고를 하였으며, 이에 서구의 열강은 중립을 선언하였다. 이 전쟁에서 근대적 장비를 갖춘 일본군은 성환, 평양 등지에서 연승하였고, 해군은 풍도와 황해에서 청의 해군을 격파한 뒤 중국의 여순, 위해 등을 공격하여 점령하였다.

다음 해 청나라는 할 수 없이 일본과 화의를 맺게 되었으니, 여기서 시모노세키 조약(하관)이 성립되었다. 이로 인하여 청나라는 한국을 완전한 독립국으로 인정케 되었으나, 그 내막은 일본이 한국을 지배하기 위한 전단계적 절차로 청국의 간섭을 배제하기 위함에 불과하였다.

중국(청)은 요동반도와 대만, 팽호열도 등을 일본에 할양하였으나 그후 요동반도는 러시아와 불란서, 독일의 3국 간섭으로 반환하게 되었다.

이 전쟁으로 인해 청나라는 열강들의 침략에 당면하였고, 일본은 국제적 지위가 크게 향상되었으며 한국 침략의 발판을 마련하게 되었다. 그리고 나아가 남하를 준비하는 러시아 세력과의 충돌로 인한 노일전쟁의 서막을 열게 된 것이다.

. . . .

① 서울특별시 중구 원대인진(袁大人陣) 앞

명동 2가의 중국영사관 자리이다. 청나라 제독 원세개가 군사를 이끌고 들어와 진을 친 곳이므로 원대인진 앞이라 불렀다.

원세개는 이곳에서 조선인들에게 횡포를 부리고 국왕처럼 행세한 것으로 전해진다.

② 경기도 평택시 몰왜보(沒倭洑)

충청남도와 경계부근의 소사들에 있는 보이다.

본래 군두보(群頭洑)라 하여 안성천을 막아 평야에 물을 대던 곳
이다. 청일전쟁 초기 일본군 대위 송기(松岐)가 일본군 선봉 1개
중대를 이끌고 청나라 군대와 싸우다가 이 보에서 청군에게 패하
여 몰살되었으므로 몰왜보라 부르게 되었다.

③ 경기도 평택시 청망(淸亡)잇들

청망평이라고도 하는 큰 들판으로 충청남도와 경계를 이루는 곳
이다.

청일전쟁 때 일본군은 처음에 몰왜보에서 패하였으나 이곳에서
크게 이겼다. 청나라 제독 섭지초는 몰왜보에서 일본군을 이긴 후
월봉산에 진을 쳤는데, 일본군은 적은 군대로 하여금 북쪽 소사들
판에 진을 치게 하여 청군의 경계심을 푼 뒤 밤을 타서 대군을 몰
아 청군을 포위하였다. 새벽밥을 먹던 청나라 군대가 일본군의 기
습을 받고 크게 패하였으므로, 이곳을 청망잇들이라 부르게 되었
다.

④ 경기도 평택시 군문동(軍門洞)

군문이라고도 한다. 1894년 청일전쟁 때 청나라 군대가 이곳에
주둔하였으므로 군문이, 군문동이라 부르게 되었다.

이 전쟁 후 일본은 조선을 사실상 지배했다
―노일전쟁(露日戰爭)

노일전쟁은 청일전쟁에 이어 조선의 지배권을 둘러싸고 일어난 외국간의 두번째 전쟁이다. 청일전쟁 후 중국은 열강에 의한 세계 분할의 최종적인 무대로 변하였다.

중국에서 이권을 얻으려는 러시아와 일본 등의 국제적 대립은 점점 심화되었다. 러시아는 동청철도 부설권, 여순·대련 조차권을 획득하고 다시 조선에서도 일본의 우위를 위협하였으므로 두 나라는 날카롭게 대립하게 된 것이다.

1902년 일본은 영국과 동맹을 맺었고, 이후 영·미·일 세 나라는 러시아와 프랑스의 극동 진출에 대하여 대립하였다. 일본은 조선에서 친로적인 민비(민황후)를 살해하고 한일의정서를 체결케 하였으며, 러시아는 노·청 비밀조약을 체결하여 만주의 영구적 점령을 꾀하였다.

이에 일본은 미·영의 후원을 받아 러시아와 만주 철병조약을 맺었으나 러시아는 이를 이행치 않고 오히려 압록강 하류의 용암포를 점령하고 극동 대총독부를 세움으로써 극동 침략을 노골화하였다.

1903년 일본은 러시아에 대하여 일본의 청국에 대한 기회균등과 조선에 있어서 일본의 우위를 인정할 것을 요구하였으나 러시아가 이를 거절하자, 1904년 2월 6일 러시아에 최후통첩을 발송하고 10일의 선전포고에 앞서서 8일에는 인천에서 러시아의 군함을 격파하였다.

이어서 일본군은 여순항을 기습하였고, 9월 4일에는 요양, 14일에는 사합(砂合)회전, 1905년 6월 1일에는 여순항을 함락시켜 우세를 점하였다. 그러나 3월 10일의 봉천(奉天 : 심양)회전 이후 러시아가 전력을 증강하여 일본이 밀리게 되었다.

그후 5월 7일 우리나라 동, 남해안에서 벌어진 러시아 발틱함대와 일본 해군의 대접전에서 발틱 함대가 전멸되어 일본군은 다시 전세를 만회하였다. 이때 러시아에서는 혁명이 일어나고 일본도 국력이 피폐하여 서로 종전을 원하였다. 그해 8월 10일 미대통령 루스벨트의 주선으로 포츠머스에서 강화회의를 열어 조약을 체결하였으나, 이 조약의 내용은 일본에게 매우 유리하게 작성된 것이었다.

노일전쟁이 끝나자 일본은 명실공히 우리나라에 대한 외국의 간섭 없는 지배권을 확립하게 되었으며 조선은 사실상 껍질뿐인 나라가 되어 이 해에 을사보호조약이 체결되고 각 분야에서 일본의 내정간섭과 지배를 받게 되었던 것이다.

· ·

① 전라남도 신안군 해군정(海軍井)

하의면 옥도에 있는 우물이다.

1904년~1905년의 노일전쟁 당시 일본 해군이 주둔했던 곳이다. 이때 그들이 물을 길어다 먹은 샘이라고 해서 해군정이라 부른다.

② 경상북도 울릉군 망양대

울릉읍 도동의 도방청 남쪽에 있는 산으로 석봉이라고도 부른다.

노일전쟁 때 일본인들이 러시아 함대의 동정을 살피기 위하여 이곳에 감시소를 두고 망을 보았다고 해서 붙여진 이름이다.

③ 경상북도 울진군 고포(姑浦)

북면 나곡리의 동해안 포구이다.

'고포미역'으로 유명한 곳으로 '고포'는 우리말 '할무개'의 한자식 의역이다. 1905년 음력 4월 25일 러시아 배 2척이 일본배에 쫓기어 오다가 한 척은 삼척 원덕 월천리 앞 바다에서 침몰되고 또 한 척은 도망쳐 갔다고 한다. 그 무렵 어뢰가 이 마을 앞 바다에 굴러다녔는데, 마을 주민들이 모여서 구경을 하다가 뇌관을 잘못 때려 폭파, 구경꾼 40여 명이 떼죽음을 당한 일이 있었다. 고포는 강원도와의 경계가 되는 곳이다.

④ 경상남도 거제시 취섬(鷲島)

사등면 창호리에 속한 섬으로 '독수리 취' 자를 붙여 취도 또는 취섬이라고도 부른다.

이 섬은 노일전쟁 당시 일본군이 전쟁에 대비하여 폭격 연습의 목표물로 삼았던 섬이다.

⑤ 경상남도 거제시 광지(廣枝)말

장목면 구영리의 황포 서남쪽에 있는 마을이다.

노일전쟁 때 일본인 광지가 살았으므로 광지말이라 부른다고 한다.

⑥ 경상남도 거제시 신촌(新村)과 망봉(望峰)

　장목면 송진포리에 있다.

　신촌은 노일전쟁 때 일본 해군이 송진포를 군항으로 만들기 위하여 송진포에 살던 주민들을 이곳으로 이주하게 하였으므로 새로 된 마을이라는 뜻에서 신촌이라 한다.

　망봉은 노일전쟁 때 송진포에 주둔한 일본 해군이 이곳에 경비병을 두고 적의 내습을 망보았으므로 망봉이라 한다.

12·12, '불행한 군인'이 뿌린 씨앗
—동서분당과 12·12사태

◆ 동서분당(東西分黨)

　1575년(선조 8)에 일어난 동서분당은 우리나라 당쟁의 기원이
되는 사건이다. 당시 이름이 높았던 선비 김효원과 심의겸의 반
목, 대립에서 기원하였다. 김효원이 장원급제하여 전랑이라는 요
직의 벼슬에 천거되었으나 심의겸이 이에 반대하였다. 그후 김효
원이 전랑의 직에 앉았는데 그가 이임할 때 심의겸의 아우를 전랑
직에 천거하자 김효원이 이를 반대하여 양자의 사이는 결정적으
로 대립하게 되었고, 여기에 많은 선비가 가세하여 서로 편을 갈
라 반목과 질시를 하기에 이르렀다.

　이때 김효원의 집은 서울의 동쪽 낙산 밑에 있었고, 심의겸의 집
은 서울 서쪽 정동에 있었으므로 이들을 동인과 서인으로 나누어
부른 것이다. 동인은 대개 신진학자들로 구성되었고, 이퇴계의 영
남학파와 연결되었으며 유성룡·이산해·이발·최영경 등이 중심
인물이었다. 서인은 정철·박순·윤두수 등이었으며 기호학파와
연결되었고, 이율곡의 생존시에는 당쟁이 본격화되지 않아, 동·
서인간에 어느 정도 균형을 유지하였다.

　인조와 효종 때에 동인은 다시 남인과 북인으로, 서인은 노론·

소론으로 나누어져 이를 사색(四色)이라 하였다. 그리하여 조선의 파벌싸움은 무익한 공리공론으로 피가 피를 부르고, 화가 화를 부르는 악순환을 되풀이하면서 이어져 내려왔다. 그러므로 조선의 당쟁은 오늘날의 편협한 지역감정, 곧 지역패권주의, 지역할거주의, 지역 집단이기주의 의식과도 연결된다.

명종 때의 유명한 풍수지리가이자 예언가인 남사고(南師古)는 동서분당을 이렇게 예언하였다.

서울의 동쪽에 낙산(駱山)이 있고 서쪽에 안산(鞍山)이 있으니, 이것은 말과 그 말안장이 같이 있지 않고 서로 대치되어 있는 형국이다. 이로 인해 조정의 신하(임금이 타는 말로 비유)들이 당파를 지어 동·서로 나뉘는데 동쪽 낙산의 낙(駱)자는, 즉 각마(各馬)가 되므로 동인(東人)은 갈라지게 되고, 서쪽 안산의 안(鞍)자는 혁안(革安)이 되므로 서인(西人)은 혁명을 일으킨 후에라야 안전하게 되리라.

과연 그의 글자 풀이대로 뒤에 동인은 남인과 북인으로 다시 나누어졌으며, 서인은 인조반정을 일으켜 광해군을 몰아낸 후에야 정권을 잡고 비로소 안정되었다. 안산과 낙산의 이름이 절묘하게 맞아떨어진 것이다.

◆ 12·12사태

5·16군사혁명으로 정권을 잡은 박 대통령은 그의 군복을 벗는 대장 전역식에서 "나 같은 '불행한 군인'이 이 땅에 다시는 생기지 말아야 한다."고 연설하며 울먹였다.

그러나 1979년 12·12사태는 그가 아끼던 후배들, 그가 뿌린 씨앗들에 의하여 '불행한 군인'들이 다시 출현한 사건이었으며, 5·

16에 의한 군사문화를 다시 확대 재생산하였다.

12·12사태에 대한 그 동안의 평가를 살펴보자.

대통령 시해사건을 수사하는 도중에 발생한 우발적인 사건

　—89년 12월 5공의 전두환 대통령

구국의 일념에서 발생한 것으로 상관에게 행한 불경보다 더 큰

명분과 정의를 바탕으로 이루어진 사건

　—87년 13대 대선 직전 관훈토론회에서 노태우 전 대통령

특수한 국가적 상황에서 일어난 군사적 행동

　—93년 5월 황인성 전 총리

하극상에 의한 군사 쿠데타적 사건

　—93년 5월 13일 김영삼 대통령

우리 역사 속에서 같은 사건을 놓고 같은 시대 사람들의 보는 시각이 이처럼 다른 경우도 없을 것이다.

12·12는 일부 군인집단이 육군 참모총장이자 계엄사령관을 국방장관과 대통령의 허가 없이 임의로 연행하였고, 전방의 군부대를 마음대로 끌고 나왔으며, 국방부를 비롯한 주요 군기관을 무력으로 장악하였다. 그리고 긴박한 분위기 속에서 대통령이 사후 재가를 하지 않을 수 없도록 만들었으며, 군인들 사이에 총격전을 벌리게 하여 사상자를 발생시켰다.

그리하여 12·12(시비시비) 사태는 그 시시비비(옳고 그른 것)를 가리기 위한 논쟁이 아직도 계속되고 있는 것이다.

누구나 역사를 만들 수는 있다. 그러나 역사를 쓸 수는 없다.

　—오스카 와일드

12·12에 대하여 이 말은 참으로 음미해 볼 만한 깊은 뜻이 있다.

이와 함께 '승즉군왕(勝則君王) 패즉역적(敗則逆賊), 즉 이기면 임금이요, 패하면 역적이 된다는 마키아벨리즘적 사고방식은 지금 진행되고 있는 5공과 6공의 두 전직 대통령에 대한 재판결과로 나타날 것이다.

· ·

① 서울특별시 서대문구 안산(鞍山)

5·6공화국의 두 전직 대통령이 살고 있는 연희동의 뒷산이다.

높이 297m. 무악재를 사이에 두고 인왕산과 연결된다. 산의 모습이 말안장(鞍) 즉 길마와 같이 생겼으므로 안산이라 한다. 과연 안산은 혁명과 인연이 깊은 산이다.

안산 서남쪽의 연희동에 일찍부터 자리잡은 5공과 6공의 전직 두 대통령은 서울의 서쪽에 자리잡았으므로 현대판 서인이 되는 셈인데, 그들도 혁명을 함으로써 권력을 장악할 수 있었기 때문이다.

안산(鞍山)의 혁안(革安)이란 뜻이 현대에 재현되었으니, 맹랑한 역사는 이렇게 되풀이되는 것인가 보다.

② 서울특별시 종로구 낙산(駱山)

창신동과 이화동 경계의 이화대학병원 뒤의 능선으로 높이 111m, 일명 낙타산이라고도 하며 줄여서 낙산이라 한다. 산의 모습이 낙타의 등처럼 생겼기 때문이다.

풍수지리상 서울의 내사산(內四山)의 하나이다. 지금은 산중턱까지 아파트가 들어섰고 옛 한양의 도성이 남아 있다.

2. 민족의 기상

7백 년 백제사를 장식하다
─계백(階伯)과 황산벌 싸움

태어나지 말지니, 그 죽는 것이 괴롭고
죽지 말지니, 그 태어남이 괴롭도다.

이는 신라의 원효가 괴승 사복의 모친 장례식에서 바친 축문이다. 이에 사복은 그 말이 번거롭다 하여 "죽고 사는 것이 괴롭구나"라고 고쳤다 한다. 그렇다. 인간이란 살기도 힘들고 죽기도 힘들지만 특히 대장부로 태어나 죽을 곳을 찾아 죽는 일은 더욱 힘든 일이다.

조선『선조실록』을 보면 전대의 여러 왕릉 보호와 함께 명신들의 묘도 단을 세우고 주변을 깨끗이 하라는 영을 내렸는데 그 명신에,

신라의 김유신·김양, 백제의 성충·계백, 고려의 강감찬·정몽주

를 꼽았으니, 조선시대에도 계백의 충절은 높이 평가되고 있었음을 넉넉히 알 수 있다..

한 나라로서 두 나라의 대군을 맞게 되니 나라의 존망을 알지 못
하겠다. 내 처자가 적에게 잡히어 노비가 되고 살아서 욕을 보느니
차라리 죽는 것만 같지 못하다.

국왕으로부터 출전명령을 받은 장군(달솔) 계백(?~660)은 당
군이 이미 백강을 건넜고, 신라군이 탄현—충신 성충과 흥수가 의
자왕에게 꼭 방어해야 한다고 했던 곳이 바로 이 탄현(숯고개)과
백강 하구(지벌포)였다.—을 넘어 진격하자, 독 안에 든 쥐나 다
름없는 백제의 운명을 한탄하며 출진에 앞서 처자식을 차례로 찔
러 죽였다.
　그리고 일기당천의 잘 훈련된 군사(결사대) 5천 명을 이끌고 백
제의 수도 소부리(부여)에서 약 30㎞쯤 떨어진 황산벌에 3개 영으
로 나누어 진을 치고 서약하기를,

　　옛날 월나라 구천은 5천 명으로 오나라 70만을 격파하였으니 오
　늘날 마땅히 각자가 분투하여 국은에 보답하자.

하였다.
　그리하여 계백 자신은 중군이 되어 산직리 산성에, 좌군은 황령
산성에, 우군은 모촌리 산성을 지키게 하였다. 이윽고 660년 7월 9
일 숯고개를 넘어온 신라 김유신의 5만 군대가 황산벌에 이르자
신라군과 백제군 사이에는 10대 1의, 싸움이 되지 않을 싸움이 벌
어졌다.
　이 싸움에서 백제군은 죽기를 각오하고 싸워 신라군을 네 차례
나 격퇴하였다. 『삼국사기』에 그 무용이 기록되어 있는 김유신의
신라군은 우세한 군세로 4전 4패를 당하자 본영인 곰티 산성에서
작전회의를 열고, 이어서 장군 김흠춘의 아들 화랑 반굴을 내보냈

다. 그러나 반굴이 전사하자, 다시 장군 품일의 아들 화랑 관창을 내보낸다.

관창도 백제군에 사로잡히게 되었는데 계백은 그가 어린 소년이므로 살려서 신라군 진지로 돌려보내 주었다. 신라군 진지로 돌아온 관창은 살아서 돌아온 것을 부끄럽게 여기며 다시 백제군을 향해 공격하였다. 계백의 군사에게 다시 사로잡힌 관창을 보고 계백은 '이 소년이 죽기를 각오하였구나' 하고 그의 목을 베어 말안장에 매달아 신라군에 돌려보내 주었다.

관창의 목이 말안장에 매달려 신라군으로 돌아오자 신라군은 잃었던 용기와 사기를 되살려 성난 파도처럼 백제군을 향해 진격하니, 계백의 5천 결사대는 신라군을 당해 내지 못하고 무너지고 말았다. 참으로 중과부적의 싸움이 아닐 수 없었다.

7월 10일의 싸움에서 백제의 좌군은 황령 산성에서 밀려 시장골에서, 우군은 모촌리 산성에서 밀려 충곡리에서, 계백의 중군은 황산벌을 가로질러 청동리 산성 아래서 전멸하였으니, 이때 살아서 포로가 된 자는 좌평 충상 등 20여 명이라 한다.

황산벌의 무너짐은 곧 백제의 종말을 의미하였다. 최후의 방어선이 무너지자 123년간 수도였던 사비성(부여)도 낙화암, 대왕포 등 한맺힌 전설을 남긴 채 백제 7백년의 막을 내렸다.

계백의 출신과 내력에 대해서는 자세히 전해지지 않는다. 그의 성도 분명하지 않아서 본성이 왕족인 부여씨라는 설과, 백제 8대 성씨의 하나인 해씨(解氏)의 음이 와전되어 계(階)가 되었다는 설, 혹은 본명이 고승(高升)이었다는 설이 있다.

『수서 백제전』에는 백제의 8대 성으로 사(沙), 연(燕), 협(劦), 해(解), 원(員), 국(國), 목(木), 묘(苗)씨라 하였고『북사서 동이전』에 도 사 · 연 · 협 · 해 · 진(眞) · 국 · 목 · 묘씨, 또『신당서 동이전』도 『수서 백제전』과 같으며 계(階)씨가 없다. 그러므로 또 다른 주장

에는 그의 성이 서(徐)씨로서 부여 왕족계의 부여 서씨일 것이라
는 설도 제기되고 있다.

의자왕의 혼탁한 정치가 백제를 멸망의 구렁으로 몰아넣었지만
그 백제사를 마지막으로 무인답게 장식한 인물이 바로 계백이니,
그는 확실히 지·인·용을 겸비한 뛰어난 무장으로 기억되어야 할
인물이다. 그러나 백제의 얼이자 상징적인 인물이면서도 역사의
그늘에 가려 있었던 장군의 업적뿐만 아니라, 장군의 묘 역시 "기
다, 아니다."는 논란만 17년이나 되풀이되면서 쓸쓸히 버려져 있
었다. 그리고 1985년부터 문화재 위원들의 고증을 시작으로 1989
년에야 계백 장군 묘소로 결론지어졌다.

이는 광해군 일기, 현지의 지명과 구전, 그리고 충곡서원이 계백
장군을 주벽으로 묘셔온 점 등을 종합 검토한 결론이었다. 현재는
충청남도에서 성역화 사업을 서두르고 있다.

마지막으로 언급할 것은 백제군과 계백이 전사한 '황산벌 전투'
의 그 '황산'이다. 황산(黃山)은 곧 '누르다(노랗다)'와 '뫼'의 뜻
으로 '누르 뫼'가 되고 다시 '놀 뫼'로 되어 지금의 논산(論山)으
로 한자화되었을 것이다. 한편 '연산(連山)' 역시 황산벌 일대에서
비롯된 이름으로 '누를'과 '니을(連)'이 동음이의어(同音異意語)로
쓰였거나, 산의 형태가 늘어서(연이어) 있어 지금의 '연산(連山)'
이 되었을 것으로 본다.

. . . .

① 충청남도 논산군 황산(黃山)벌
연산면의 연산리와 표정리, 관동리, 천호리, 송정리에 걸쳐 있는
벌판.

그 주위를 황산성, 황령 산성, 깃대봉, 국사봉, 산직리 산성, 모촌리 산성이 감싸고 있다. 이 벌판이 지금은 대부분 인삼과 포도밭 재배단지로 변하였으나, 이 일대가 피와 살이 튀고 고함소리 진동하던 백제와 신라의 결전장인 것이다.

② 충청남도 논산군 수락산(首落山)
연산면과 부적면 충곡리(忠谷里) 경계에 있는 높이 140m의 산.
백제의 계백이 이 산에서 신라군과 싸우다 전사하였으므로 수락산이라 하였으며, 같은 내력으로 충장산(忠壯山)이라 하였다.

③ 충청남도 논산군 황성(黃城)
연산면 관동리, 표정리 등에 걸쳐 있는 산으로 산 위에 성이 있으므로 성재, 마성, 북산이라고도 한다.
백제의 군사가 이곳에 성을 쌓고 신라의 대군을 막다가 함락되었다고 한다.

④ 충청남도 논산군 계백 장군묘
부적면 충곡리 수락산 기슭에 있다.
이곳에 '전백제계백장군지묘(傳百濟階伯將軍之墓)'라는 비석이 서 있고 계백의 묘가 있다. 이곳의 충곡서원(忠谷書院)에는 계백을 주벽으로 모시고 있다.

⑤ 충청남도 논산군 시장(屍葬)골과 말무덤
연산면 송정리에 있다.
시장골은 백제의 군사들이 싸우다가 죽은 시체를 장사지낸 골짜기라는 뜻이다. 대목재 아래 있는 골짜기로서 시정골, 시장곡이라고도 한다. 말무덤은 궁장골 언덕에 있는 큰 무덤으로 지름이 6m

쯤 된다. 신라군과 싸우다가 전사한 백제 군사들을 이곳에 묻었다고 한다.

⑥ 충청남도 논산군 관동리(官洞里)
연산면에 있다.
황산벌 싸움 때 계백이 신라 화랑 관창을 사로잡아 그 의기를 가상하게 여기고 살려 보냈다가, 다시 공격해 오므로 부득이 목을 베어 죽인 곳이라고 한다. 본래 관창골이라 불렀다고 하며, 관창골이 변하여 관동이 되었다고 한다.

⑦ 충청남도 부여군 팔충리(八忠里)
충화면 천등산 부근의 마을이다.
백제 말기에 충신 계백 장군을 비롯하여 성충, 흥수 등 여덟 충신이 이곳에서 태어났다고 구전되고 있다. 이곳의 옛 건물터 3개 소가 발굴되어 계백의 출신지이자 백제 충신들의 수련터임을 증거하고 있으나 공식적으로 확인되지는 못하였다.

⑧ 충청남도 부여군 삼충사(三忠祠)
부여읍 관북리 부소산 남록에 있는 사당.
1957년에 창건하였다. 백제 말기의 충신인 성충과 흥수, 계백의 세 충신을 모시고 매년 제사를 지낸다.

⑨ 대전광역시 계백로(階伯路)
서대전에서 서대전역, 유천동, 도마동 등을 거쳐 정림육교에 이르는 동서로 뻗은 길을, 대전시에서 근래에 계백로로 명명하였다.
이는 백제 충신의 얼을 기리기 위함이다.

⑩ 전라남도 무안군 계백군 사당

망운면 성내리에 있다.

남촌 마을 뒤에 계백군 사당이 있으며, 사당 앞에 있는 웅덩이를 군영강이라 부른다. 그러나 계백군 사당이 이곳에 만들어진 내력은 자세히 전해지지 않는다.

고구려는 대륙의 침입을 막는 방파제였다
―연개소문(淵蓋蘇文)

　고구려는 대륙으로부터 이 강토를 지켜내는 삼국의 방파제 역할을 하였다. 만약 고구려가 일찍이 수나라나 당나라에 무너졌다면, 그 다음은 당연히 백제와 신라가 최전면에 노출되어 무너질 가능성이 매우 컸기 때문이다.

　그런 뜻에서 자주적이고 진취적이었으며 용맹무쌍하였던 고구려가 만주와 한반도 북부를 차지하고 있었던 사실은 여러 가지를 시사하는 바가 있다. 왜냐하면 신라가 당나라와 연합하여 백제·고구려를 멸망시킨 후 당나라는 신라마저 통치하려 하였고, 이에 신라는 총력을 기울여 당군을 이 땅에서 몰아냄으로써 간신히 대동강 하류 이남, 원산 이남선의 불완전한 통일국가를 이룩하게 되는 그간의 역사가 이를 말해 준다.

　연개소문(?~665)은 가혹한 독재자로 평가되고 또 그것은 거의 사실일 것으로 보인다. 그가 고구려 제 27대 영류왕을 시해하고 왕의 조카인 보장왕을 자신의 손으로 내세운 후 병권과 정사를 한 손에 쥐고 무단 전제정치를 자행하게 된 642~666년 사이의 주변 정세를 살펴볼 필요가 있다.

　중국에서는 수나라를 무너뜨리고 대제국을 건설한 당나라 고조

의 뒤를 이어 영민한 태종 이세민이 호시탐탐 고구려를 칠 기회를
노리고 있었으며, 남쪽의 신라는 진평·선덕여왕의 두 시대에 크
게 발전하여 김춘추·김유신 등의 활동이 활발한 시기였다.

그리고 그 이전 고구려는 2, 3차에 걸친 수나라의 대규모 침공을
물리쳐 국내외의 복잡한 정세나 절박한 분위기가 연개소문과 같
은 걸출하고 과감한 인물을 필요로 한 것이었는지도 모른다.

그에 대하여는 『삼국사기』 『삼국유사』 이외에도 당나라의 사기
인 『신·구 당서』 『자치통감』 그리고 일본의 사기인 『일본서기』에
도 자세히 언급되어 있는데, 이는 그의 용맹스러움이나 통치술이
동북아시아 여러 국가의 깊은 관심의 대상이 되었음을 의미한다
하겠다.

그는 강화도에서 태어났다는 전설이 구전되고 있으며, 고구려
세족인 대인(大人)의 계통에서 태어났다. 『삼국사기』에는 "그의 성
이 천(泉)씨이고, 또 스스로 물 속에서 태어났다고 하였다."고 한
다.

그의 성씨가 연(淵)씨 임은 이미 알려진 사실이나, 천(泉)으로 표
기한 것은 당나라를 세운 고조 이연(淵)과 글자가 같아 삼국사기
를 집필한 김부식(그는 투철한 사대주의 사상가이다.)이 당 고조
의 이름을 기피하여 그와 뜻이 비슷한 천(泉)으로 바꾸어 쓴 것으
로 보고 있다.

그의 이름에 대해서도 개금(蓋金, 또는 盖金)으로 쓴 곳이 있으며
우리의 민간신앙에서는 '갓쉰동이'(쉰에 낳은 아들이라는 뜻)를
연개소문으로 보기도 하지만, 성씨도 '연'이냐 '연개'냐 하는 등
논란이 있어온 것이 사실이다.

그는 15세 때부터 세상에 이름을 떨칠 만큼 몸집이 크고 의기가
뛰어났으며 영특하였다고 한다. 631년(영류왕)부터 당나라의 침공
을 막기 위하여 동북에서 남만주에 이르는 장성을 쌓고 국방시설

을 강화하는 데 몰두하였고, 특히 수나라가 을지문덕에게 패한 후 그 뒤를 이은 당나라가 반드시 침략해 올 것을 예견하였다.

그러므로 그의 밤낮을 가리지 않는 작업의 독려나 위맹무쌍한 성격 등이 차츰 대신들로부터 경원당하여, 왕과 대신들이 그를 제거할 것을 의논하게 되었다. 그러나 그 내막이 누설되자 연개소문은 병사들을 시켜 신하 1백여 명을 죽이는 한편 궁궐에 들어가 영류왕을 시해하는 정변을 일으키게 된다.

그는 새로 보장왕을 세우고 대막리지가 되어 명실상부한 실권자로서 권력을 장악하는데, 이에 대하여 『구당서』에는 그의 행적을 다음과 같이 적고 있다.

그는 수염이 길고 몸집이 크며 칼을 다섯 개나 차고, 또 좌우 사람이 감히 우러러보지 못했다. 항상 따르는 관리에게 땅에 엎드리라 하여 그 등을 밟고 말에 올랐으며 말에서 내릴 때도 그러하였다…

처음 당 태종은 고구려에서 연개소문이 정변을 일으켜 정권을 장악한 소식을 듣고 곧 정벌할 것을 의논하였으나, 그가 방비를 튼튼히 하고 있으므로 후일로 미루기로 하였다.

한편 백제가 신라의 40여 성을 쳐서 빼앗고 대야성(합천)까지 함락시키니, 신라에서는 김춘추를 보내 당나라와 고구려에 구원을 요청하였다. 이에 고구려에서는 신라로 하여금 옛 고구려 영토인 죽령 이북의 땅을 반환할 것을 요청하며 오히려 백제와 손을 잡았다.

신라가 다시 당나라에 구원을 요청하자, 당나라는 고구려에 사신을 보내 신라와 화친할 것을 종용한다. 그러나 고구려는 오히려 당나라 사신을 구금하는 등, 이 또한 받아들이지 않자, 당나라는 고구려 침략을 준비한다.

644년(보장왕 3) 당나라 태종은 친히 장양, 이세적 등의 장수에게 10만의 군사를 이끌게 하고 수륙 양면으로 고구려를 공격하였다. 치열한 격전 끝에 만주의 몇 성을 함락하였으나 안시성(지금 만주 봉천의 영성자 부근)에 이르러, 성주 양만춘의 뛰어난 전략에 밀려 2~3개 월간 접전을 벌여도 성을 함락시키지 못하고 마침내 물러남으로써 당나라의 고구려 정벌은 실패로 돌아갔다.

고구려의 연개소문은 그후에도 4차에 걸친 당나라의 침입을 모두 물리침으로써 나라를 구하고 민족의 기개를 높였다.

뒷날 송나라 때 신종 황제는 왕안석(王安石)과 이를 논하기도 하였다.

당 태종이 고구려를 쳐서 이기지 못한 것은 무슨 까닭인가?
연개소문이 비상인(非常人)이기 때문입니다.

왕안석의 이 대답은 간단하지만 정곡을 찌른 대답으로서, 중국에 알려진 연개소문의 비범함이 어떻하였는지 잘 알 수 있다.

그러나 연개소문이 심혈을 기울여 지켜낸 고구려는 그의 자식들의 내분으로 인하여 연개소문이 죽은 후 쉽게 무너지고 말았으니, 그의 죽음이 곧 고구려의 종말을 재촉한 것으로 보아야 할 것이다.

. . . .

① 인천광역시 강화군 고려산과 치마대(馳馬臺)
강화면과 내가면, 하점면 등에 걸쳐 있는 높이 436m의 산.

고구려. 때 토성을 쌓은 것이 2만 자나 된다. 산꼭대기에 치마대가 있다. 고구려 영류왕 때 연개소문이 이곳에서 말을 달리며 무예를 연습하던 곳이므로 치마대라 부른다고 한다.

이 산밑에는 연개소문이 말에 물을 먹였다는 다섯 우물이 있어 이를 고려산 오정(五井)이라 부른다.

② 인천광역시 강화군 합소문(蓋蘇文) 집터

하점면 부근리 시루메산(증산) 남쪽에 있는 옛터이다.

고구려 때 합(개)소문이 이곳에서 태어난 것으로 전해지고 있다.

③ 대전광역시 유성구 소문성(蘇文城)

신동동의 금강변에 있다.

산 높이 216m이며 그 위에 돌로 싼 약 220간의 성이 있다. 이 성을 보장왕 때 고구려의 연개소문이 쌓았다고 하는데, 지리적으로 그게 가능한 것인지 의심스럽다. 금강 건너편의 청원군 부용면 구들기와 삼버들 일대에도 연개소문에 관한 이야기가 구전되고 있는데, 그가 신라와 당의 교역을 막기 위해 금강 일대를 장악하고 이곳의 지리적 이점을 고려하여 쌓은 성이라고 한다.

그 당시 백제와 고구려가 여제동맹을 맺었던 상태이므로 백제의 동의하에 고구려군이 이곳을 통제하기 위해 성을 축조하였을 수도 있다는 막연한 추측을 해볼 뿐이다.

외국에서 더 높이 평가한 동방의 무역왕
—장보고(張保皐)

생전에 귀하를 뵈온 적은 없으나 높으신 이름을 오래 전에 들었기에 우러러 보는 마음이 더욱 깊어만 갑니다… 저는 이미 대사(大使)의 어진 덕을 입었기에 삼가 우러러 뵙지 않을 수 없습니다…

이 글은 중국을 순례하고 법화원에서 신세를 진 일본 승려 원인(圓仁)이 본국으로 돌아갈 배편을 구하면서 장보고에게 보낸 편지이다.

장보고(?～846)는 궁복(弓福) 또는 궁파(弓巴)라고도 하는데 이는 우리 말의 활보, 즉 활을 잘 쏘는 사람이란 뜻이 된다.

당나라 서주로 건너가 무령군 소장이 되었던 그는 이국땅과 해상에서 노비로 팔리는 등 핍박받는 우리나라 사람들을 보고 이들을 지키고 보호하기 위하여 산동반도의 위해(威海) 부근에 법화원(法華院)을 세웠으며, 귀국한 뒤에는 청해(淸海 : 완도)에 진을 설치하고 성책과 항만시설을 갖추어 요새화 하였다.

청해진 대사가 되어 해적을 소탕하고 중국에 세운 법화원을 본떠서 이곳에도 법화사를 세웠으며, 청해진을 해운과 무역의 요충지로 만들며 서남해안의 해상권을 장악하였다.

840년 일본과 당나라에 무역사절을 보내는 등 눈부신 활약을 하였으나, 846년 중앙 정부(신라 문성왕)와의 알력으로 조정에서 보낸 자객에게 암살되었다.

그가 죽은 후 청해진은 폐쇄되고 그 주민들은 전라북도의 벽골군(김제)으로 집단 이주시켰으므로 청해진의 해상거점은 급격히 몰락하였다. 그의 이름 '보고'는 약한 사람, 선한 사람, 의로운 사람을 돌보아 주는 '대부(代父)'라는 뜻이 담겨져 있다고 한다.

그는 동방무역의 패권을 잡은 해운과 국제무역의 선조라 할 수 있으나 왕조 중심의 역사관이 지배한 우리 역사 속에서 중앙 정부에 도전하다가 암살된 모반자라는 인식이 그에 관한 각종 자료 인멸의 한 원인이 되었을 것으로 본다.

그에 관한 기록은 우리 역사보다 중국의 『신당서(신라전)』나 일본의 기록이 더 자세하며, 미국의 역사학자 라이샤워 교수는 청해진은 상업제국의 중심지였고 장보고는 틀림없는 무역왕이었다고 평가한 바 있다.

· ·

① 전라남도 완도군 장군도(장섬)
완도읍 장좌리에 있는 섬이다.
섬 주위에는 청해진 시절 갯가에 방책으로 둘러친 나무토막이 줄줄이 박혀 있으며, 섬 꼭대기에 장보고를 모신 사당이 있으므로 장군섬이라 한다.

② 전라남도 완도군 장보네 맷
완도읍 장좌천 상류 동백나무 숲속에 6기의 묘가 있다.

일명 '목 없는 맷'이라고도 부르는데, 이는 장보고를 암살한 염장이 그의 목을 신라 조정에 가져다 바쳤기 때문이라고 한다.

③ 전라남도 완도군 법화사 터
완도읍 장좌리 서쪽 산에 있는 절터이다.
장보고가 중국에서 귀국하자 중국에 세운 법화원을 본떠 법화사를 세운 곳이다.

④ 전라남도 완도군 청해정(淸海井) 터
완도읍 장좌리에 있는 샘터이다.
1만여 명의 군사가 음료수로 사용하던 샘이었다고 한다. 이외에 해적들을 잡아서 가둔 옥당터, 그 당시의 활터, 정문터, 장대터, 장보고의 이야기를 전해 주는 복바위와 장군바위 등이 있다.

70 나이에 싸움터에서 나라를 구하다
―강감찬(姜邯贊)

그는 군인이 아닌 문관이면서도 뛰어난 용병술로 외적을 물리쳐 우리 역사의 한 페이지를 장식한 인물이다. 이는 이 충무공이 원래 육군의 무장이었으나 해군의 지휘관으로 고금에 없는 전과를 올린 것이나, 문관인 권율이 행주대첩과 이치대첩 등 큰 전과를 올린 것과 비견될 수 있을 것이다.

적을 서경에서 물리쳐 살쩍에 꽃을 꽂았네.
위엄이 북한산에 행해져 호랑이가 본색을 드러냈고
문득 대낮에 신선이 되어 올라가니
전과 같이 푸른 하늘에 한 점 별이 되었네.

이 시는 조선조 때의 문인 성현이 강감찬(948~1031)의 생애를 칭송한 시이다.

그가 태어난 곳은 서울 관악구 봉천동 218번지의 낙성대 부근이며, 이곳은 그전에는 경기도 시흥군 동면 봉천리 탑골이라 부르던 곳이다. 그의 본래 이름은 은천(殷川)이며 시호는 인헌(仁憲)인데, 고려초 삼한 벽상공신 궁진의 아들로 태어났다.

그는 키도 작고 얼굴이 썩 잘생기지 못한 편이었으나 처신이 진중하고 위엄이 있어 적을 만드는 일이 없었으며, 부유한 가정에서 태어났으나 사치를 모르고 매우 검소한, 물욕이 없는 인물로 묘사되어 있다. 어려서부터 학문을 좋아하고 지략이 뛰어나 고려 성종 때 갑과에 장원급제하고 벼슬길에 나섰다.

1010년(현종 1) 거란의 성종이 40만 대군으로 고려를 침입하니 강조가 나가서 싸우다 패하였다. 많은 신하가 임금에게 항복하기를 권했으나 강감찬은 이를 반대하고, 하공진을 보내 적진에서 그들을 설득하여 물러가게 하였다.

1018년(현종 9) 거란의 소배압이 10만의 군사로 다시 고려를 침범하니, 강감찬은 부원수 강민첨과 함께 군사를 이끌고 안주에 나가 진을 치고 흥화진에서 기병을 매복시켰다. 그리고 성 동쪽의 큰 냇물을 소가죽으로 막고 기다리다가 적들이 이르자 막았던 물을 트면서 매복한 군사들을 동원하여 적을 크게 무찔렀다.

그 이듬해에도 거란의 소손녕의 군대를 귀주에서 크게 물리쳐, 살아서 도망간 자는 겨우 수천 명이었으며, 사로잡힌 인원과 말, 낙타, 갑옷, 투구, 무구 등은 이루 헤아릴 수도 없었다. 왕이 친히 영파역까지 마중나가 장군을 맞아들이고, 연회를 베풀며 금화팔지를 강감찬의 머리에 꽂아주니 이때 그의 나이 71세였다.

강감찬이 나이가 많으므로 벼슬에서 물러나기를 청하니 임금이 이를 허락하지 않고 3일에 한 번씩만 조회에 나오게 하였으며, 문하평장사에 안국공신(安國功臣)의 호를 내렸다.

경술 연간에 오랑캐 난리가 있어
적병이 한강변에 깊이 들어왔었다.
당시 강공의 계책을 쓰지 않았다면
온 나라가 모두 오랑캐가 될 뻔했네.

이것은 임금(현종)이 장군을 위해 친히 쓴 시이다.

그는 1031년 8월 84세로 조용히 세상을 떠났다. 조정은 3일간 조회를 정지하여 애도의 뜻을 표하고 국장의 예로 장송하였다.

강감찬.

거란이 강성하던 시절에 그들의 예봉을 꺾어 함부로 이 땅을 침략하지 못하게 한 것은 강감찬의 뛰어난 공적으로 길이 역사에 빛나는 명장으로 기록되고 있는 것이다.

경기도 이천군 대월면 군량리에 있는 못의 맹꽁이가 울지 않는다든지, 과천 남태령의 들끓던 여우가 모두 사라진 것이라든지, 강원도 고성군 화진포의 백사장에 개미가 없어진 것, 원주시 일산동 관풍각 못의 개구리가 울지 않는 것, 충청북도 옥천군 군북면 청석교 부근의 모기가 사라진 것은 모두 강감찬의 위엄에 놀라서라는 민간의 설화가 지금까지 구전되고 있음은, 그가 당시 서민대중 속에 나라를 구한 명장으로 깊이 새겨져 있었음을 읽을 수 있게 하는 일화들이라고 할 것이다.

그런데 한 가지 덧붙일 것은, 이 불세출의 명장인 '강감찬'의 이름에 관한 문제이다. 강감찬의 '감(邯)'은 '한'으로 읽어야 옳다. 노생이 한단(邯鄲)에서 여옹의 베개를 베고 자다 꿈을 꾼 고사에서 비롯되어 인생의 부귀영화가 덧없음을 비유하는 말이 '한단지몽(邯鄲之夢)'이다. 또 연나라의 청년이 한단에서 걸음걸이를 배운 고사에서 비롯되어 제 본분을 잊고 함부로 남의 흉내를 내면 두 가지를 다 잃는다는 것을 비유하는 말이 '한단지보(邯鄲之步)'이다.

이와 같이 감(邯)은 '한'으로 읽히되 '감'으로는 읽지 않는다. 그러나 강감찬을 '강한찬'으로 바꿀 경우 혼란이 예상되므로 '합천(陜川)'이나 '배천(白川)', '지리산(智異山)'의 경우처럼 '강감찬'도 하나의 관례로 인정하되, 잘못된 표기는 알고 있어야 할 것이다.

． ． ． ． ． ． ． ． ． ． ． ． ． ． ． ． ． ． ． ．

① 서울특별시 관악구 낙성대(落星垈)

봉천동의 서울대 후문 진입로 옆에 있으며 지하철 낙성대역도 있다.

이곳이 고려 초 강감찬이 태어난 곳으로, 그의 모친이 그를 낳을 때 큰 별이 이곳에 떨어졌으므로 낙성대라 부르게 되었다. 그 별이 떨어진 자리에 3층 석탑을 세웠으므로 이곳을 탑골 또는 탑동이라고도 불렀다.

송나라 사신이 강감찬 장군을 보고, "문곡성(文曲星)이 오랫동안 보이지 않더니 여기에 계셨군요." 하였다는 이야기는 유명하다. 문곡성은 장군이 태어날 때 떨어진 별의 이름으로, 도교에서는 천권성(天權星)이라고도 부르는 북두칠성 중의 한 별이다.

이곳에는 안국사('안국'은 그가 안국공신이었기 때문이다.)를 비롯하여 장군의 사적비 등이 있고, 이 일대가 공원으로 조성되어 있다. 또 낙성대 인근에는 인헌국민학교와 인헌고등학교가 있는데 '인헌'은 장군에게 내린 시호를 딴 것이다.

② 서울특별시 관악구 은천길과 문성골길, 낙성대길

은천길은 봉천우체국 앞에서 봉천교에 이르는 폭 20m, 연장 2.6km의 길이다.

강감찬의 어릴 때 이름인 은천을 따서 이름지었다.

문성골길은 신림1교에서 독산3동에 이르는 폭 20m, 연장 2.5km의 길로서 문곡성이 비추는 좋은 마을이라는 뜻에서 따온 이름이다.

낙성대 옆을 지나는 길은 서울시에서 낙성대길이라 명명하였다.

③ 충청북도 청원군 군주리(君住里)

옥산면 신촌리에 있는 마을로서 군줄이라고도 부른다.

고려 때 천수군(天水君) 개국후(開國侯) 강감찬이 이곳에 살았으므로 군주리라 부르게 되었다고 한다.

④ 충청북도 청원군 강감찬묘

옥산면 국사봉(國仕峰)에 있는 강감찬의 묘이다.

1963년도에 강감찬의 29대손 강우근 형제가 지석을 발견하고 묘역을 정비하여 모시고 있다.

⑤ 기타 전설

서울 뚝섬

고려 때 강감찬이 한양판관으로 있는데 호랑이 피해가 많았다. 어느 날 북동에 가서 늙은 중을 잡아오게 하여 그를 닥달하였더니 늙은 호랑이로 본색을 드러냈다. 강감찬이 크게 꾸짖고 즉시 호랑이 떼를 데리고 서울을 떠나라 하였더니 그후부터 한양에 호랑이의 피해가 없어졌다.

전주시 용머리고개

전주지방에 가뭄이 들어 몹시 걱정하던 때인데, 강감찬이 이곳에 있을 때 사람을 시켜 개천을 건너가는 초립동이를 잡아오게 하였다. 초립동은 용이 둔갑한 것으로서 강감찬이 호령하자 즉시 비를 내리게 하여 가뭄을 해소하고 이 고개에서 죽었으므로, 이 고개를 용머리고개라 부르게 되었다고 한다.

굴종보다는 차라리 죽음을 택했다
—삼별초(三別抄)

- 모두 모여라! 몽고가 대거 침입하여 우리 백성을 무차별 살육하고 있다.

분연히 떨쳐 일어나 나라를 구할 뜻이 있는 자는 모두 구정(毬庭)으로 모여라.

- 나루를 막아라. 배라는 배는 모조리 거두어 묶어라.

- 지금 임금은 몽고 오랑캐의 허수아비다. 고경(古京 : 개경)의 조정은 우리의 적이다.

고려의 별초는 요즈음의 특수부대 또는 결사대와 같은 부대이다.

나라 안에 도둑이 들끓자 치안유지를 위해 최우(崔瑀)가 용사들을 조직하여 매일 밤 순찰하게 하였는데, 이를 야별초라 하였다. 그러나 도둑이 줄어들지 않고 전국적으로 일어나자 별초를 좌별초와 우별초로 나누어 잡게 하였다. 삼별초는 이 좌·우별초와 몽고에서 탈출하여 귀환한 자들로 조직된 부대인 신의군이 합하여 이루어진 부대이다.

삼별초. 우리 역사 속에서 민족의 정통성을 지키려는 주체적 정신으로 우뚝 서 있는 '삼별초의 난'은, 굴종보다는 죽음을 택하여 꿋꿋하게 싸우다가 간 항쟁의 역사로 기록되어야 마땅하다.

역사는 왕후장상의 기록이나 삼군을 호령한 장수들, 문명을 떨친 선비들의 것만이 아니며, 이름도 빛도 없이 이끼긴 성벽의 돌처럼 숨겨간 병사들, 민초들의 피와 땀 속에도 물들어 있는 것이다.

세계의 5분의 4를 점령한 몽고군의 말발굽 아래에는 거칠 것이 없었다. 몽고의 과중한 요구에 견디다 못한 고려는 무신정권의 마지막 대를 이은 최우가 중심이 되어 강화도로 천도를 단행하였다.

그리하여 고려 조정이 강화도로 들어간 1232년(고종 19)부터 1271년(원종 11)까지 40여 년간 우리 국토는 몽고군의 말발굽에 짓밟혔으며 살인, 약탈, 파괴, 노략질, 강간, 방화 등 미증유의 재앙을 당해 그 참상이 눈뜨고 볼 수 없을 지경이었다.

마침내 몽고에서 돌아온 원종은 신하를 강화도로 보내 옛 서울인 개경으로 환도 명령을 하달하니, 이는 곧 몽고에 대한 복속을 의미하였다. 이와 함께 삼별초의 해체를 명하고, 그들의 명부를 갖고 개경으로 돌아갔다.

이에 장군 배중손과 그 수뇌부들은 몽고의 꼭두각시 정부를 따를 것이 아니라 끝까지 싸울 것을 결의하였다. 그들은 왕족인 승화후 온(溫)을 추대하여 새 임금으로 모시고 대장군 유존혁, 노영희, 김통정 등으로 지도부를 구성하였다.

그리고 강화도 인근의 크고 작은 배 1천여 척을 징발하여 무기와 재물과 가족들을 싣고 황해를 남하하여 1270년 8월, 진도 벽파진에 이르러 군내면 용장리의 용장사를 임시 대궐로 하고 주위에 석성을 쌓아 싸움에 대비하였다.

진도에서 삼별초군은 합포(마산), 동래, 김해 등 경상도 남해안 여러 지방까지 진출하여 세력을 떨치고 제해권을 거의 장악하였으므로, 김방경과 원나라 장수 아해가 이끄는 여몽 연합군이 1차 진도 정벌을 시도하였으나 실패하였다.

1271년 5월 여몽 연합군은 다시 전함 4백 척으로 진도를 총공격하니 이때 고려의 장수는 상장군 김방경이요, 몽고의 장수는 반역자 홍복원의 아들로 아비의 뒤를 따라 몽고에 붙어 장수가 된 홍다구였다.

그리하여 연합군의 좌군은 고군면 원포리 노루목으로, 우군은 벽파진의 군직 구미로 상륙하여 용장성을 포위하고 삼면에서 화포를 쏘며 공격하니, 삼별초의 수뇌부는 남은 군사를 이끌고 한 부대는 임회면 남동리의 남도 포구로, 김통정의 부대는 제주도로 후퇴하였다.

이 싸움에서 삼별초의 지휘자인 배중손이 전사하였고, 홍다구에게 붙들린 삼별초의 임금 승화후 온도 홍다구에게 살해되었다. 그리고 삼별초와 같이 진도로 내려온 많은 여인들도 이때 잡혀가거나 죽음을 당하였고, 그 당시 남해에 웅거한 유존혁의 부대는 80여 척의 배를 이끌고 제주도에 들어가 김통정의 군대와 합류하였다.

한편 제주도에 상륙한 삼별초의 부대는 제주의 관군을 함락시키고 인근에 성을 쌓아 항몽투쟁에 들어갔다. 그후 다시 군비를 확장한 삼별초군은 충청도의 보령, 결성까지 진출하였고, 전주, 장흥, 거제 등에 쳐들어가기도 하였다.

마침내 1273년 4월 김방경, 혼도, 홍다구 등이 이끈 1만여 명의 여몽 연합군이 중군은 제주도의 함덕포로, 좌군은 비양도로 상륙하여 곧바로 성을 공격하니 성은 함락되고 병사들은 투항하였으며, 김통정의 정예부대 70여 명은 한라산으로 숨어들었다가 그들도 관군의 공격에 죽고 김통정은 목을 매어 자결하였다.

삼별초군이 평정되자 몽고 장수 혼도는 제주도에 5백의 군사를 주둔시켜 지키게 하였다. 이후 제주도는 사실상 몽고의 지배를 받게 되었으며 고려는 1백여 년간 원나라의 식민지가 되었다.

우리 역사를 보면 외세를 끌어들여 제 민족을 살상한 예가 여러 번 있다. 저 삼국시대에 신라의 통일세력이 고구려의 만류에도 불구하고 당나라의 군사를 끌어들여 부여를 초토화시키고 평양을 함락시킨 경우라든지, 몽고의 군사를 끌어들여 삼별초의 부대를 전멸시킨 것이 그러하거니와, 근세에는 동학농민운동을 진압하기 위하여 일본군을 끌어들여 도처에서 학살을 자행하고 그들을 유랑민으로 만들어버린 조선왕조가 그렇다.

삼별초가 우리 역사 속에서 차지하는 의미에 대하여 다시 한 번 곰곰이 생각해 보아야만 할 이유가 있는 것이다.

. . . .

① 인천광역시 강화군 삼랑성 가궐(假闕)터

길상면 온수리 653번지에 있으며 정족산 가궐터라고도 한다. 삼랑성 앞에 있는데 1259년(고종 46)에 술사 백승현의 말을 듣고 지었으며 1270년 삼별초가 난을 일으킬 때 불에 탔다.

② 인천광역시 옹진군 신도리(信島里)

북도면에 있는 섬이다.

고려 고종 때 삼별초가 이 섬에 잠시 웅거하였는데, 이때 섬 사람들이 신의가 있다 하여 신도라 불렀다고 한다.

③ 전라남도 진도군 왕무덤재

진도읍 남동리와 의신면 침계리 등에 걸쳐서 높이 약 239m의 남산이 있고 이곳에 삼별초가 임금으로 받들었던 왕온의 무덤인

왕무덤이 있으므로 왕무덤재라 한다.

왕온과 그 아들이 몽고의 홍다구에게 붙잡혔는데, 개성에서 같이 내려온 왕족들이 왕온의 목숨만 살려줄 것을 간청하였으나 무참하게 살해하여 버렸다.

지금도 왕무덤재의 산마루를 넘을 때는 길 옆 돌무지에 돌을 던지고 명복을 빌어야 액운이 없어진다고 믿고 있다. 그 아래에 있는 말무덤은 왕온을 따르던 신하와 군졸들의 무덤이라고 한다.

④ 전라남도 진도군 용장산성(龍藏山城)

군내면 용장리와 고군면에 걸쳐 있는 높이 220m의 산으로 삼별초의 부대가 진도로 들어와 이곳에 성을 크게 쌓고 웅거하였다.

이곳을 대궐터라고도 하는데, 부근에 삼별초의 군사들이 망을 보던 망바구(바위) 등이 있다. 1271년 5월 여몽 연합군이 전함 4백 척으로 상륙하여 이 성을 포위 공격하자 삼별초군은 제주도로 물러났다.

'용장산성'은 용을 감추었다는 뜻이다. 고려의 왕씨는 본래 용의 자손으로 겨드랑이에 비늘이 있었다고 야사는에 전하는데, 삼별초가 왕온을 새 임금으로 모셔 왔으니 '용장(龍藏)'이란 지명과 일치하지만 그 용은 끝내 이곳에서 죽고 만다.

⑤ 전라남도 진도군 떼무덤과 급장둠벙

의신면 돈지리에 있다.

떼무덤은 김통정이 이끄는 삼별초의 부대가 돈지리에서 여몽 연합군과 혈전을 벌인 곳인데, 이곳에서 많은 사상자를 내고 진도의 금갑진을 거쳐 제주도로 퇴각하였다. 이때 그들을 묻은 곳이 떼무덤이라고 하는데 지금은 들판이다. 또 이때 부녀자들이 오랑캐에게 짓밟히기보다 죽음을 택하여 철마산 아래에 있는 우항천(의신천)의 둠벙에 빠져 죽었다. 이곳은 여기급창(女妓及唱)이라고도 부르며, 근래까지 비 오는 밤이면 원한 서린 여인들의 귀곡성이 들려왔다고 한다. 이 둠벙은 지금은 다 메워져 버렸다. 인근 의신면 거룡리의 부녀동도 삼별초의 부녀자들이 몽고군에 쫓기다 이곳에 이르러 많이 죽었기 때문에 붙여진 이름이라고 한다.

⑥ 전라남도 진도군 남도성(南桃城)
임회면 남동리에 있다.

삼별초를 포위 공격하는 여몽 연합군에 쫓겨 삼별초는 배중손과 김통정의 두 부대로 나누어 후퇴하게 되는데, 장군 배중손의 부대는 남도석성으로 쫓겨왔다. 그리고 성을 겹겹이 싸고 이리처럼 공격해 오는 몽고군에 맞서 칼날이 이가 빠져 톱날처럼 될 때까지 분전하다가 장렬한 최후를 마쳤다.

⑦ 제주도 북제주군 항파두리성
애월읍에 있는 삼별초의 항몽 유적지이다.

돌로 쌓은 내성과 토성인 외성으로 되어 있고 둘레가 6㎞, 성 높이 4~5m, 너비 3~4m 였다고 하나 지금은 토성만 복원되었다. 김통정이 이끄는 삼별초군이 제주에 들어와 항전을 위하여 쌓은 성이다. 이곳에 항몽순의비가 서 있다.

⑧ 제주도 북제주군 환해장성(環海長城)
제주도 연안에 빙 둘러 있는 긴 성이다.

성 길이는 약 3백여 리쯤 되나 지금은 허물어진 부분이 많다.

고려 원종 때 삼별초가 진도를 근거로 저항하자 나라에서 영암 부사와 시랑 고여림을 보내(군사 1천 명) 이 성을 쌓고 삼별초가 제주에 들어오지 못하도록 하였다. 그러나 삼별초는 관군을 격파하고 들어와서 이 성이 오히려 그들을 방어해 주는 성벽이 되었다. 조선 헌종 때 성을 크게 보수하였다.

⑨ 제주도 북제주군 애월포진성(涯月浦鎭城)

애월읍 애월리에 있으며 삼별초의 군대가 여몽 연합군을 방어하기 위하여 목책을 둘러친 곳이다. 뒤에 나라에서 방호소를 설치하고 석성과 문루 등을 만들기도 하였다.

⑩ 제주도 북제주군 장수물과 구시물

애월읍 고성리에 있다.

이곳의 장수물(장수우물)은 삼별초의 지도자 김통정 장군이 뛰어내릴 때 바위가 패인 곳에서 샘물이 솟아난 것이라고 한다. 구시물은 병사들이 마시던 우물이다. '살 맞은 돌'도 남아 있는데, 이는 삼별초 용사들이 활을 쏠 때 과녁으로 삼았던 돌이라고 한다.

⑪ 제주도 북제주군 파군봉(破軍峰)

애월읍 하귀리와 상귀리에 걸쳐 있는 산이다.

모양이 바금지(바구니)처럼 생겼으므로 바금지봉이라고도 하며, 고려 때 김방경의 연합군이 삼별초의 군사를 크게 이겼으므로 파군봉이라 부르게 되었다고 한다.

⑫ 제주도 북제주군 대궐터, 남소문, 망머를

애월읍 하귀리에 있다.

대궐터는 삼별초의 김통정이 성안에 대궐을 지었던 곳이며, 남소문은 대궐터 남쪽에 있는 들판으로 항파두성의 남소문이 있었기 때문이다. 망머를은 삼별초의 군사들이 망을 보던 곳으로 청안사 서남쪽에 있는 밭이며, 김통정의 발자국으로 전해지는 청안사 서쪽 냇가의 횟자국(바위), 삼별초가 우물로 사용한 옹성물(오생물: 우물)도 있다.

⑬ 제주도 북제주군 군냉이항

애월읍 하귀리에 있으며 군항동(軍港洞)이라고도 한다.

고려 때 관군이 주둔하였으므로 군냉이항이라 한다. 삼별초의 유적이 집결되어 있는 '애월(涯月)'읍은 그 의미가 '벼랑에 걸린 달'을 뜻하는 것 같아, 고려 무인의 마지막 혼을 불태우며 산화한 삼별초 용사들의 운명과 통하는 것 같기도 하다.

⑭ 제주도 북제주군 병둔물, 불그내, 매골동산

한경면 용수리에 있다.

병둔(兵屯)물은 삼별초(혹은 연합군)의 군대가 주둔했던 곳의 우물이며, 불그내는 매굴동산 아래 있는 개울로서 여몽 연합군과 싸워 삼별초군이 흘린 피가 냇물을 붉게 물들였으므로 불그내라 부른다고 한다. 매골(埋骨)동산(매굴동산)은 이때 싸우다 죽은 병사들을 묻은 곳이라고 한다.

⑮ 제주도 남제주군 성산읍(城山邑)

일출봉은 성산(城山) 또는 성산봉, 성산봉수, 구십구봉이라고도 부르기 때문에 이곳을 성산읍이라 한다.

높이 182m로서 깎아 세운 듯한 절벽이 병풍처럼 둘러 있어 성벽을 연상케 하며 봉우리 위는 분지로 되어 있다. 기이한 바위가 99봉을 이루고 해뜨는 광경이 보기 좋아 일출봉이라 한다. 삼별초의 김통정 장군이 토성을 쌓고 적을 방어한 곳이기도 하며, 이곳에 있는 돌촛대는 등경석이라고 부르는 큰 바위로서 김통정이 밤에는 이 바위에 불을 밝혀 적을 감시하였던 곳이다.

⑯ 경상남도 밀양시

고려 충렬왕 때 밀성군(밀양군) 사람인 조천이 군수를 죽이고 진도에 웅거한 삼별초에 응하였다. 그후 조정에서는 이를 이유로 1275년 군을 폐하고 귀화부곡을 삼아서 경주에 붙였다가 뒤에 다시 밀성현으로 하였다.

아직도 배 12척과 신이 살아 있으니 …
—이순신(李舜臣)

왜적의 침략으로 나라는 풍전등화의 위기를 맞이했다.

나라의 북쪽 끝 의주 압록강변으로 도망친 임금은 명나라에 구원을 요청하는 한편 여차하면 명나라로 피할 생각이었다. 이때 명나라는 조선 임금 일행의 망명을 허락하였으나 그 인원을 1백 명 이내로 제한하고 거주지도 압록강 건너 관전현으로 제한하겠다는 회답이 있었다.

만리 변방으로 쫓겨온 임금의 이때 심정이 다음의 시 한 수에 잘 나타나 있다.

> 관산의 달 아래 통곡하며
> 압록강 바람에 상심하는도다.
> 조신들이여 오늘 이후에도
> 또다시 동인이니 서인이니 하겠는가.

나라가 기울어져 가는 때에 이순신과 우리의 수군은 토담처럼 무너져 가는 나라를 붙든 마지막 보루였다.

벽파진 푸른 바다여! 너는 영광스런 역사를 가졌도다. 민족의 성
웅 이 충무공이 가장 어렵고 외로운 고비에 빛나고 우뚝한 공을 세
우신 곳이 여기더니이다.…(후략)

이것은 진도 벽파리에 있는 이 충무공 전첩비문의 일부이다.

충무공 이순신(1545~1598)은 1545년 3월 8일 서울 건천동에서
태어났다. 그의 모친이 이순신을 출산하기에 앞서서 꿈에 시아버
지가 나타나 "이 아이는 필시 귀한 사람이 될 것이니 이름을 순신
이라 짓는 것이 좋겠다."고 말하였다. 1576년 식년무과에 병과로
급제하고 함경도 북방의 동구비보권관, 전라도 고흥의 발포만호,
함경도 조산보 만호를 거쳤다. 그 이전 이순신이 말직에서도 까닭
없이 해임되어 서울에서 하릴없이 지낼 때의 일이다. 당시 이율곡
이 관리의 임용을 맡은 이조판서였는데 서애 유성룡을 통해서 한
번 찾아오라는 전갈이 왔다. 그러나 이순신의 답변은 의외였다.
"같은 덕수 이씨의 문중이니 찾아뵙는 것도 좋으나 이조판서로 있
는 동안은 합당한 일이 아니오." 하고 찾아가기를 정중히 거절하
였으니, 그의 성품이 어떻하였는지를 여실히 드러낸다. 다시 전라
도 정읍현감 등 말직을 지내다가 서애 유성룡의 천거로 일약 전
라좌도 수군절도사가 되어 여수에 부임한 후 군비확장에 힘썼다.
나대용으로 하여금 거북선을 만들게 하고 사천해전(삼천포) 등에
서 왜적을 무찔렀으며 옥포, 당항포, 한산도, 안골포, 부산해전 등
에서 연전연승하여 남해안의 적 수군을 격멸하였다.

1593년 한산도로 진을 옮겨 삼도 수군 통제사가 되었고, 명나라
수군과 함께 황해로 진출하려는 적의 수군을 막았다.

물나라에 가을 빛이 저무니
추위에 놀란 기러기떼 높도다.

근심하는 마음에 잠못 이루는 밤
쇠잔한 달이 활과 칼을 비추누나.

　이 시는 난중에 쓴 그의 시로서, 무장이면서도 한편 다정다감한 시인의 면모를 보여준다.
　1597년 적의 모략에 빠진 조정이 그의 관직을 폐하고 사형에 처하려 하였으나, 정탁 등의 변호로 권율 장군 휘하에서 백의종군케 하였다.
　그러나 이순신이 없는 바다는 일본 수군의 독무대였다. 그들은 다시 마음놓고 우리의 바다를 유린하였다. 원균의 수군이 참패하자 조정은 다급해졌다. 다시 선전관이 복직 사령장을 가지고 진주 인근에 있던 이순신에게 사령장을 내렸는데, 그 내용이 마치 사과하는 편지다.

　앞서 경의 직책을 갈고 죄를 씌운 것은 사람의 지혜가 부족한데서 나온 것으로 그로 말미암아 오늘날 패전의 욕을 당했으니 무슨 할말이 있으랴. 무슨 할말이 있으랴.

　다시 삼도 수군 통제사가 되어 진도 명량에서 12척의 함선과 빈약한 병력으로 300척(혹은 133척)의 적군과 대결, 급류를 이용하여 적을 크게 무찔러 패주시켰다. 1598년 고금도로 진을 옮겼다가 철수하는 적선 5백여 척이 노량(남해와 하동 사이)에 집결하자 명나라 수군과 연합작전을 폈고, 이 싸움의 혼전중 유탄에 맞아 전사하였다.
　나라가 풍전등화의 위태로움에 처했을 때 오로지 우국충정과 뛰어난 전략으로 임진·정유 7년 동안 왜적의 배 4백 척을 침몰시킴으로서 나라를 지키고 적의 수군을 격멸하여 우리 역사상 가장 추앙받는 인물이 되었다.

특히 장군의 수군전략과 거북선 등은 세계 해전사상 귀중한 연구자료가 되고 있으며, 일본에서도 장군의 행적을 연구하고 추모하는 사람이 많다고 한다. 노일전쟁 당시 어느 일본 해군고관의 해군대학 강의노트에는 이순신이 영국의 넬슨 이상 가는 해군 제독이라고 적혀 있었다는 이야기도 있다.

일본인들의 평가는 그렇다 치더라도, 7년간의 장기전쟁에서 나라의 뚜렷한 지원 없이 부족한 식량과 무기와 병력으로 우세한 왜적의 수군을 격멸하여 나라를 구하였다는 사실은 세계 해전사상 그 유례를 찾아볼 수 없을 것이다. 노일전쟁 당시 남해안에 주둔한 일본 해군이 이 충무공 사당에 제를 올리며 싸움의 승리를 기원했다는 일화가 전해지는 것도 그 때문일 것이다.

· ·

① 서울특별시 충무로(忠武路)
중구에 있는 도로의 이름이다.

이 충무공은 중구 인현동 1가 40번지의 건천동(마른냇골)에서 태어났는데, 그 근처를 통과하는 길을 일제 때는 본정 1~5정목이라 하였다가 해방 후 서울시에서 그의 시호를 따 충무로라 명명했다.

② 충청남도 아산시 충무정(忠武井)
염치읍 백암리 100번지 다래울에 있는 우물이다.

이 충무공이 살았던 곳으로 우물이 크고 오래되었다. 바로 뒤에 충무공 사당이 있으며 방화산 밑에는 이 충무공 영당을 모신 현충사가 있다.

③ 충청남도 아산시 상충정무지비(尙忠旌武之碑)
음봉면 삼거리의 이 충무공 산소 앞에 있는 비석이다.
이 충무공의 빛나는 공훈을 기리기 위하여 세운 비석이다.

④ 대전광역시 충무로(忠武路)
중구의 충무 실내체육관 앞을 지나는 도로의 이름이다.
이 충무공을 기념하여 그의 시호를 붙였다.

⑤ 전라남도 고흥군 충무사(忠武祠)
도화면 내발리에 있는 이 충무공 사당이다.
1577년 이 충무공이 발포만호로 부임하여 남해안을 지켰던 곳.
이 충무공과 그 상급자와의 오동나무에 얽힌 일화가 전해지는 곳
이다. 한번은 이순신의 직속상관인 전라좌수사 성모가 거문고를
만들겠으니 발포에 있는 오래된 오동나무를 베어 오라고 사람을
보냈다. 이때 이순신은 "나무도 나라의 재산이니 사사로이 쓸 수
없는 것"이라 하여 되돌려 보냈다고 한다.

⑥ 전라남도 고흥군 득량도(得糧島)
도양읍 서쪽 바다에 있는 섬이다.
이 섬이 있으므로 보성군 앞바다를 득량만(또는 보성만)이라고
하며, 보성군에는 득량면도 있다. '득량'은 식량을 얻었다는 뜻이
다.『난중일기』에는 1592년 2월13일 도양둔전에서 벼 3백 석을 실
어냈고 또 그해 11월 13일에도 벼 820석을 받아 군량미로 사용한
것으로 되어 있다. 이곳은 그 당시 장흥부의 목장과 함께 도양둔
전의 일부로 추측하고 있다. 그후 일제 때(1928년) 이곳 내륙의

바다를 막아 1,425정보의 비옥한 간척농지를 조성하여 질좋은 쌀이 생산되었으므로 글자 그대로 득량만이 되었다.

⑦ 함경북도 웅기군 이 충무공비(李忠武公碑)
두만강이 동해로 흘러들어가는 한·러 국경선 부근에 있다.
1587년 이 충무공이 조산만호로 부임하여 1860년 이후 러시아 영토가 되어버린 녹둔도의 둔전을 지키고 변방의 오랑캐를 격퇴한 공적을 기념하여 세운 전승대비이다.(현재는 북한 선봉군)

⑧ 전라북도 정읍시 충무교(忠武橋)
정읍시 수성동에 있는 다리로서 충무공 사당 어귀에 있다. 이 충무공이 정읍현감을 지낸 것을 기념하여 세웠다.

⑨ 전라남도 여수시 충무동(忠武洞)과 충무정(亭)
이 충무공 대첩비가 있으므로 1946년 일본식 동이름을 바꾸어 충무동이라 하였다. 충무정은 고소동에 있는 활터로서 충무공의 덕을 기리어 세웠다. 인근에 이순신 장군의 공적을 기념하여 세운 이 충무공 대첩비와 타루비가 있는데, 1942년 일제가 이 고장 사람 몰래 옮겨다가 경복궁 근정전 앞마당에 묻어버린 것을 1947년에 파내어 다시 이곳으로 옮겼다.

⑩ 전라남도 여수시 종고산(鐘鼓山)
여수시에 있는 높이 219m의 산이다.
꼭대기에 보효대(報效臺)터가 있는데, 충무공이 한산대첩에서 승전고를 울렸더니 이 산에서 종소리(또는 북소리)가 사흘 동안 울렸다고 한다. 때문에 충무공이 이 산을 종고산이라 하고 보효대를 세웠다고 한다.

　이외에도 충무공과 관련된 석천사, 충민사, 석인칠구(石人七軀), 석주화대, 진남관, 영당, 오동도, 관덕정, 이 충무공 자당기거지, 거북선을 만들었던 선소(船所) 등이 있고, 이 충무공과 관련된 여러 지명이 여수와 여천 일대에 남아 있다.

⑪ 전라남도 여천군 무술목(戊戌項)

　돌산읍에 있는 바다목이다.

　이곳에 이순신 장군 전적비가 있다. 1598년 무술년(戊戌年)에 이곳에서 충무공이 왜적을 크게 무찔렀으므로 무술목 또는 무실목이라 한다. 그때의 전적을 기리는 충무공 전승비가 서 있다.

⑫ 전라남도 여천군 군령포(軍令浦)

　삼일면 적량리에 있는 마을이다.

　임진왜란 때 이순신 장군이 이곳에 진을 쳤으므로 군령포라 한다.

⑬ 전라남도 완도군 충무(忠武)

　고금면 묘당도에 있는 마을이다.

　임진왜란 때 이 충무공이 진을 쳤으므로 충무사를 세웠다. 충무사가 있으므로 마을 이름도 충무라 부른다. 충무공이 고금도에 주둔할 때 꿈에 아산에서 왜적과 싸우다 죽은 아들이 나타나 "그 원수가 지금 아버님께 포로로 잡혀 있으니 죽여 달라." 하였다. 충무공이 잠이 깨어 포로를 추궁해 보니 과연 그러하므로 죽여서 아들의 원수를 갚았다. 고금도(古今島)에서 고금에 보기 어려운 일이 이루어진 것이다.

⑭ 전라남도 목포시 충무동(忠武洞)

달동과 눌도동의 2개 동을 관할하는 동이다.

임진왜란 때 이 충무공의 수군진영이 달동의 고하도에 있었으므로 이를 기리어 충무동이라 하였다. 고하도에는 이 충무공 유허비가 있다.

⑮ 전라남도 완도군 기선봉

일명 기립봉(旗立峰)이라고도 한다.

신지면 동고리 막동 남쪽에 있는 산봉우리이다. 임진왜란 때 이 충무공이 이곳에 기를 세우고 바다를 감시하였다고 한다. 막동 역시 이때 군사들의 군막이 늘어섰으므로 막동이라 부르게 되었다.

⑯ 전라남도 장성군 충무동(忠武洞)과 충무공원

장성읍 영천리에 있다.

이 충무공을 기리어 충무동이라 하였으며, 안산 위에는 충무공원이 있다.

⑰ 전라남도 진도군 이 충무공 전첩비(戰捷碑)

고군면 벽파리 산 위에 있는 이 충무공의 전첩비이다. 이곳은 임진왜란 당시 이 충무공의 수군이 있었던 벽파진이며, 그 아래 바다목이 명량대첩지로서 이 충무공이 "아직도 배 12척과 신이 있으니" 하고 조정에 아뢰고 이곳에서 마침내 왜적의 대선단을 깨뜨렸다.

열두 척 남은 배를 거두어 거느리고
벽파진 찾아들어 바다목을 지키실제
그 심정 아는 이 없어 눈물 혼자 지우시다.
300척 적의 배들 산같이 깔렸드니

울두목 센 물결에 거품같이 다 꺼지고
북소리 울리는 속에 저 님 우뚝 서 계시다.… (후략)

⑱ 전라남도 해남군 충무사(忠武祠)와 명량대첩비
문내면 학동리 울돌목에 있다.

이 충무공이 10여 척의 배로 왜적선 3백여 척을 무찌른 명량대첩을 기리어 충무공 사당인 충무사와 명량대첩비를 세웠다.

⑲ 전라남도 진도군 망금산과 노적봉(露積峰)
군내면 녹진리에 있다.

망금산은 일명 '강강술래터'라고도 한다. 이 충무공이 울돌목(명량)이 내려다보이는 이곳에 부녀자들을 모아놓고 강강수월래 놀이를 하게 하여 왜적의 넋을 빼앗았다고 한다. 노적봉은 이 충무공이 이엉으로 이 산을 덮어서 노적가리처럼 만들어 왜적을 놀라게 하였던 곳이다.

⑳ 경상남도 거제시 충무정(忠武井)과 옥포대승 기념탑
거제시 옥포리의 옛 옥포진 안에 충무정이라는 샘이 있고 옥포 남쪽 산 위에는 옥포대승 기념탑이 있다. 옥포진은 임진왜란 때 이순신이 처음으로 승리를 거둔 옥포대첩의 현장이다. 충무정은 성안샘이라고도 한다.

한 바다 외로운 섬 옥포야!
작은 마슬 고난의 역사 위에 네 이름 빛나도다.
우리 님 첫번 승첩이 바로 여기더니라.… (후략)

이는 기념탑에 새겨진 시문이다.

㉑ 경상남도 남해군 충무산(忠武山)

고현면 차면리에 있는 산으로 이락산(李落山)이라고도 하는데, 이 충무공이 이곳 노량 앞바다에서 전사하였기 때문에 붙여진 이름이라고 한다. 부근의 충렬사에서는 매년 11월 19일과 4월 17일에 제사를 지낸다.

㉒ 경상남도 삼천포시 왜등(倭嶝)

동금동에 있는 마을이다.

임진왜란 때의 전쟁터로 왜적의 시체가 산등성이처럼 쌓였으므로 왜등이라 한다. 대방동은 임진왜란 때 강을 파서 대방진 굴항(堀港)을 만들었던 곳이다.

㉓ 경상남도 삼천포시 대군(大軍) 머리

신수동의 본동 남쪽에 있으며 대구동이라 한다.

이순신 장군이 많은 군사를 주둔시켰기 때문이다.

㉔ 경상남도 삼천포시 충무동(忠武洞)과 모충공원(慕忠公園)

충무동은 그전 노룡동에 있는 마을이며 모충공원은 송포동에 있다.

충무동 앞에는 '거북등' 이라는 등성이가 있는데, 거북선이 이곳 싸움에 처음 등장하였다.

모충공원은 모자랑개 싸움에서 이 충무공이 왜적을 물리쳤으므로 이를 기념하여 세웠으며, 이곳에 이순신 장군 공덕기념비가 서 있다.

㉕ 경상남도 진주시 진(陣)배미

수곡면 원계리에 있는 논이다.

임진왜란 때 이 충무공이 모함으로 쫓겨나 백의종군 길에서 모여든 부하 7명을 훈련하던 곳이므로 진배미라 한다. 이곳에서 통제사 발령을 받았다고도 한다.

㉖ 경상남도 진해시 충무동(忠武洞)과 충무로(路)

그전에 왜식으로 대수통(通)이라 하였다. 1946년 왜식동명을 바꿀 때 이 충무공의 시호를 따서 충무동이라 하였다. 충무로는 1가 동~6가동까지 있다.

㉗ 경상남도 충무시(忠武市)

통영시로 통합되었다.

조선 선조 때(1603) 삼도 수군 통제영을 이곳으로 옮겼으므로 통영이라 하며 '충무시' 역시 이 충무공의 시호를 딴 것이다. '통제영'은 1895년 지방관제 개혁시 폐지되었다. 충무시에는 이 충무공을 모신 '착량묘'와 충렬사, 한산대첩비, 그리고 이 충무공의 시호를 붙인 충무공원, 충무운하 등이 있다.

㉘ 경상남도 통영시(충무) 송장나루

당동 서쪽에 있는 마을이다.

임진왜란 때 이 충무공의 수군에 쫓긴 왜적들이 판대목에서 바다물이 빠져 움직일 수 없게 되어 전멸하였는데, 이 일대가 왜적의 송장으로 덮였다고 해서 붙여진 이름이라 한다. 이외에도 충무통영 일대에는 왜적과 관련된 땅 이름들이 많이 남아 있다.

㉙ 경상남도 통영시 세병관(洗兵館)

문화동에 있는 고적으로 통제사가 집무하던 곳이다.

임진왜란 때 이 충무공 수군의 승전을 기념하여 1603년 통제사이경준이 세웠다. '세병'은 당나라 시인 두보의 시를 인용한 것이다.

안득장사 만천하 (安得壯士 挽天河)
정세갑병 영불용 (淨洗甲兵 永不用)

어찌하면 장사를 얻어서 은하수를 끌어와
피 묻은 갑옷과 병기를 깨끗이 씻고
다시는 쓰이지 않도록 할까.

㉚ 경상남도 통영시 두억리(頭億里)와 제승당(制勝堂)
한산면 두억리에 있다.

두억리라는 이름은 임진왜란 때 수많은 왜적의 머리가 바다에 떠 있었기 때문에 붙여진 이름이라 한다. 이 충무공은 이곳에 당을 짓고 군사를 지휘하여 왜적을 무찔렀다. 이 충무공의 '한산섬…' 시조도 제승당에서 지어졌다.

㉛ 경상남도 함안군 충무동(忠武洞)
가야읍 도항리에 있는 마을이며 '충무교'라는 다리도 있다. 이 충무공의 공적을 기리어 그 시호를 붙였다.

㉜ 부산광역시 충무동(忠武洞)과 충무로(忠武路)
완월동 1가와 2가를 병합하여 충무동으로 하였다.

이곳은 밤거리의 여인들이 많은 곳인데, 이는 '완월' (달을 가지고 논다는 의미)의 뜻 때문이라 하여 충무동으로 고쳤다. 충무로는 일제 때 소화동 1~5정목이라 부르던 곳을 해방 후 충무로로 바꾸었다. 모두 이 충무공의 시호를 딴 것이다.

죽기는 쉬워도 길을 빌려줄 수는 없다
―송상현 (宋象賢)

유세차(간지) 4월(간지)삭 15일(간지) 부사 ○○○은 삼가 향소의 ○○○을 보내어 고부사 증좌찬성 충렬 송공의 단에 감히 소고하나이다. 슬프다! 오늘이 무슨 날인고 하니 사월 보름이라. 임진왜란을 돌이켜 생각하면 항상 가슴이 쓰리고 처연한 슬픔을 가눌 수 없습니다. 정원루 유허에는 영혼의 기운이 가득 찬데 맑은 술을 빚어 잔을 올리오니 받아주시기 바라나이다. 또 군수 증판서 조공, 교수 증 도승지 노공을 동단에 배향하고 증 좌랑 문덕겸공, 증 정당 양조한공, 증 판관 송수공, 증 판관 김희수공을 서 1단에 종향하고, 증 참봉 신여로공, 증 주부 송백공, 증 참봉 김상공을 서 2단에 종향하고, 동시사란민인(同時死難民人)을 서 3단에 종향하고, 열녀 금섬, 기와를 던져 적을 친 두 의로운 여자 및 임진란 때 함께 죽은 이름 모를 부녀들을 함께 서 별단에 종향하오니 부디 흠향하소서.

4월 15일 새벽에 집집마다 곡소리가 일어나 노리(老吏)에게 물으니 바로 이날이 임진년 성 함락일이라네!

송 부사 충절에 성중의 백성은 같은 시간에 피바다로 화하고 시체 밑에 투신하여 천백 명 중 한두 명 생을 보존했다네!

　조손(祖孫), 부모, 부부, 형제, 자매간에 무릇 생존한 자는 이날 목숨 잃은 친족의 제사를 모시며 통곡한다네!
　이 말을 듣고 내가 눈물 흘리니 노리가 다시 말하기를
　곡해 주는 사람 있는 것은 오히려 슬프기가 덜한 것이나 휘두르는 적의 흰 칼 아래 온 가족이 다 죽어서 곡해 줄 사람조차 남기지 못한 집이 얼마나 많은지 모른다고 하네.

　앞의 글은 조선 선조 때 부산의 송공단에 올린 축문이며, 뒤의 글은 임진난 17년 후 동래부사로 부임한 이안눌이 쓴 시문으로 모두 동래성 함락 당시의 정황을 전해 주는 글이다.
　조선 선조 25년(1592) 4월 14일 왜적 15만이 부산에 상륙하여 부산성을 함락하고, 5만의 적이 동래성을 포위하였다. 이때 왜적은 명나라를 치려 하니 길을 빌려줄 것을 요구하였으나 당시 동래부사 송상현(1551~1592)은 '전사이가도난(戰死易假道難)' 곧, "싸워서 죽기는 쉬운 일이로되 길을 빌려줄 수는 없다." 하였다.
　마침내 싸움이 벌어져 부하 장졸과 끝까지 싸우다가 성의 함락과 함께 죽으니 그날이 4월 15일이며, 당시 왜군의 적장도 공의 충절에 감복하여 공을 살해한 부하를 찾아 목을 베었고, 송 부사를 후히 장사지냈다고 한다.
　송상현의 호는 천곡(泉谷)이며 시호는 충렬(忠烈), 본관은 여산이다. 문과에 급제한 문관으로서 호조와 예조, 공조 정랑을 지냈다.
　그 당시는 일본과 명나라 사이가 극도로 악화되고, 전쟁 직전이어서 동래는 군사적 요충지로서 사람들이 죽음의 땅이라고 꺼리던 곳이다. 송상현은 이때 간악한 무리들의 미움을 받고 있던 터이므로 임진왜란 전해인 1591년 동래부사로 명을 받아 겉으로는 영전인 것 같았으나 사실은 좌천되어 부임하였다.

 왜군이 쳐들어오자 병마사 이각이 도망가고, 수비군은 흩어졌다. 이때 그는 죽음을 각오하고 관복을 갑옷 위에 입은 채 성루에 올라 단좌하고 있었다. 이것을 본 적의 장수 중 한 사람인 다이라(平調益)가 그의 덕에 감동하여 팔을 이끌며 피하라고 권하였으나 응하지 않고 북쪽을 향해 임금께 절한 뒤 결국 적병에 의해 피살되었다.

 왜적은 그를 장사지내면서 뒤따라 죽은 열녀 금섬, 하인 신여로 등을 같이 장사지내 주었다.

 한편 동래성을 함락시킨 왜적은 고니시를 대장으로 하는 제1군이 부산, 밀양, 대구, 상주, 문경을 거쳐 충주에 이르고, 가또오의 제2군은 울산, 영천을 거쳐 충주에서 제1군과 합세하며, 구로다의 제3군은 김해를 지나 추풍령을 넘어 북상하였다. 동래성 전투 이후 왜적의 말발굽이 이 강토의 곳곳을 유린하기 시작한 것이다.

. . . .

① 충청북도 청주시 수의동(守儀洞) · 강촌(綱村) · 충렬묘
청주시 강서 제1동에 속한다.

 수의동은 이 마을에서 절의를 지킨 훌륭한 사람이 많이 났으므로 수절(守節), 또는 숫절, 수의동(守義洞)이라 하였던 곳이다.

 이곳은 임진왜란 당시 부산진성 함락에 이어 두번째로 순절한 동래부사 충렬공(忠烈公) 천곡(泉谷) 송상현의 고향이다. 이곳 한 동네에 삼강(三綱)과 오상(五常)의 정문이 있으므로 그 마을을 강촌(綱村) 또는 강상리(綱常里)라 부르기도 한다.

 3채의 정문은 송상현의 부인 한씨와 왜적에게 잡힌 뒤 일본의 도요토미 히데요시 앞에까지 끌려갔으나 온갖 협박에도 굴하지

않고 절개를 지키고 돌아온 그의 소실 이씨, 그리고 14세의 어린 소실로 송상현을 따라 순절한 김씨 등 세 여인의 정려가 한 지붕 아래 모셔져 있으며, 효열녀 송현기의 처 박씨, 효부 송명휘의 처 정씨 등 송씨 일문 7개의 정문이 있다.

이곳에는 또 '동래부사 순절도'를 비롯하여 어제문(御製文), 송상현의 친필 등이 전해 내려오고 있는데 본래 수절동, 수의동(守義洞)이었던 것을 일제 때 일본인들이 우리 얼을 말살시키기 위해 수의리(守儀里)로 고쳤던 것.

이 정문에서 마주 바라보는 동산에는 송상현을 제사하는 충렬묘(忠烈廟)가 자리잡고 있으며 망주석, 문관석, 신도비 등이 정성껏 갖추어져 있어 국난을 막고자 앞장서 목숨을 바친 의로운 이름을 길이 전하고 있다.

② 부산광역시 동래구 송공단(宋公壇)

복천동에 있는 사당이다.

임진왜란 때 순절한 충렬공 송상현과 그를 따라 순절한 장졸, 첩금섬 등을 추모하여 세웠다. 이곳에 있는 임진전망유허비(壬辰戰亡遺墟碑)는 이때 순사한 무명용사들을 묻을 때 세운 비인데, 사직동에 있던 것을 옮겼다.

③ 부산광역시 동래구 정원루(靖遠樓)터

수안동에 있는 옛터이다.

임진왜란 때 동래부의 교수 노개방이 이곳에서 자결하였다. 인근의 농주산(弄珠山)은 동래부사 송상현이 왜적과 싸우다 순절한 곳이다.

바다에는 충무공, 육지에는 홍의장군
─곽재우(郭再祐)

집이 가난하면 어진 아내를 생각하고 나라가 어지러우면 어진 정
승을 생각합니다.…

강호의 한 어부가 나라에 도움이 되지 않을 것 같으나, 조정에 붕
당을 만들어 저만 옳고 남은 그르다 하며 국가의 존망을 잊고 제 한
몸의 이익만을 생각하는 무리와는 다른 것입니다.…

이것은 망우당(忘憂堂) 곽재우(1552~1617) 장군의 상소문 중 한
구절이다.

"의병은 싸울 뿐이지 뽐내지 않는다."며 백전백승하던 필승의
명장 곽재우.

조정의 벼슬이나 포상을 바라지도 않았고, 부귀공명을 원하지도
않았으며, 임진왜란 개전 후 관군과 의병을 통털어 첫 승리를 안
겨주었던 신출귀몰한 명장 곽재우는 원래 선비였다.

경남 의령에서 태어난 곽재우 장군은 "바다에는 충무공이 있고
육지에는 홍의장군이 있었다."는 그 전설적인 상승불패의 신화를
남겼으며, 여러 차례 내려준 벼슬도 마다하고 망우당을 짓고 시·
서·화를 즐기다 1617년 66세로 신선처럼 이 세상을 떠났다.

8세 때 글공부를 시작하여 대학자인 남명(南冥) 조식(曺植)의 문

하에 들어가 학문을 깨쳤으며, 16세에는 조남명의 외손녀 사위가 되었다. 19세까지 사서오경과 제자백가를 두루 익혀온 곽재우는 이어서 말타기와 활쏘기, 손자병법 등을 익혔다.

34세 때 벼슬살이에는 뜻이 없었으나 부모의 뜻에 따라 서울에 가서 과거에 2등으로 합격하였다. 그러나 그의 글귀 중에 임금의 비위에 거슬리는 대목이 있어 과거는 무효가 되었다.

1592년 4월 14일 부산에 왜적이 상륙하고 그 중의 대부대가 창녕, 현풍으로 육박해 들어오자 곽재우는 가산을 정리하여 의병 모집에 썼다.

그리하여 뜻을 같이하는 17명의 장정과 함께 관군의 패잔병들을 모아 의병부대의 진용을 갖추었다.

최초의 전투인 거름강 싸움에서 곽재우의 의병부대는 신출귀몰한 유격전과 복병전술로 조총이라는 신무기를 가진 왜적을 무찔렀다. 그후 각처에서 의병이 속속 모여들어 대부대로 신장하게 되었는데 이때,

우리가 의병이 된 것은 오로지 나라를 위하고 고을을 지키기 위해 적을 무찌르는 것이요, 왜적의 머리를 바쳐 공을 세우고 상을 받고자 함이 아니다.

하여, 공을 탐내서 적의 머리베기를 좋아하다가는 반드시 해를 입을 것이라 하여 이를 경계하도록 하였다.

남강의 정암진 전투에서는 우세한 적과 무모하게 맞서려 하지 않고 복병과 기습전으로 적병을 무찌르니, 혼이 빠진 왜적들이 '천강홍의장군(天降紅衣將軍)'의 장군기만 보고도 놀래서 '하늘에서 내려온 신장'이라 하였다. 그리하여 바다의 이 충무공과 함께 전라도를 침범하려던 왜적의 진로를 차단하였던 것이다.

　다시 1597년 정유재란이 일어나자 그는 경상방어사로 석문산성에서 창녕의 화왕산성으로 옮겨 적을 막았다. 모친상을 당하여 상중인 때에 임금이 벼슬을 내렸으나 그는 상소를 올리고 벼슬자리에 나가지 않은 탓으로 전라도 영암에서 2년간 귀양살이를 하기도 하였다.

　당쟁으로 어지러운 나라의 벼슬살이에는 뜻이 없었던 그는 통제사 이순신이 죄없이 잡혀가고, 절친한 사이였던 호남 의병장 김덕령이 억울하게 죽은 일을 통탄하였다. 그리하여 왜란이 끝나고 광해군이 다시 함경감사와 전라병사 등의 벼슬을 내렸으나 잠깐 상경하였다가 부임도 하지 않고 사직하였으며, 산야에 묻혀 조용히 일생을 보냈다. 그리고 다섯 아들에게도 벼슬을 하지 말도록 타이르며 살다가 망우정에서 생을 마쳤다.

　곽 망우당. 그에게는 사후 1709년(숙종 35) 병조판서가 추증되고 충익공이란 시호가 내려졌지만, 그후의 나라꼴을 보았다면 그는 진정 그런 벼슬이나 시호도 기꺼이 내던졌을 것이다.

　　부귀영화를 버리고 운산에 누웠으니
　　근심을 잊어서 몸은 절로 한가하네.
　　예로부터 신선이란 없다고들 하는데
　　오로지 마음으로 깨치니 신선이 되는구나.

　이것은 그가 초야에 묻혀서 살며 쓴 시이다.

· ·

　① 경상남도 의령군 현고수(懸鼓樹)와 망우당터

현고수는 유곡면 세간리의 곽재우 장군 집터 부근에 있는 나무이다.

임진왜란 때 곽 망우당이 이 나무에 북을 걸어놓고 쳐서 의병을 모집했다고 한다. 화류골에는 곽 장군을 추모하여 세운 당터인 망우당터가 있으며 망우당 안에 있던 우물인 사미정, 활을 쏘던 솔터, 공부하던 용연대 등이 있다.

② 경상남도 의령군 의병탑

의령읍 중동리에 있다.

이 탑의 18개의 고리는 곽 장군과 17인의 장정을 뜻한다. 이곳에 충의각과 충의사 등이 있어 곽 망우당의 유덕을 기린다.

③ 경상남도 의령군 홍의장군비

의령읍 정암리의 정암동산에 있는 비이다.

곽 장군의 정암진 전투를 기념하여 이곳에 홍의장군 충의비를 세운 것이다.

④ 경상남도 창녕군 곽망우당성

계성면 신당리에 있는 성으로 일명 목마성(牧馬城)이라고도 부른다. 망우당 곽재우 장군이 이곳에 진을 치고 적을 막았으므로 곽망우당성이라 부른다.

⑤ 경상남도 창녕군 구진(九陣)재

남지읍 고곡리에 있으며 이곳에 산성이 있다.

곽 망우당이 축성한 성으로서 흙과 돌을 섞어 쌓았다. 임진왜란 때 곽 장군이 진을 쳤던 곳이다.

⑥ 경상남도 창녕군 망우정

 망우당정각이라고도 하며 도천면 우강리 요강교 동쪽에 있는 정자터이다. 이곳에 충익공 망우 곽 선생 유허비가 있다.

⑦ 경상북도 달성군 석문산성(石門山城)

 구지면에 있는 성으로 정유재란 때 곽재우가 이 성을 쌓았다. 왜적의 부대가 밀양, 영산을 점령하자 이곳을 두고 화왕산성으로 옮겨가서 왜적을 무찔렀다.

⑧ 경상북도 달성군 망우당굼과 비석골

 구지면 대암동에 있으며 곽재우의 묘가 있어 망우당굼이라 하며, 또 이 골짜기를 비석골이라 하는데 이곳에 곽재우와 그 부친, 조부, 증조부, 사위, 아들들의 묘가 있어 비석이 많으므로 비석골이라 한다. 유가면 가태동에는 충익공(곽재우) 사당이 있다.

⑨ 대구광역시 망우공원

 수성구 만촌동에 있는 공원으로 이곳에 망우당 충익장군 곽재우의 동상이 서 있다.

 곽재우의 우국충절을 기념하여 공원의 이름을 망우당공원이라 하였다.

적과는 함께 살지 않으리라
—정운(鄭運)

　임진왜란이 일어나 왜적이 파죽지세로 밀고 들어오자 전라좌수사 이순신은 관할구역 밖인 경상도 남해안으로의 출전 여부를 결정하기 위한 작전회의를 열었다. 이때 정운(1543~1592)은 "평소에 국은을 받고 국록을 먹던 신하로서 이때 죽지 않고 어떻게 앉아서 볼 수만 있을 것이오." 하고 출전할 것을 주장하였다. 당시 녹도(고흥군 녹동)만호(萬戶)였던 충장공(忠壯公) 정운은 영암에서 태어나 무과에 급제하였고, 항상 '정충보국(貞忠報國)'(곧은 충성으로 나라에 보답한다는 뜻)이라고 새긴 장검을 차고 다녔다.

　이 충무공과 뜻을 같이하여 제1차 옥포해전에서 제3차 한산도해전까지 언제나 선봉장으로 적을 무찔렀던 호랑이 장수였다. 부산해전에서는 날이 저물었으니 내일을 기다려 결전하자는 주장도 있었으나 "내가 적과 함께 살지 않기로 맹세하였는데 무엇 때문에 내일까지 기다릴 것이오." 하고 앞장서서 공격하다가 적이 쏜 대철환이 이마를 뚫어 순절하였다. 이 충무공은 정 장군이 죽었다고 하자 통곡하며 "나라가 오른팔을 잃었다(國失右)."고 하였고, 왜적은 "정장군이 죽었으니 큰 근심을 덜었다."고 기뻐하였다.

　이 충무공의 건의에 의하여 고흥 녹동의 쌍충사와 고향에 충절사를 세워 장군을 제사지내게 하였다. 장군은 조선 수군의 대표적인 장수라 할 수 있다.

부산시가 10월 5일을 부산시민의 날로 정한 것은 이 충무공이 부산해전에서 승리를 거둔 음력 9월 1일을 양력으로 계산한 것인데, 정운은 바로 이 싸움에서 순절한 것이다.

· ·

① 부산광역시 몰운대(沒雲臺)와 정운 장군 순의비(殉義碑)
사하구 다대동 다대포 해수욕장 남쪽 바다의 몰운산에 있다.

본래 구름이 진다는 뜻의 몰운대인데, 정운이 이곳 바다에서 전사한 것은 '몰(沒)'이 죽음을 뜻하고 '운(運)'과 '운(雲)'의 발음이 같아서 그의 죽음과 지명이 일치한다고 보는 사람도 있다.

중국 삼국시대에 서촉을 정벌하던 유비의 군사 방통(봉추 선생)이 낙봉파(落鳳坡)에서 전사한 것과 비슷하다는 것이다. 이런 식으로 해석하는 사람의 의견을 좇아가노라면, 인걸은 아무 곳에서나 죽는 것이 아니고 죽을 곳을 찾아 죽는 것 같기도 하다. 이곳에 장군의 순의비각이 있다.

② 전라남도 고흥군 쌍충사(雙忠祠)
도양읍(녹동) 봉암리에 있는 사당이다.

부산해전에서 전사한 정운과 임진왜란 이전 남해안에 침입한 왜적을 막다가 손죽도에서 전사한 녹도만호 이대원 장군, 두 분의 충신을 모시고 있으므로 쌍충사라 한다.

③ 전라남도 해남군 정충신문(鄭忠臣門)과 충절사(忠節祠)

옥천면 대산리에 있는 정운의 충신정문과 사당이다.

④ 전라남도 해남군 서원리(書院里)

옥천면 산죽리에 있는 마을이다.

처음 이곳에 정운의 충절사가 세워졌으므로 서원리라 하였다.
1868년 서원 철폐령으로 헐렸다가 1980년 대산리로 옮겨 세웠다.

⑤ 전라남도 여수시 영당(影堂)

남산동의 당머리에 있다.

영당이 있던 곳이므로 당머리라고 한다. 원래 고려 말의 최영 장
군 영정을 모시다가 임진왜란 후 이 충무공, 정운, 이대원의 영정
을 함께 모시고 제사를 지내던 곳이다. 일제 때 최영, 정운 장군의
영정을 불태워 없애버렸으며 이 충무공과 이대원의 영정을 주민
들이 가져다가 모셨다.

어찌 원수의 밥을 먹고 살랴
—최익현(崔益鉉)

조물주가 한 산을 나누어서
저 파도 속으로 던지니 흑산도로다.
부득이 많은 선비들이 속세를 피하니
구차히 한가함을 타지 않을 수 없도다.
땅은 기봉강산인데 글로는 증거가 없고
천력은 고종연대를 지났는데
해는 몇 번이나 돌았던고…(중략)
서양 문물이 동양에 물밀듯 들어오는데
동양의 문물은 풀 속에 잠겨 있네.…(후략)

이 시는 면암(免庵) 최익현(1833~1906)이 쓴 지장암운이다.

바람 앞의 촛불처럼 왕조의 운명이 위태로울 때 썩은 선비들은 다투어 굽히고 외세에 아부하거나 제 한몸 보신을 위해 침묵했다. 이러한 때 최익현은 대원군의 실정을 반박하고, 일본과의 조약체결을 반대하였으며, 단발령을 거부하여 유배지와 감옥을 전전하였다.

그는 서양의 복제를 조정에 도입한 내무대신 유길준에게 공개서

한을 보내,

　① 개화는 '자주' 라는 민족적 가치보다 우선될 수 없으며
　② 외세가 몰고 온 개화와 그 외세를 물리치려는 보수 중 외세 때문에 국기가 흔들리는 현 시점에서 어느 것이 더 시급한가.
　③ 옛 제도를 주장하는 것은 그것이 옛것이기 때문이 아니라 주체를 지켜주는 질서이기 때문이다.

라고 하였다.

　그는 경기도 포천에서 출생하여 이조정랑, 호조참판 등을 지낸 문신이면서 을사보호조약이 체결되자 일신을 돌아보지 아니하고, 분연히 일어나 전라북도 순창과 태인에서 의병을 일으켰고, 8도에 포고문을 내어 항일투쟁을 선도하였다. 일본의 배신을 따지는 16조의 〈의거소략〉을 배포하고 관군, 일본군에 대항하여 싸웠으나 체포되어 대마도로 유배되었다.

　그곳에서 "내 늙은 몸으로 어찌 원수의 밥을 먹고 살겠느냐? 너희는 살아 돌아가서 나라를 구하라." 하며 단식하다가 옥중에서 유언으로 상소문을 남기고 굶어 죽은 대쪽 같은 성품의 외곬 인생을 살았다.

　그 이전 면암은 대원군의 실정을 통박하여 제주도로 유배되었고, 1876년에는 민씨 척족정권에 의해 일본과 통상이 논의되자 맹렬한 반대 상소를 올린 죄로 흑산도로 유배되었다가 79년에 석방되었다. 1895년에는 단발령이 내려지자 이를 반대하다 다시 투옥되기도 하였으며, 친일매국도배들의 처단을 강력히 요구하다 일본 헌병에 이끌려 향리로 압송되기도 하였다. 민영환, 조병세, 송병선과 함께 한말 4충신으로 꼽는다. 1962년에는 대한민국 건국훈장 대한민국장이 수여되었다.

· ·

① 전라남도 신안군 관암봉(官岩峰)

도초면 진리 서쪽에 있는 산이다.

면암 최익현이 흑산도에서 귀양살이를 할 때 이 산에서 관원과 함께 쉬었던 곳이므로 관암봉이라 한다. 인근의 우이도 상산(上山)에는 면암의 선조인 최치원이 중국에 갈 때 머물며 놀았다는 돌바둑판이 있었다고 한다.

② 전라남도 신안군 지장암(指掌嵒)

흑산면 예리 485의 2번지 당산에 있는 벼랑이다.

바위에 '지장암'과 '기봉강산 홍무일월(箕封江山 洪武日月)'이라 새겨져 있는데, 면암이 을사보호조약을 반대하다가 이곳에 유배되어 후진교육에 힘쓰면서 이 글을 썼다고 한다. 이 글은 "기자를 봉한 동방예의의 나라요, 일월의 햇빛 밑에 있는 땅이로다."라는 뜻이다. 당산 아래에는 1959년 최면암의 제자들이 세운 '최면암 유허비'가 서 있다.

③ 전라남도 신안군 의두석(倚斗石)과 일신당(日新當)터

흑산면 진리에 있다.

의두석은 일신당 뒤 냇가에 있는 바위로서 평평하여 서너 명이 앉을 수 있다. 면암이 이곳에 유배되어 왔을 때 섬주민들이 그가 머물 집을 미리 지어놓고 기다렸는데, 이에 감동한 면암은 이곳에 서당을 차리고 '일신당'이라 하여 제자들을 가르쳤다. '의두석'은 당나라 시인 두보가 북두를 서울에 빗댄 고사를 따서 "북쪽에 계신 임금을 기린다."는 뜻으로 지은 이름이다.

④ 전라남도 신안군 서당샘

흑산면 진리마을 동네 어귀에 있는 샘이다.

면암이 제자를 가르친 서당의 돌담 밑에 자리잡았던 샘이므로 서당샘이라 한다.

⑤ 충청남도 청양군 모덕사(慕德祠)

목면 송암리에 있는 면암의 영정을 모신 사당이다.

이곳 장구동의, 그가 잠시 살았던 옛 집터에 그를 추모하여 세웠다.

⑥ 충청남도 예산군 춘추대의비(春秋大義碑)

광시면 관음리에 있는 비석이다.

최면암의 당당한 기개와 불의에 타협하지 않는 투철한 정신, 그의 정연한 춘추필법을 떠올리게 되니, '춘추대의비' 란 이름에 더 이상의 설명이 필요치 않다.

⑦ 경기도 포천군 최면암 사당

신북면 가채리 위가채(최가채)에 있는 면암의 영정을 모신 사당이다. 이곳은 경주 최씨들이 많이 살았으며, 최치원을 모신 천성사라는 사당도 있다. 이외에도 전라북도 정읍시 칠보면의 태산사(泰山祠), 전라북도 진안군 마령면의 이산묘(영광사) 등의 사당에서도 최면암을 모시고 있다.

3. 시대의 그림자

몽고의 말목장, 수난의 1세기
—몽고의 제주 지배 1백 년

중국을 휩쓸고 중앙아시아와 유럽을 유린하였던 몽고인들의 최대 강점은 그들의 말과 기마술이었다.

1273년(원종 14) 고려 조정은 김방경을 제주도에 보내서 몽고, 즉 원나라 군사와 함께 삼별초 반군을 평정하였다. 기마민족인 몽고는 제주도의 여러 곳에서 말을 기르기에 좋은 널따란 초원을 발견하자 초토사를 두어 제주도를 지배하기 시작하였다.

그들은 달로화치(達魯花赤) 총관부를 두고, 1275년에는 다시 '탐라'로 하여 군민총관부를 설치하였으며, 1277년부터 동·서아막을 세워 소, 말, 약대, 나귀 등을 놓아 먹이고 달로화치(다루가치)를 보내서 감독하게 하였다.

몽고는 제주도에서도 특히 넓은 성산읍의 수산평에 몽고 말을 실어다가 방목하기 시작하였다. 그후 충렬왕이 원나라에 가서 교섭한 끝에 다시 제주목과 14개 현을 설치하기로 하였으나, 원나라에 공녀로 끌려갔다가 그곳의 황후가 된 기황후가 이곳에 소, 말, 양, 낙타 등을 보내서 기르게 함으로써 제주도에 몽고 세력의 발판이 굳어졌다. 곧 기황후가 황실의 말도 이곳에 놓아 먹이게 한 것이다.

몽고에서는 제 나라에서 죄진 자들을 제주도로 유배 보내 목자(목축을 하는)로 살게 하였는데, 그들은 성격이 거칠고 횡포가 심하였으며, 공민왕이 배원정책을 쓸 때는 친원파들이 이들 목호(牧胡:목축을 하는 오랑캐의 뜻)와 결탁하기도 하였다.

특히 이 수산평, 즉 수산뜰은 원나라 영안왕인 기자오가 관리하던 목장으로서 목장의 감시소를 대왕오름에 두었던 것으로 보고 있는데, 기자오는 자기의 막내딸이 원나라 순제의 황후가 되자 그녀의 선조 3대를 왕으로 봉하여 기자오를 영안왕이라 한 것이다.

원나라가 제주도를 지배하는 동안 1356년에는 목호들이 반란을 일으켜 제주목사, 판관, 도순문사를 살해하였고, 1362년에도 반란을 일으켜 제주만호를 살해하였다. 또 그들이 친원파와 결탁하여 공민왕의 살해음모를 꾸미자 조정에서 재상 윤시우를 제주도에 보냈으나, 이를 눈치챈 목호들이 재상과 목사, 판관 등을 한꺼번에 살해하기도 하였다.

이들 목호의 횡포는 최영 장군이 1374년 제주도에 대한 대정벌을 실시하여 소탕하기까지 1백여 년 동안 지속되었다. 지금도 제주 속전에 "호첩(胡妾) 앞인가. 기어다니게!"라는 말이 있는데, 목호의 첩 앞에서도 설설 기어야만 했을 정도로 그들의 횡포는 이루 말할 수 없었고, 이는 곧 옛 역사의 상처로 남아 있는 것이다.

다루가치(Darughachi)는 달로화치, 달루화치로 읽기도 하지만 그 표기는 '달로화적(達魯花赤)'이다. 몽고의 관직으로서 '진압한다'는 뜻의 '다루(Daru)'에 명사어미 '가(gha)'와 사람을 가리키는 '치(chi)'(예:벼슬아치, 장사아치)를 붙여서 지방관청의 장을 뜻하는 이름이 된 것이다.

. . . .

① 제주도 북제주군 고성리(古城里)
성산읍에 있는 마을이다.
고려 말기 원나라의 말먹이꾼인 합치(哈赤)가 제주만호 박도손을 이곳에서 죽였으므로 조선 세종 때 고을을 표선의 성읍으로 옮겼으며 이곳은 고성리가 되었다. 파시왓에는 그 전에 사창 밭에서 쏘는 화살의 과녁판이 서 있었던 쌀쏜디왓(失立田)도 있다.

② 제주도 북제주군 테우리 동산
성산읍 성산리에 있는 등성이다.
고려말, 조선시대 목장이 있어 목동들이 앉아 망을 보며 점심을 먹던 곳이라고 한다.

③ 제주도 북제주군 수산평(水山坪)
성산읍 수산리에 있는 들이다.
고려 충렬왕 때 원나라의 탑라치(塔羅赤 : 탐라의 벼슬아치를 뜻하는 듯)들이 소, 말, 나귀, 양 등을 놓아 먹이던 곳이다. 세종 때 이곳에 수산진성을 쌓았다가 뒤에 성산으로 옮겼다. 쇠커리 동쪽에 '사또 앉는 마루' 라는 고개가 있는데, 옛날 사또가 앉았던 곳이라고 한다. 인근의 오조리 큰굴왓 남쪽에는 쇠죽은 말(죽은디 몰)이라는 못이 있는데, 옛날 목장의 소가 빠져 죽은 곳이라고 한다.

④ 제주도 북제주군 대왕오름
성산읍 수산리 뒤에 있는 높이 158m의 산.
고려 말기 몽고는 제주도를 그들의 목장으로 만들었는데, 특히 수산평에 거대한 목장을 조성하였다. 그리고 수산평은 원나라 기황후가 우마를 방목했던 곳으로, 기 황후의 친정 아버지인 기자오 (영안왕)가 관리했다.

이곳은 수산목장의 감시소로서 당시 영안왕의 말이 있었던 곳이 므로 대왕오름이라 불렀을 것으로 보고 있다.

⑤ 제주도 북제주군 수령섬

추자면 대서리에 있는 섬이다.

최영 장군이 제주도 목호의 난을 토벌하러 갈 때 바다 중간인 이 곳에서 군대를 정리하였으므로 수령섬이라 부른다고 한다. 인근 의 당귀미에는 최영 장군 사당이 있어 매년 제사를 지내고 있다.

⑥ 제주도 북제주군 목빈선창

한림읍 옹포리에 있는 포구이다.

공민왕 때, 명나라에 말을 보내려 하자 원나라의 제주도 말먹이 꾼인 석질리, 필사초고, 독불화, 관음보 등이 반란을 일으켜 제주 목사와 어사 등을 죽였으며 계속 반란이 이어지므로, 최영 장군이 정벌에 나서서 적군 3천 명이 기병으로 맞서는 것을 이곳에서 쳐 물리치고 적군의 목을 베었다. 명월포의 새성창 동쪽에 있다.

⑦ 제주도 서귀포시 범섬

법환동의 남쪽 바다에 있는 섬으로 호도(虎島)라고도 한다.

공민왕 때 최영 장군이 군함 314척과 25,600명의 병사를 이끌고 와서 원나라에 빼앗긴 제주도를 찾았으며, 이곳에서 항거하는 적 군을 마지막으로 소탕하였다.

⑧ 제주도 서귀포시 외돌괴

서홍동의 바다 가운데에 있는 높이 20m의 바위.

일명 장군석이라고도 하는데, 최영 장군이 원나라 반란군을 칠 때 이 바위를 장군처럼 꾸몄다는 전설이 내려온다.

⑨ 제주도 제주시 원당사(元堂寺)터
삼양1동에 있으며, 고려 충렬왕 때 원나라 황후 기씨가 사자를 보내 세웠다는 7층 석탑이 지금도 남아 있다.

⑩ 제주도 제주시 다루가치부(府)터
용담2동 고두생이에 있다.
여몽 연합군이 삼별초를 평정한 후 이곳에 달로화치 총관부를 두었다가 1294년에 폐지하였는데, 그 터이다.

중국에서 호두나무를 처음 전래
—유청신(柳淸臣)

경부선과 장항선, 호남선 열차가 천안역에 닿으면 어김없이 듣게 되는 소리가 '천안명물 호두과자' 이다. 문익점 선생이 목화를 전하였듯이 그 호두를 전래한 유청신은 어떤 사람인가.

유청신(?~1329)의 본래 이름은 비(庇)이며 고려 원종 때 전라도 고흥에서 태어났다.

어려서 몽고 말을 공부하여 조정에 발탁되었고, 여러 번 원나라에 내왕하는 동안 뛰어난 외교술을 발휘하여 충렬왕의 총애를 받았다.

대장군과 첨의정승을 거쳤으며 뒤에 고흥부원군에 봉해졌고, 왕으로부터 옥대를 하사받기도 하였다. 충숙왕이 즉위한 후 왕을 따라 원나라에 들어갔다가, 심양왕 고로 하여금 고려의 왕이 되게 하려는 매국적 반역 음모를 꾸몄다. 이 일로 그는 고국에 돌아오지 못하고 원나라에서 죽었다.

마지막 행적으로 인하여 그는 역신으로 기록되었으나 그 이전 충선왕 때는 '청신' 이라는 이름을 하사받았고, 또 충렬왕 때는 그의 공로로 고흥을 현(縣)으로 승격시키기도 하였다. 한순간의 역심이 명예로웠던 삶을 오욕으로 뒤덮은 것이다.

어려서는 효행이 뛰어나 나라에서 효자정문을 내리기도 했다. 또 그가 몽고에서 가져온 호두는 널리 퍼져 많은 사람들의 생활에 큰 도움을 주고 있다.

호두는 호도(胡桃)라고도 하고 강도(羌桃), 당추자(唐楸子), 핵도(核桃)라고도 부르는데, 1286년 유청신이 원나라에서 씨 5개와 묘목 32그루를 가져와 그가 살던 곳인 천안 광덕산에 심었다고 한다. 호두는 단백질뿐만 아니라 각종 영양소가 풍부하여 노화 방지에 좋은 과실로 알려져 있으나, 이를 전래한 유청신은 그의 말년의 매국적 행위 때문에 역사의 뒤안길로 사라진 지 오래이다.

'호두', 곧 호도(胡桃)는 '중국에서 온 복숭아' 라는 뜻이다. 유청신은 고흥 유씨의 시조가 된다.

．．．．．．．．．．．．．．．．．．．．．．

① 전라남도 고흥군 양유동(養柳洞)
풍양면 한동리에 있는 마을이다.
유청신이 태어난 곳으로 유씨가 많이 살므로 양유동이라 한다.
이곳에 유씨 세답석(洗踏石), 즉 서답바우가 있는데 유청신이 태어날 때 그의 태를 씻은 돌이라고 한다. 유청신이 살았던 유 정승 터와 그가 기를 세운 돌이라는 유 정승 건기석(建旗石), 유 정승 사당 등이 있다.

② 전라남도 고흥군 유 정승 피난굴
영남면 우천리 안양동 팔영산 기슭에 있는 굴이다.
고려 원종 때 남해안으로 들어온 왜구들이 약탈과 살생을 일삼자 열 살된 유비(청신)는 모친을 모시고 이 굴에 숨었다. 그러나 왜적이 발견하여 그 모친을 해치려 하자 유비가 죽기를 각오하고 대드니, 어린아이의 효성에 감동한 왜적이 두 모자를 살려주고 돌아갔다고 한다. 이곳에 '유 정승 피난굴'이라고 새겨져 있다.

③ 전라남도 고흥군 유청신 유허비
고흥읍 봉황산록에 세워진 비석이다.
유청신이 고흥에서 태어났으므로 후손들이 이를 기리어 봉황산록에 세웠다.

④ 충청남도 천안군 쇠머리논과 충효산(忠孝山)
광덕면 매당리 당개울 앞에 쇠머리논이 있고 당개울 서북쪽에 충효산이 있다.
쇠머리논은 조선 숙종 때 천안군수가 나라의 죄인을 잃고 고민하던 중, 유청신이 선봉하여 그 죄인을 잡았으므로 이에 보답하려고 쇠머리논 일곱 마지기를 유청신의 제사답으로 주어 지금에 이르렀다고 한다. 충효산은 유청신을 모신 사당이 있으므로 붙여진 이름이다.

⑤ 충청남도 천안군 유청신 호두 시식지
광덕면 상사리에 '유청신 선생 호두 시식지'라는 푯말이 있고, 또 '호두 전래 사적비'도 있다. 이곳에 높이 20m, 둘레 4m가 넘는 수령 4백 년의 호두나무가 서 있다.

나라가 망하려면 불가사리가 나온다
—신돈(辛旽)

    고려 말기 공민왕 때의 승려로 개혁적이었으면서도 말년에 방탕과 음란, 그리고 역모로 처형당한 신돈(?~1371)은 그 모친이 본래 경상남도 창녕 옥천사(玉泉寺)의 종이었다.

    본명을 편조(遍照)라 하였으며 공민왕이 처음 그를 중용한 것은, 그가 세속을 떠나 독립한 인물(以世獨立之人)이므로 그 동안 쌓인 오랜 폐단들을 개혁할 목적이었다고 한다.(김원명의 추천설도 있다.)

    그는 1365년 공민왕의 사부가 되었고, 이어서 '벽상삼한삼중대광', '판감찰사사', '제조승록사사' 등 어마어마한 관직과 봉호를 받았다.

    1366년 토지개혁을 위하여 '전민변정도감(田民辨整都監)'을 설치하고 부호들이 권세로 빼앗은 토지를 각 소유자에게 돌려주는 등 개혁정치를 단행하였다. 그러나 자신의 반대파를 무자비하게 제거하고 방탕과 사치를 일삼았으며, 공민왕을 시해하려다가 발각되어 수원에서 처형되었다.

    그후 공민왕은 불교를 적대시하던 신하들의 말을 듣고 불교를 국법으로 금하게 하였다.

『도선비기』에 "비승비속(非僧非俗 : 승려도 아니고 속인도 아닌 사람)이 나라를 망친다."는 말이 있는데 이는 신돈을 두고 한 말이라 하였고, 또 "나라가 망하려면 불가사리가 난다."고 한 것도 신돈을 뜻한 것이라고 하였다.

특히 공민왕이 신돈의 집에 자주 출입하다 신돈의 비첩 반야(般若)와 통하여 아들 모니노(牟尼奴)를 낳았는데 그가 바로 우왕으로, 우왕을 뒷날 조선 왕조가 신우(辛禑)라 부른 것은 그를 신돈의 자식으로 보았기 때문이다. 그러나 우왕을 신우로 매도한 것은 조선 왕조의 창업을 정당화하기 위한 정치적 의미가 컸던 것으로 보는 견해가 많다.

. . . .

① 경상남도 창녕군 옥천리(玉泉里)
창녕읍에 있는 마을이다.
이곳 원통골에 옥천사라는 절이 있어 옥천리라 하였다. 신돈의 모친이 노비로 있었던 절이다. 신돈이 처형되자 한동안 절을 폐하였고, 임진왜란 때 소실되었다.

② 경상북도 달성군 필봉산(筆峰山)과 신빙이
경상남도 창녕으로부터 그리 멀지 않은 달성군 유가면 음동에 있는 산과 골짜기이다.
필봉산은 산이 붓끝처럼 생겨서 필봉산이라 한다.
공민왕 때 신돈의 모친을 이 산 골짜기인 '신빙이'에 장사 지냈다고 한다. 신돈이 화를 당하자 그 무덤을 파내고 못을 만들었다고 하며, 그 흔적이 근래까지 남아 있었다고 한다.

 그 모친이 절의 노비였다는 것은 알려져 있으나 부친에 대한 기록은 어디에도 찾을 길이 없다.

의를 모아 삶의 뜻으로 살았다
—이집(李集)

신돈과 묵은 이집을 우리는 역사의 같은 장에서 볼 수 있지만, 그 두 사람을 같은 장에 분류할 수는 없다. 한 사람은 핍박하던 권력자였고, 한 사람은 쫓기며 숨어 지낸 사람으로 뒷날의 평가가 확연히 달랐던 것이다.

고려말의 3은(三隱)이라 하면 포은 정몽주, 목은 이색, 도은 이숭인을 꼽는다. 또 여기에 묵은(墨隱) 이집을 합하여 '여말 4은'으로 부르기도 한다. 그의 본래 호는 묵암자(墨巖子)였으므로 그를 묵은이라 한 것이며, 뒷날 도은 이숭인이 숨은 마을이란 뜻의 둔촌(遁村)이란 호를 주었다.

이집(1314~1388)은 둔촌 이외에도 호연(浩然)이라는 호도 가지고 있었다. 광주(廣州)의 관리 이당의 아들로 태어났다. 충숙왕 때 과거에 급제하였으며, 문장과 절개가 널리 알려져 여말 3은과 서로 존경하는 친구였다.

신돈이 죽은 후 벼슬에 뜻이 없어 여주 천령현에 내려가 지낼 때, 정몽주가 그의 글에 탄복하기도 하였다.

공민왕 17년 요승 신돈을 탄핵하는 데 앞장섰다가 오히려 모함을 받아 포살령이 내려지자, 그는 연로한 아버지를 업고 둔촌동의 일자산 토굴로 피난하여 숨어 살았다. 그러나 신돈의 포위망이 점점 좁혀오고 끄나풀이 기미를 알아채자 늙은 아버지 이당을 업고 다시 경상도 영천에 있는 아버지의 친구 최원도를 찾아가 숨어 지내게 되었다.

공민왕 20년 신돈이 처형되자 개성으로 돌아왔는데, 이때 친구인 이숭인이 "그대는 이미 죽었다가 다시 산 사람이니 어찌 옛 이름을 쓰리오." 하며 '원령'이라는 본명을 버리고 '의(義)를 모아〔集〕 삶의 뜻으로 살았다'는 뜻에서 이집(李集)으로 이름을 바꾸게 한 것이다.

또 '우이도둔피지고불가망(又以道遁避之故不可忘)', 곧 그가 부친을 업고 숨어 지내며 피해 다닌 쓰라린 고난을 후세의 자손들이 잊지 않도록 하기 위하여 호를 둔촌으로 바꾸게 한 것이다.

그는 출세할 뜻이 없었으므로 곧 벼슬을 사직하고 여주에 내려가 몸소 밭을 갈고 독서하며 세월을 보냈고, 이때 목은 이색 등과도 노년을 함께 보냈다. 우왕 13년에 죽으니 정몽주, 이숭인 등이 글을 지어 그의 죽음을 애도했다.

그가 연천의 최씨집에 숨어 지낼 때의 이야기이다.

주인 최씨가 두 사람을 벽장 속에 숨겨 놓고 식사를 제공하려니, 워낙 살벌한 세상인지라 마음을 놓을 수가 없었다. 이에 주인 최씨는 궁리 끝에 미치광이 노릇을 하여, 매일 밥은 한 끼니에 세 그릇씩 먹고, 또 방 안에서 용변을 보는 등의 방법으로 두 사람의 은익을 감추었다.

그런데 그 집의 여종으로 제비라는 하녀가 있었는데, 그녀가 수상쩍은 주인의 행동을 눈치채고 말았다. 만약 이 일이 누설되면 두 사람은 물론 최씨 집안도 멸족을 당할 판국이므로 걱정이 태산이었다.

이것을 알게 된 제비가 어느 날 소복을 하고 마님 앞에 나가서,

상전의 의리와 상전 친구의 생명을 위해 사약을 내려달라고 간청하였다. 가슴을 졸이던 마님은 울면서 제비에게 사약을 내렸고, 제비는 그 사약을 마시고 죽었다.

그렇게 영천에 숨어 사는 동안 이집의 부친 이당이 죽어 영천에 묻혔는데, 주인 최씨가 가문을 위해 순절한 제비의 무덤을 이당의 묘 바로 아래 써주었다.

지금도 광주 이씨들이 이 선조의 무덤에 성묘할 때에는 반드시 제비의 무덤에도 성묘를 하여, 제비의 넋을 위로한다고 한다.

· ·

① 서울특별시 강동구 둔촌동(遁村洞)

둔촌동 산 328의 1번지로서 현재 방이동에 해당된다. 강동대로에서 88올림픽 선수촌 아파트로 들어가는 길 옆으로서, 이집이 신돈의 박해를 피해 토굴을 파고 숨어 살았던 곳이므로 '둔굴', 즉 둔촌이라 부르게 되었다.

살창우(殺昌雨)와 광해우(光海雨)
─창왕(昌王), 영창(永昌)대군, 능창군(綾昌君)

◆ 고려 창왕

강화도에서는 '창(昌)'자가 붙은 왕과 왕자 3인이 살해되었는데, 그 중 두 '창'은 같은 곳에서 죽었다.

고려말 위화도에서 회군하여 최영을 죽이고 정권을 장악한 이성계는 우왕을 폐위시키고 새 왕을 세운다. 이때 "마땅히 그전 왕의 아들을 세워야 한다."는 이색의 명분론에 밀려 우왕의 아들 창(昌)을 왕으로 세웠다. 그러나 뒤이어 우왕과 창왕이 공민왕의 자손이 아닌 중 신돈의 자손이라 하여 창왕을 평민으로 강등시켜 강화로 귀양보냈다가, 며칠도 못 돼 신하를 보내 이곳에서 살해하였으니 그때 창왕의 나이 10세였다.

우왕과 창왕을 살해한 형식적인 이유는 물론 그들 부자가 신돈의 소생이기 때문에 마땅히 가짜를 폐하고 진짜를 세운다는 소위 '폐가입진(廢假立眞)'론에 근거한 것이지만, 실상은 이씨 일파의 기반을 견고히 구축하는 데 있었다.

더구나 이 논리에는 당시의 명현이었던 정몽주도 적극 찬성하여 구공신(九功臣)의 한 사람이 되었고 수시중의 자리에까지 올랐다. 그러나 훗날 정몽주는 이성계의 세력이 날로 강성해지고, 그 추종

자들이 이성계를 왕으로 추대하려 하자 이씨 배척에 적극 나서게
되는 것이다.

◆ 조선 영창대군과 살창우

두번째의 '창'이 살해된 것은 조선시대 광해군 때의 일이었다.
대북파의 모략에 의해 어린 영창(永昌)대군은 폐서인이 되어 강화
로 유배되었다. 당시 대군의 죽임을 반대하던 원로 대신 이덕형이
귀양을 가자 조정의 밀지에 의해 강화부사는 대군을 굶기다가 마
지막에는 방문을 밖에서 걸어 잠그고 방에 불을 지피게 하였다.
펄펄 끓는 뜨거운 방바닥에서 시달리며 어머니를 부르던 영창대
군은 벽을 뜯으며 손톱이 벗겨진 채 죽었으니, 이때 그의 나이 7세
였다.

강화도에는 영창대군을 불에 달구어 죽인 음력 2월 9일을 전후
하여 비가 내렸다고 하는데, 이 비를 '살창우'라 불렀다고 전해진
다.

◆ 조선 능창군

세번째의 '창' 역시 조선 광해군에 의하여 강화도에서 살해되었
다. 그러므로 광해군은 두 사람의 '창'을 강화도에서 살해한 것이
다.

세번째의 창은 인조(능양군)의 동생인 능창군(綾昌君)이었다. 인
조가 반정으로 등극하기 전인 광해군 때, 능양군의 집이 있는 색
문동(옛 서울고등학교 자리) 부근에 왕기가 있다 하여 역모로 몰
린 사람이 재주가 뛰어난 능창군이었다.

그는 강화도 교동에 유배되어 가시 울타리에 둘러쳐진 중죄인
신세가 되었다. 어느 날 사람들이 와서 문과 봉창을 닫고 섶을 쌓
아 아궁이에 불을 지피기 시작하였다. 이에 그는 "내 어찌 영창대

군처럼 뜨거운 방구들에 달구어져 고기 구워지듯 죽임을 당할까 보냐." 하고 스스로 목을 매어 죽으니, 그때 나이 17세였다. (고려의 창왕 10세와 영창대군의 나이 7세를 합하면 17이 되니 그 또한 어떤 운명 같은 것을 느끼게 하여준다.)

◆ 광해군과 광해우

선조의 첫번 왕비는 일찍 죽고 이어서 다시 새 왕비를 맞아 들였으니 곧 영창대군의 어머니인 인목대비이다. 선조에게는 정실왕비 소생은 영창대군 하나뿐이었고, 후궁들의 소생으로 아들 13형제, 딸 13형제가 있었다. 광해군은 공빈 김씨의 소생으로 둘째 아들이었다.

선조가 죽기 전 궐내에 적자인 영창을 왕세자로 바꾸려는 움직임이 보이자, 이미 세자로 책봉된 광해군은 김 상궁이란 궁녀와 내통하여 선조의 약밥에 독약을 넣어 죽게 하였다고 한다. 선조의 시신이 검푸르게 변하여 당시 광해군 독살설이 파다하였다.

임금이 된 그는 형인 임해군을 죽였고, 인목대비의 아버지인 김제남과 그 일족을 역모로 몰아 죽였으며, 당시 다섯 살인 영창대군도 역모로 몰아 강화도로 보냈을 뿐 아니라, "영창은 선조의 자식이 아니다."라는 소문을 퍼뜨리기도 하였다. 여러 신하들의 반대에도 불구하고 인목대비를 폐하여 서민으로 만들고 경운궁(지금의 덕수궁)으로 몰아냈으며, 많은 선비들을 죽이고 귀양을 보냈으니 이것을 '계축사화(癸丑士禍)' 라고 한다.

그 가해자인 광해군의 말로는 어떠하였을까.

마침내 인조반정으로 하루 아침에 폐서인이 된 광해군은 처음에는 강화도 교동으로 쫓겨났다. 그리고 제주도로 유배될 때 그에게는 가는 곳도 알려주지 않았다. 또 배 위에도 사면으로 휘장을 둘러쳐서 그 방향을 알지 못했다. 목적지에 도착하여 휘장을 걷고

"제주도에 다 왔다."고 말하자 깜짝 놀라, "내가 어찌 여기 왔느냐." 하고 슬퍼하였다. 제주의 귀양지에서 광해군을 모시는 계집종이, "영감은 임금으로 있을 때 온갖 반찬까지 요구하여 김치판서, 잡채참판이란 말까지 생겼소. 이제 왕위를 쫓겨난 것은 스스로 잘못한 탓이지만 우리는 무슨 죄로 이 가시덩굴 속에 갇혀 있어야만 하는 것이오." 하고 대들었다고 한다. 그는 제주도에서 인조 때(1641) 66세의 나이로 죽었다. 그에 대하여는 분야에 따라 여러 가지 평가가 겹쳐지고 있지만 그의 정치가 폭정이며 난정이었음은 부인할 수 없을 것 같다.

칠월 초하룻 날이여
칠월 초하룻 날이여
대왕 어붕하신 날이여
가물당도 비오람서라.

이것은 제주도의 탱자나무 울타리 속에서 광해군이 죽은 음력 7월 1일에는 꼭 비가 내리므로 생겨난 민요이며, 이 비를 '광해우'라고 불렀다.
살창우와 광해우 !
두 비는 같은 비일지라도, 그러나 한이 맺혀 있는 강도(強度)는 살창우가 훨씬 더할 것이라 여겨진다.

. . . .

① 경기도 강화군 살창리(殺昌里)
강화읍 관청리 견자산 밑에 있는 마을이다.

고려 공양왕 때 이성계가 창왕을 신돈의 자손이라 하여 이곳에서 죽였고, 1614년 광해군(6)이 강화부사 강항을 시켜서 영창대군을 죽였으므로 ‘살채이(살창리)’라 부른다. 강화 민요에 "살채이 묻거들랑 대답을 마오." 하는 대목이 있는데, 영창대군 살해 후 선비들 사이에 그 파동이 매우 컸던 만큼 관청에서도 살창리를 묻거든 알리지 말라고 금령을 내렸기 때문이다. 이곳은 왕조시대의 비정한 역사를 전해 주는 표본으로서의 지명이라 할 수 있다.

② 경기도 김포군 귀로동(歸老洞)과 남정동(南亭洞)

통진면 고정리에 있는 마을이다.

광해군이 인목대비를 서인으로 폐하려고 하자 이에 반대했던 한 선비가 벼슬을 버리고 은퇴한 곳으로, 여기에 ‘귀로헌’을 짓고 한가롭게 살았으므로 귀로동이라 한다.

남정동에는 옛날 남정(南亭)이 있었는데, 한음 이덕형이 인목대비의 폐모론에 반대하고 이곳에서 정자를 짓고 지냈기 때문이며, 그 정자 이름을 남정이라 하였다.

③ 전라남도 무안군 어은동(漁隱洞)

해제면 유월리에 있는 마을이다.

광해군 때 한 선비가 임금의 폭정에 반대하다 이곳에 유배되어, 어부처럼 숨어 산다는 뜻으로 호를 ‘어은’이라 하였으므로 마을 이름도 어은동이라 부르게 되었다고 한다.

④ 경기도 남양주시 광해군묘

진건면 송릉리(松陵里)에 있다.

이곳에는 광해군묘(‘능’이라 부르지 않는다)와 그 어머니 공빈 김씨의 무덤인 성릉(成陵)이 있으며, 또 광해군이 죽인 그의 친형

임해군의 묘도 있다.

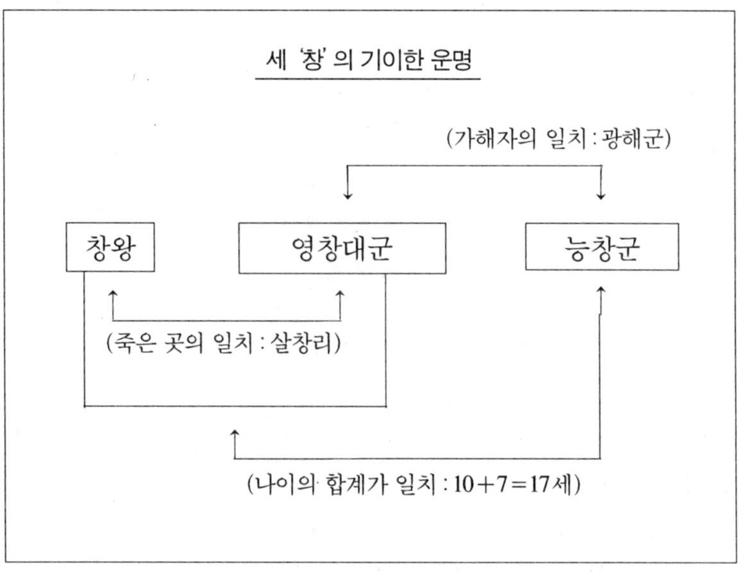

입을 다물고 혀를 깊이 감춰라 (閉口深藏舌)
—연산군(燕山君)

입은 화를 부르는 문이요 (口是禍之門)

혀는 몸을 베는 칼이다. (舌是斬身之刀)

입을 다물고 혀를 깊이 감춰야 (閉口深藏舌)

몸을 편안케 간직하리라. (安身處處牢)

조선 제10대 임금 연산군(1476~1506)은 조선왕조 폭군의 대명사로 불려진다.

그런 까닭으로 후세에 '조' 나 '종' 등 임금의 시호를 받지 못하고 격하된 연산군(君)으로 불려지고 있고, 그 치세의 기록도 『○조(종) 실록』이 아닌 『연산군 일기』라고 부른다.

1498년 무오사화와 갑자사화로 피비린내를 일으키면서 많은 선비들을 죽였으며, 1505년에는 모든 관원들에게 "입을 다물고 혀를 깊이 감춰라."는 뜻의 함구패, 일명 신언패를 채워 신하들의 언로(言路)를 막았다.

부친 성종의 후궁인 정씨와 엄씨가 생모인 폐비 윤씨를 모함하였다 하여 두 여인을 직접 타살하고 그 시체를 산야에 버리게 하였다.

8도에 채홍사(採紅使)와 채청사(採靑使)를 보내 미녀와 좋은 말을 잡아 올리게 하고 황음무도한 난행을 일삼았다. 일본이라는 섬나라가 조선을 우습게 보기 시작한 것도 연산군 때부터라고 전해진다. 자신의 난행을 비방한 글이 언문으로 쓰였다 하여 1504년 한글 교육을 중단시키고, 한글로 된 책을 거두어 불태웠다. 성균관, 사간원, 독서당을 폐하기도 하였다. 중종반정으로 쫓겨나 강화도 교동에서 1506년 31세로 죽었다. 그후에도 계속 사화(士禍)가 일어나면서 선비들의 유혈극으로 이어졌는데, 이는 곧 조선왕조의 붕당 및 당쟁으로 확대되었다. 연산의 행적에 관하여는 각종 TV 드라마나 소설이 많으므로 더 긴 설명이 필요치 않을 것이다. 그의 무덤 역시 능(陵)이 아닌 묘로서 서울 도봉구 방학동에 있다.

. . . .

① 인천광역시 강화군 연산골

교동면 고구리 고읍에 있는 골짜기.

중종반정으로 쫓겨나 귀양살이를 하던 연산군은 그 해(1506) 12월 돌림병으로 이곳에서 죽었다. 임종시에는 생전에 관계했던 그 많은 여인들을 제쳐 두고 오로지 본부인 신(愼)씨를 그리워하며 눈을 감았다고 한다.

② 인천광역시 강화군 부군당(府君堂)

교동면 읍내리 251번지 북문 안에 있는 신당이다.

연산군이 돌림병으로 교동에서 죽자 그가 병들어 죽은 고장이므로 근읍 주민들이 연산군의 화상을 모셔 놓고 그 원혼을 위로하는 제사를 지내 왔던 곳이다. 이곳에서는 월경하기 이전의 어린 처녀를 매년 그가 죽은 섣달에 한 명씩 골라 이 당집에 들여보냈다고 한다. 이렇게 뽑힌 처녀를 '연산각씨'라 하였다. 생전에 호색한이었던 연산군의 혼백을 위로하려는 목적이었겠지만, 죽어서까지 백성들에게 폐해를 남긴 것이다.

③ 전라남도 영암군 똥배미

신북면 양계리의 금동 서쪽에 있는 논이다.

연산군 때, 몸집이 크고 정력이 센 여자를 찾으라는 왕명을 받은 채홍사가 이곳을 지나다 이 논가에 있는 똥덩어리가 매우 큰 것을 보고 놀랐다. 채홍사가 똥을 싼 사람을 찾으니 대갑에 사는 최 부자의 딸이라 하므로, 그것으로 보아 그녀의 몸집이 크고 정력이 셀 것이라고 믿어 그녀를 데려가 연산군에게 바쳤다고 한다.

④ 경상북도 고령군 상룡동(上龍洞)

성산면에 있는 마을이다.

이곳은 고중시(高中柿), 즉 맛좋은 홍시가 많이 나 근읍에 널리 알려졌던 곳이다. 진주 사람들이 진주의 토산품인 고중시를 연산군에게 진상하려고 가지고 가던 중, 중종반정이 성공하여 연산군이 쫓겨났다고 하자 기쁜 나머지 그 감을 모두 이곳에 던져버리고 되돌아갔는데, 그 감씨가 싹이 나 이곳의 명물이 된 것이라고 한다.

⑤ 서울특별시 종로구 탕춘대(蕩春臺)

신영동 136번지(현 부암동)에 있는 돈대이다.

연산군이 본래 놀기를 좋아하였으므로 1505년 경치 좋은 이곳에 탕춘대를 세우고 시냇가에는 누각을 지었으며 그 옆에는 돌로 술주전자를 만들어 놓았다. 그리하여 시절에 따라 아름다운 여인들을 데리고 질탕하게 놀고 마셨다고 한다. 방탕하다는 뜻의 탕(蕩)춘대이니 연산군의 행적과 무관하지 않게 느껴진다.

⑥ 서울특별시 서대문구의 연희궁(衍禧宮) 터
연희동 194번지의 궁말에 있었던 궁터이다.

조선 2대 정종이 물러나 이곳에 있었다. 1505년 연산군이 이곳에 연희궁을 다시 꾸며 놀이터를 삼고 질탕하게 놀았다. 이때가 여름철이었는데 이곳에 먹고 버린 수박, 참외가 산더미같이 쌓여서 까마귀들이 떼를 지어 와서 그것을 파먹었으므로 "연희궁 까마귀 골수박 파먹듯 한다."는 속담이 생겨났다고 한다. 연희궁의 '연(衍)' 자 역시 방자하다는 뜻도 지니고 있는데, 성군인 세종이 서잠실을 두었던 이곳을 연산군은 그래서 그토록 방자하게 먹고 마시는 놀이터로 삼았던 것일까.

⑦ 서울특별시 종로구 사간원(司諫院) 터
사간동 62번지의 육군병원 구내에 있었다.

임금이 정사를 처리할 때 잘못이 있으면 이를 간하고 논박하던 곳이었으나, 연산군에게는 귀찮은 존재였으므로 이를 폐지해 버렸다. 중종 때 다시 부활되었다.

⑧ 서울특별시 중구 운구(雲廐) 터
소공동의 덕수궁 부근에 있었다.

연산군이 도성 밖으로 놀러갈 때 말을 타기 편리하도록 말 기르는 곳을 여러 군데 두었는데, 그 중의 한 곳이다. 경복궁 내의 것을 기구(麒廐)와 인구(麟廐)(합하여 기린이란 뜻)라 하고 금호문 밖의 것을 용구(龍廐), 이곳을 운구라 했다.(용은 구름을 만나야 승천한다.)

⑨ 서울특별시 도봉구 연산군 묘

방학 제3동 선학국교 서쪽 방학로 길 아래에 있다.

연산군이 생전의 사랑과 미움과 원한을 묻고 쉬는 곳. 그는 강화
도에서 죽었으나 부인 신씨와 함께 이곳에 묻혔다.

그의 이름을 걸고 맹세했다
─홍길동(洪吉同)

광해군 때 나온 우리나라 한글 소설의 효시인 허균(許筠)의 『홍길동전』에서 그 '홍길동' 은 허구의 인물이 아니다. 여러 문헌과 지명에 그에 관한 기록이 명백하기 때문이다. 소설 속의 주인공 홍길동은 홍 판서와 노비 춘섬의 사이에서 태어나 늘 천대를 받고 자랐다.

그는 재질과 무용이 뛰어나고 학식이 풍부하였으나 과거를 보지 못하였고, 또 서얼의 차별이 심하였으므로 집을 나가 활빈당(活貧黨)을 만들고 그 두목이 되었으며, 탐관오리와 토호들의 재산을 빼앗아 억울하고 가난한 사람들에게 나누어 주었고, 나중에는 먼 섬 율도(栗島)로 나가서 왕이 되었다고 한다.

그 섬은 황해의 변산 앞바다 위도라고도 하고, 또 멀리 오키나와 섬이라고 전해지기도 한다. 오키나와 섬(당시 유구국)에는 홍길동과 관련된 유적, 유물, 설화 등이 아직도 전해지고 있다고 한다.

여기서 생각해 볼 점은 『홍길동전』의 저자 허균이 광해군 때 반란죄로 처형되었는데, 허균의 모의 내용 중에 남산에 봉화를 올리고 거짓으로 유구(오키나와)의 병사가 쳐들어온다는 헛소문을 퍼뜨려 그 혼란중에 대궐을 점령하려 하였다는 부분이 있다.

홍길동과 유구와 허균. 밝혀지지 않은 어떤 연결고리가 있는 것 같다.

『연산군 일기』에는 홍길동(洪吉同, ‘童’ 자만 틀린다)이라는 인물의 기록이 여러 차례 등장한다.

그는 세간에 홍 첨지로 통하였으며 “원님보다 홍 첨지가 낫다.”, “홍길동의 세력이 도성 안에도 있다.”는 등의 말이 널리 퍼져나갔다. 연산군 시절의 조정은 혼미하였고, 관리는 부패하였으며, 민심이 이반된 때였다. 그는 문경새재 부근에 본거지를 두고 경상도로부터 올라오는 진상물을 가로채는가 하면, 충청도 일대를 유린하여 재물을 모으고 가난한 백성을 도왔다.

홍길동은 또한 날랜 부하를 뽑아 ‘홍길동’이라는 이름으로 여기저기서 활약하게 하여, 그의 행적이 동에 번쩍 서에 번쩍 신출귀몰한 양 꾸미고 관군을 비웃듯이 활약하였다.

1500년(연산군 6) 10월 22일 마침내 조령 부근에서 홍길동은 서울로 압송되어 광통방의 군기시 앞거리에서 능지처참을 당하였다고 『연산군 일기』는 적고 있다. 그러나 그후의 『연산군 일기』에도 홍길동의 이름이 등장하고 있어 형을 당한 홍길동이 진짜 홍길동인지는 확인할 길이 없다. 당시 의금부 한치형이 아뢰기를,

강도 홍길동이 옥정자와 홍대 차림으로 첨지(僉知)라 자칭하며 대낮에 떼를 지어 무기를 가지고 관부에 드나들면서 기탄없는 행동을 자행하였는데 그 권농이나 이정들과 유향소의 품관들이 어찌 몰랐겠습니까? 그런데 체포하여 고발하지 않았으니 징계하지 않을 수 없습니다. 이들을 모두 변방으로 옮기는 것이 어떠하리까?

하니 연산군이 그리 조치하도록 한 기록이 보인다.

이익의 『성호사설』에는 당시 시정의 아이들이 서로 맹세할 때는

홍길동의 이름을 걸고 하였다고 기록되어 있다.

또 『청구야담』에는, "큰 도적떼들이 자신들의 본거지는 홍길동 장군으로부터 물려받은 산채"라고 자랑했다는 기록도 보인다.

홍길동. 『연산군 일기』에는 반역자나 도적의 괴수로만 취급되었지만, 그가 억눌린 백성들의 한을 풀어주는 의적으로 구전되어 왔기에 이름은 남아 지명으로까지 전해져 왔음은 다시 한 번 생각해 볼 일이다.

· ·

① 서울 종로구 홍길동 터

권농동의 돈화문(비원) 밖 동쪽에 '홍길동 터'라고 부르는 곳이 있었다. 그 정확한 위치는 확인할 길이 없으나 권농동 일대는 조선시대에 채소재배를 권장하는 농포서(農圃署)가 있었으므로 권농동이라 부르며, 홍길동 터는 그 채소를 가꾸던 마을이었다고 한다.

② 충청남도 공주시 홍길동성

무성산성이라고도 한다.

사곡면, 정안면, 우성면 경계에 걸쳐 있는 높이 614m의 산이다. 성은 돌로 쌓았으며, 홍길동이 이 산에 웅거하여 탐관오리와 토호들을 못살게 하였다고 구전되고 있다.

③ 전라남도 장성군 홍길동샘과 그 집터

황룡면 아곡리(아치실) 뒤쪽에 있는 샘이다.

바위틈에서 물이 나오는데, 옛날 홍길동(현지에서는 '옹기똥')

이 먹었다고 전해진다. 인근의 산탁골 어귀에는 홍길동이 살았다는 '홍길동 집터'도 전해진다.

누구나 꺾는 길가의 버들, 담밑의 꽃
─기생(妓生)

천한 땅에서 태어난 몸이라 누구나 꺾을 수 있는 길가의 버들이요, 담밑의 꽃이 되어 고을의 관청문을 드나드는 일개 창녀의 신세가 되었습니다. 철도 없이 한(恨)도 모른 채 손님을 맞아 이야기를 나눌 제 행실이 건방지고 오만하였으며 언사가 패악한 채, 가을 달, 봄 바람, 꽃 피는 아침, 달 뜨는 저녁, 맑은 바람, 밝은 달을 벗삼아 술마시고 미친 듯이 노래부르며 시름을 잊어왔습니다.… (중략)

내 삼천(內三千 : 중앙의 내직 관리) 외 팔백(外八百 : 외직의 수령 방백)의 직임을 사고 파는 탐관오리가 백성의 기름을 빨고 좌수, 아전이 나라의 곡식을 훔쳐먹는 세상이옵니다.… (중략)

하나라 걸왕(桀王)은 미희(末喜)가 망쳤고, 상(商)나라 주왕(紂王)은 달기(妲己)가 망쳤고, 주(周)나라 유왕(幽王)은 포사(褒姒)가 망쳤고, 여포는 초선(貂蟬)이 망쳤고, 당나라 명황(明皇)은 양귀비가 망쳤는데, 어찌 전하는 하늘에서 비가 오려 하면 습기가 먼저 땅에 젖는다고 한 말을 듣지 못했사옵니까.

이 글은 조선 말기 헌종 때(1846) 평양 양천 기생 초월이 써올린 상소문의 일부로서 기생의 신세와 탐관오리의 매관매직, 그리고 임금의 주색잡기를 간하는 내용이다.

기생은 춤, 노래, 풍류로 술자리나 연회, 기타 유흥행사에 흥을 돋우는 일을 직업으로 삼는 여자이다. 그 기원은 신라 진흥왕 때 화랑의 원화(源花)에서 비롯되었다고도 하고, 혹은 고려 태조 왕건이 개성에 도읍을 정할 때 백제의 유민인 수척족을 각 지방에 노비로 예속시켰는데, 그 중 미모의 여인들이 가무를 배워 예인(藝人)으로 행세한 것이 기원이라고도 한다.

조선에 들어와서 많은 관기(官妓)가 생겼는데 관기는 의술을 베풀기도 하였고, 재봉이나 의침을 하기도 하였으나 주로 연회석상에서 가곡과 무용에 종사하였다. 특히 변방에서는 장사들을 위로하기 위하여, 그리고 각 군(郡)에서는 사신과 객을 접대하는 데 종사하게 하였다.

기녀는 지방에 따라 그 특기에 차이가 있었다고 하는데 안동 기생의 〈대학(大學)〉을 낭송하는 것, 관동 기생의 〈관동별곡〉을 창하는 것, 함흥 기생의 제갈량의 〈출사표〉를 낭송하는 것, 의주 기생의 말타고 검무를 추는 것, 제주 기생의 말타고 달리는 기술, 평양 기생의 〈관산융마〉 시를 창하는 것, 영흥 기생의 〈용비어천가〉를 창하는 것 등이 유명하였다.

기생은 그들이 상대하는 부류가 상류사회의 고관들이었으므로 가곡, 춤, 글씨, 그림 등을 배웠고, 그리하여 천한 계급이면서도 예의는 물론 한학의 교양이 높았다.

기생은 고려 때는 교방(教坊)에 속하여 노래와 춤을 담당하였고 조선시대에는 의녀로도 행세하였다. 특히 조선시대의 교방은 기생청이라고도 하였으며, 조선 말기에는 서울과 평양에 기생학교를 두기도 하였다.

한편 관가에 속한 관기는 주로 고을 수령의 위안 대상이 되었으며, 기생은 모계로 어머니의 뒤를 이어 기생이 되었는데, 기적(妓

籍)에 등록이 되어야 했다.

조선 초기에는 조정에서 관기 제도를 폐지하자는 의견도 있었으나 황희 정승 같은 이들이, 관기가 없으면 고을 수령들이 고을 부녀자와 상관하게 되고, 이럴 경우 관리들의 다스림이 떳떳하지 못하게 된다 하여 반대한 예도 있다.

1919년 3·1운동 때는 수원 기생조합 소속의 기생들이 검진을 받으러 가는 도중 경찰서 앞에 이르자 만세를 부르며 시위를 계속한 사건이 일어났는데, 이를 기생조합 사건이라 한다.

본편에서는 기녀들의 사랑과 애환, 눈물과 한숨의 사연이 전해지는 땅 이름들을 살펴보고자 한다.

· ·

① 경기도 김포군 애기봉(愛妓峰)

하성면 가금리 한강 하류변에 위치하며 쑥갓머리산이라고도 한다.

병자호란 때 평양감사의 소실이었던 애기라는 기생이 피난길에 감사가 호병에 끌려가자 이곳에 와서 홀로 살면서, 날마다 이 봉우리에 올라 북쪽을 바라보며 남편을 기다리다가 죽었다고 한다. 그녀의 유언에 의해 이 산 꼭대기에 묻었으므로, 애기봉이라 부르게 되었다.

② 경기도 여주군 여기수(女妓水)

능서면 왕대리의 남한강변에 있는 못이다.

여계수, 익기수라고도 부른다. 여주 목사가 여주에 기생이 너무 많으므로 꾀를 내어 기생을 모아 뱃놀이를 하였다. 그리고 취흥이

무르익자 미리 준비한 대로 배 밑에 구멍을 뚫어 많은 기생을 수
장시켰다고 한다. 그후 비가 오려면 이곳에서 여인들의 울음소리
가 나고, 해마다 이곳에서 사람이 빠져 죽는 사고가 일어난다고
한다.

③ 강원도 강릉시 홍장암(紅粧岩)

저동의 인원사터에 있는 바위이다.

옛날 홍장이라는 기생이 이곳에서 놀다가 떨어져 죽었는데, 지
금도 비가 오는 가을밤이면 그의 애절한 울음소리가 들린다고 한
다.

④ 강원도 평창군 애련골(愛蓮)

도암면 봉산리 봉두고니 남쪽 골짜기에 있는 마을이다.

애닛골, 애연골이라고도 한다. 약 120년 전 고성군수의 애첩인
기생 애련이 살았던 곳이라고 한다.

⑤ 강원도 평창군 청심대(淸心臺)

진부면 마평리에 있는 정자이다.

이곳에 청심바우가 있고 그 밑으로 오대천의 맑은 물이 흘러 경
치가 좋은 곳이다. 옛날 강릉 기생 청심이 강릉부사 박씨를 사랑
하다 박씨가 승진되어 서울로 올라가매, 이곳까지 따라와 부득이
작별하였다. 그리고 그 정을 잊을 수 없어 이 바위에서 떨어져 죽
었다고 한다.

⑥ 충청북도 단양군 두향총(杜香塚)

적성면 성곡리 강선대 남쪽 밑에 있는 무덤.

이 퇴계를 사모한 단양 명기 두향이 이곳에 묻어달라 유언을 남

겨 이곳에 묘를 썼다. 그후 기생들이 강선대에 와서 놀 때는 반드
시 이 무덤에 제사를 지냈다고 한다.

⑦ 충청북도 영동군 기생바우

영동읍 계산리의 제자거리 서북쪽 산에 있는 바위로서 일명 낙
화대(落花臺)라고도 한다.

옛날 이곳 자사(刺史)를 사랑하던 기생이 자사가 떠나자 이 바
위에서 투신자살을 하였다고 한다.

⑧ 충청북도 음성군 설매(雪梅)

원남면 조촌리 아림말 서쪽에 있는 마을이다.

이곳에서 충청감사 정씨의 애첩인 기생 설매가 살았다고 한다.

⑨ 충청북도 청주시 열녀문(烈女門)

수동의 표충사 안에 있는 정문이다.

홍림의 첩인 기생 해월(海月)의 정절을 기리어 열녀정문을 세웠
다.

⑩ 충청남도 천안군 부용묘(芙蓉墓)

광덕면 광덕리의 광덕사 부근에 있는 묘이다.

조선 순조 때 여류시인으로 이름을 날린 성천 기생 부용의 무덤
이다. 순조 때 봉조하(奉朝賀) 김이양의 소실이 되었으므로 김이양
의 묘 왼쪽 등성이에 묻혀 있다.

⑪ 충청남도 천안군 여기소(女妓沼)

북면 매송리 여기바위 아래에 있는 못이다.

큰 반석이 깊은 시냇가에 있어 놀기 좋았던 곳으로, 옛날 관가에

서 봄·가을로 기생들을 데리고 와서 놀았던 곳이라고 한다.

⑫ 충청남도 청양군 관비산(官婢山)
청양읍 벽천리에 있으며 테미산이라고도 부른다.
이곳에 폭포가 있는데, 청양고을의 원이 관기를 데리고 놀다가 관기가 폭포에 빠져 죽었다고 하여 붙인 이름이라 한다.

⑬ 전라북도 고창군 강선교(降仙橋)
부안면 중흥리 동쪽 흥덕면 경계에 있는 다리.
조선 성종 때 기생 강선이가 사재를 털어 돌다리를 놓았으므로 강선교라 한다. 그녀는 3백 냥을 남겨, 죽은 후에도 다리를 보수하도록 하였다.

⑭ 전라북도 부안군 매창잇등(梅窓)
부안읍 봉덕리 봉두매 서남쪽에 있으며 이곳에 선조와 광해군 때의 부안 명기 이매창의 무덤이 있다.
그녀는 노래, 춤, 거문고에 능했고 특히 시를 잘 써서 교산 허균과 촌은 유희경 등과도 교분이 두터웠다. 38세로 일찍 죽었으나 한시 70여 수 외에 금석문까지 남아서 전해지고 있다.
부안읍 서림공원에는 이매창의 시비가 서 있다.

⑮ 전라남도 장흥군 여기정(女妓亭)과 옥경묘(玉京墓)
관산읍 방촌리 새테 동남쪽에 있는 회화나무이다.
본래 세 그루였는데 오래되어 죽고 다시 새로 난 한 그루가 서 있다.
고려 때 방촌리에 회주고을이 있었는데, 기생 명월(明月)과 옥경(玉京)이 이 나무 밑에서 놀았다고 한다. 여기정 남쪽에는 고려 때

회주마을 명기 옥경의 무덤이 있다.

⑯ 제주도 남제주군 예기소(藝妓沼)
남원읍 하례리 학림동 북서쪽에 있는 소(沼)이다.
고려 제19대 명종 때 서울에서 내려온 검마관을 대접하기 위하여 이곳에서 잔치를 베풀었는데, 소 위에 줄을 건너 매고 그 줄 위에서 춤을 추던 기생이 떨어져 소에 빠져 죽었다고 한다. 일명 고냉이소라고도 부른다.

⑰ 제주도 남제주군 여기암(女妓岩)
대정읍 상모리 송악산 서북쪽에 있는 바위이다.
옛날 도승이란 기생이 장군과 함께 이 바위에서 춤을 추다가 떨어져 죽었다고 한다. 장군석이라고도 부른다.

⑱ 대구광역시 동구 기생암(妓生岩)
도학동의 도장동 동북쪽에 있는 바위이다.
옛날 벼슬아치와 기생이 이 바위에서 줄타기를 하고 놀다가 기생이 떨어져 죽었다고 한다. 바위 옆에 그때 죽은 기생의 무덤이 있다.

⑲ 경상북도 문경시 여기소(女妓沼)
가운면 원북리 봉암사 동남쪽에 있는 소이다.
예기소, 기연(妓淵), 용추라고도 한다. 옛날 수령과 관속이 기생을 데리고 이 소의 반석 위에서 놀던 중, 한 기생이 자신의 신세를 비관하여 이 소에 빠져 죽었다고 한다.

⑳ 경상북도 봉화군 여기묘(女妓墓)

춘양면 서벽리 예기묘마을 남쪽에 있는 묘.

옛날 어느 기생이 자살하여 마을 사람들이 이곳에 묻어 주었다고 한다.

㉑ 경상북도 안동시 여기(女妓)무덤

예안면 동천리에 있는 무덤이다.

가뭄이 들 때 불을 놓으면 비가 오고, 또 무덤을 건드리면 해를 입는다 하여 보호하고 있다. 조선 영조 때 고을 현감이 기생을 소실로 데리고 살다가 다른 곳으로 부임하게 되었다. 그때 소실이 이곳까지 따라왔으나 현감이 오지 못하게 하므로 그 밑에 있는 못에 빠져 죽었다. 마을 사람들이 그 시체를 건져서 이곳에 묻었다고 한다.

㉒ 경상북도 영주시 낙화암(落花岩)

부석면 소천리 남산 남쪽에 있으며 하암동천(霞岩洞天)이라고도 한다.

높이 15미터가 넘고 아래는 큰 내가 흘러 경치가 좋다. 옛날 고을 원이 기생들을 데리고 이곳에서 노는데, 한 기생이 춤을 추다 떨어져 죽었으므로 낙화암이라 부른다고 한다.

㉓ 경상북도 영천시 이게웅굴

하북면 하송리에 있는 우물이다.

거리국실 서쪽에 신라 때 맹백 고을의 동헌터가 있는데, 이곳을 망배기라고 부른다. 이 우물은 동헌터 뒤에 있다.

그 시절 이게라는 기생이 빠져 죽은 우물이므로 이게웅굴이라 한다.

㉔ 경상북도 경주시 여기청소(女妓靑沼)
현곡면 금장리 금장대 아래에 있는 소.
옛날 기생이 빠져 죽었다고 한다.

㉕ 경상북도 칠곡군 예기샘
북삼면 율리 인평 남쪽에 있는 샘터이다.
신라 때 예기라는 기생이, 혹은 여기(女妓)가 빠져 죽었으므로
예기샘이라 부른다고 한다.

㉖ 경상남도 고성군 여기암(女妓岩)
영현면 대법리 새삼바우 밑에 있다.
이 바위 밑에 기생의 무덤이 있어 여기무덤이라 하는데, 옛날 기
생이 이 바위에서 떨어져 죽었다고 한다.

㉗ 경상남도 산청군 강루리(江樓里)
단성면 강루리 마을 동쪽 경호강에 강루터가 있다.
강루는 신안루, 또는 호접루라고도 불렀던 곳이다. 옛날 강성군
의 한 태수가 손님과 기생들을 데리고 강에 배를 띄우고 술을 마
시며 놀던 중 벼랑 위의 돌이 굴러 떨어져 배에 탄 사람들이 모두
빠져죽고, 또 군인(郡印 : 태수의 직인)도 잊어버렸다고 한다. 그만
큼 이곳 경치가 좋아 이곳을 지나는 이들이 놀다가 세월 가는 줄
모르므로, 세종이 노하여 이 누각만 남기고 강변의 여러 정자를
모두 헐어 버렸으며, 강성군을 현으로 강등시켰다.

㉘ 경상남도 울산시 낙화암(落花岩)
미포동의 대추밭 남쪽에 있는 바위이다.
옛날 고을의 원이 기생과 이곳에서 놀다가 기생이 물에 빠져 죽

었으므로 낙화암이라 부른다고 한다.

㉙ 경상남도 울산시 전화앵묘

두서면 활천리의 열박재 서쪽에 있는 묘이다.

이 무덤은 고려 때의 명기 전화앵의 무덤으로 전해진다.

㉚ 부산광역시 용당동 의기대(義妓臺)

남구 용당동의 신선대에 있다.

임진왜란 때 왜적이 부산성과 동래성을 차례로 공격하자, 적의 화를 피하여 기생들이 이곳에서 바다로 뛰어들어 죽었으므로 의기대라 부른다고 한다.

국정 문란, 백성들의 곤궁으로 나타난 의적
─임꺽정(林巨正)

황해도에 강도 임꺽정이 길을 막아 사람을 죽이고, 옥문을 때려 부수었으나 관에서 잡지를 못하므로 남치근을 보내어 계책을 써서 잡게 하였다.

꺽정은 양주의 백정 출신으로 성품이 교활하고, 또 날래고 용맹이 있으며, 그 도당 10여 명이 다 날래고 빨랐다. 경기에서 황해에 이르는 사이의 아전이 백성들과 비밀리 결탁하고 관에서 잡으려 하면 반드시 먼저 알려 주었으므로 기탄없이 횡행하여 관에서 금하지 못하였다.

─『연려실기술』

임꺽정(?~1562)은 조선 명종 때의 협도(俠盜)이다. 약으면서도 담대하여, 당쟁으로 조정의 기강이 문란하고 사회가 어지러울 때인 1559년(명종 14)부터 3년간 황해도와 경기도 일대를 주름잡으며 탐관오리들을 잡아 죽이고, 여러 고을을 소란케 하다가 재령에서 잡혀 죽었다.

그는 미투리를 거꾸로 신고 다녀서 들어갔으면 보는 이가 나갔다 하게 되고, 나갔으면 들어간 것으로 믿게 만들었다. 선전관이 구월산에서 그의 자취를 발견하고는 이미 나간 줄 알고 돌아오는 데 그들이 등뒤에서 쏘아 죽였다.

임꺽정 일당은 또 의금부도사를 가장하여 역마를 타고 와서 관의 숙소에 이르러 "군수는 빨리 나와 명을 받으라." 하니 군수가 그들인 줄 알고 몰래 군사를 모았다. 그러나 이를 눈치 챈 임꺽정이 부하들을 데리고 도주하기도 하였다.

임꺽정의 활동으로 수백 리 사이에 길이 끊어지고, 혹은 적의 끄나풀이 서울에 가득하다고도 하였으며, 조정에서는 한양의 5부(동, 서, 남, 북, 중부)마다 호(戶)를 세어 통을 만들고 기찰을 강화하였으나 붙잡지 못하였다.

마침내 남치근을 토포사로 삼아 재령에 주둔케 하니 그들은 구월산으로 들어가 숨었다. 남치근이 이를 엄중히 포위하니 적의 모사인 서림(徐霖)이 형세가 불리한 줄 알고 산에서 내려와 투항하였다.

서림의 정보에 의하여 임꺽정을 포위, 공격하니 끝까지 버티던 임꺽정도 마침내 잡혀 죽었다. 그가 준동한 지 3년 동안에 다섯 고을이 피해를 입었고 2개 도의 군사를 움직여서 겨우 제거하게 되었으며, 양민의 죽음도 헤아릴 수 없이 많았다.

당시의 조선 왕조는 문정왕후의 섭정과 당쟁으로 기강이 문란하고, 또 을묘왜변으로 나라의 체통이 떨어졌으며, 윤씨 일파의 발호, 탐관오리의 발흥 등 국정이 혼란스러워 당연히 농민들의 생활은 극도로 피폐해 있었다.

그러므로 임꺽정의 출현은 자연발생적인 것이었다고 말할 수도 있을 것이다. 임꺽정 일당은 주로 수령 방백들이 조정에 바치는 진상물을 탈취하였고, 감사나 조정의 관직을 사칭하여 고을의 원들을 혼내기도 하였다. 그러나 힘이 장사였던 임꺽정도 심복 참모였던 서림의 모반으로 끝내 관군에 패하여 무참한 최후를 마쳤다.

그의 행적은 휴전선 일대와 황해도 구월산 일대에 여러 지명으로 남았을 터이나, 자료수집이 불가능하므로 남한에 전해지는 것만 여기에 모았다.

. . . .

① 경기도 광주군 돌문이 마을
실촌면 수양리 구시울 동쪽에 있는 마을로서 석문동(石門洞)이라고도 한다.
조선 제13대 명종 때 임꺽정이 이곳에 돌성을 쌓고 돌문을 달았다고 한다.

② 강원도 철원군 고석정(孤石亭)
동송읍 장흥리 한탄강가에 우뚝 솟아 있는 바위이다.
신라 진평왕과 고려 충숙왕이 모두 이곳에서 놀았다는 전설이 있다. 조선 명종 때 임꺽정이 이곳에 숨었다고 하며 관군이 잡으러 오면 물고기로 변했는데, 그래서 그 물고기를 '꺽지' 라 부르게 되었다고 한다.

③ 강원도 화천군 임꺽지 서낭
사내면 사창리에 있는 바위이다.
명종 때의 도적 임꺽정이 바위를 디디자 그 발자국이 생겼으므로 임꺽지 서낭이라 부른다고 한다.

④ 충청북도 진천군 임꺽정굴
초평면 신통리의 진천말 남쪽에 솔또배기라는 들판이 있는데 의

적 임꺽정이 잠시 머물렀다고 하며, 돌산 남쪽에는 임꺽정굴이 있
다.

⑤ 충청남도 아산시 국수봉(國帥峰)

음봉면 삼거리, 신정리 등에 걸쳐 있는 높이 222m의 산으로 투
구봉, 어리목 산성이라고도 한다.

산에 돌로 된 성이 있는데, 명종 때 도적 임꺽정이 이곳에서 잠
시 웅거하다 황해도로 옮겨갔다고 한다. 그는 이곳 어리목고개에
서 조정에 진상되는 봉물짐을 털었다고 한다.

1980년 신군부의 민간인 강제 수용교육
—삼청교육(三淸敎育)

　삼청교육은 12·12사태로 정권을 장악한 신군부가 사회악을 뿌리뽑겠다는 명분으로 1980년 4월부터 1981년 1월까지 군부대 내에서 실시한 민간인 강제 수용교육이다.

　이때 교육을 받은 사람은 3만 8천여 명. 그 중에서 교육 도중 사망한 사람이 50여 명, 교육을 받은 후 후유증으로 사망한 사람이 397명, 부상자가 2,768명, 합계 3,215명이라고 1987년말께 국방부가 발표한 바 있다.

　'삼청교육'이란 이름은 삼청동 26번지의, 지금의 중앙교육연수원 자리에 그 당시 신군부의 '국보위' 사무실이 자리잡았고, 여기서 입안된 사회악 일소를 위한 교육계획이므로 '삼청교육'이라 이름한 것일게다.

　특히 '삼청동'이란 이름에는 옛사람들의 '인청(人淸)', 곧 사람을 맑게(깨끗하게)한다는 내용도 있을 뿐만 아니라, 바로 옆에 '삼청동 호랑이'로 통하는 감사원이 자리잡고 있어 공직자의 잘못이나 부정부패를 바로잡는 '인청'의 역할을 하고 있으니, 필경 '삼청교육'이란 이름도 그런 것까지 고려하여 붙였다고 보아도 무방할 것이다.

그러나 교육대상자 중에는 무분별하게, 혹은 정치적 이유 등으로 목사나 교직자, 승려 등 그 신분이나 사회적 위치를 고려할 때 수긍하기 어려운 각계 인사가 포함되어 있어서 대상자의 선정기준과 절차에 많은 문제점이 나타났다.

그리하여 이 교육에 동원된 사람은 치욕스런 인권 유린과 극심한 육체적 고통을 당하였음에도 사회적인 냉대 때문에 하소연 한 번 해보지 못하고 가슴속에 묻어둔 채 살아야 하는 한을 남긴 것이다.

이 교육이 대부분 거리의 불량배나 사기꾼, 기타 사회적 지탄을 받는 사람 등을 위주로 실시했다는 점에서 부분적으로 교육 성과를 인정하는 측면도 있다. 그러나 헌법상 보장된 인권을 계엄령을 이유로 간이재판 형식의 군사재판에서 처결하였고, 이것이 정치적 탄압으로 악용된 측면도 있었으며, 훈련 실시 방법상의 문제점 등 비판론이 제기되었다.

이에 1988년 말 당시 노태우 대통령과 국방부장관이 삼청교육 피해자에 대한 피해보상방침을 밝혀, 이것을 국가배상책임의 근거로 하여 피해자들이 보상탄원 등을 벌인 이후 정부가 어떤 조치를 취하였는지는 알 길이 없다. 어쨌든 '삼청교육'이라는 제5공화국 출범 직전의 조치는 역사 속으로 흘러간 옛일이 되었지만 이 교육을 받은 3만 8천여 명의 뇌리에는 지옥을 연상케 하는 악몽 같은 이름이 됨으로써, 예로부터 '일 삼청(一三淸)'이라 하였던 장안 제일의 풍광은 그 이미지를 삼청교육에 빼앗겨 버린 셈이다.

· ·

① 서울특별시 삼청동(三淸洞)

경복궁의 북동쪽 뒤에 해당되는 곳으로 이곳에 삼청공원이 있다.

예로부터 한양의 경치 좋은 곳으로 일 삼청(一三淸), 이 인왕(二仁旺：仁王), 삼 쌍계(三雙溪), 사 백운(四白雲), 오 청학(五靑鶴)이라 하였으니 그윽한 숲과 수석(水石)으로 장안에 이름을 날렸던 곳.

지금도 삼청동은 도심에서 가깝고 삼청공원과 약수터 등이 있어 가볼 만한 곳이다. 삼청이란 옛날 이곳에 도교의 삼청전(三淸殿)이 있었기 때문에 붙여진 이름이며, 혹은 이곳에 들어오면 산청(山淸), 수청(水淸), 인청(人淸), 곧 산도 맑고 물도 맑고 사람의 마음마저 맑아져서 삼청이라 부르게 되었다고도 한다.

'산청'은 병자호란 당시 청나라로 잡혀간 청음 김상헌(金尙憲)이 삼청동에 대하여 "삼청의 골짜기 그윽하고 넓은데 / 푸른 잔디 흰 돌 사이엔 맑은 시냇물만 흐르네." 하고 노래하였던 곳이니 '산청'이란 말이 옳다.

또 '수청'은 이곳에 약수터가 많았으나 지금은 한 군데만 남아 있는데, 옛날에는 성신(星辰)에 제사를 지낼 때 이곳의 물이 사용될 정도로 정결했다고 한다. 더욱이 구한말에 들어와서는 북청물장수들이 이곳의 물을 장안 곳곳에 배달했을 만큼 유명하였고, 지금도 약수터는 새벽 4시께부터 붐비고 있으니 '수청'의 의미를 알 만하고, 비록 수청(水淸) 아닌 수청(守廳)이긴 하지만 삼청동의 성북동 쪽에는 삼청각이라는 장안 일류의 요정이 있어 그 또한 옛날 기생들의 역할인 수청의 몫을 톡톡히 해내기도 했었다.

그런데 마지막 '인청'이 문제이다. 이곳에 자리잡은 감사원이 공직자의 기강을 바로잡는 인청의 역할을 하고는 있으나, 하필이면 5공화국 탄생의 주역인 국보위가 이곳에 자리잡았고, 여기서 비롯된 삼청교육대는 인청의 역할에 기여하였다기보다는 혹독한 기합과 훈련으로 귀중한 인명을 수없이 희생시켰기 때문이다.

억지로 가져다 붙이려는 것은 아니지만 이 삼청동에는 한양성의 북문인 ‘숙청문(肅淸門)’(일명 숙정문)이 있다. 삼청교육대에서 희생된 사람들은 다른 뜻에서 삼청교육에 의하여 ‘숙청’된 사람들이라 해야 할 것이다.

또 ‘수청(水淸)’ 아닌 ‘수청(守廳)’의 삼청각은 어떤가. 삼청각은 그 당시 아무나 들어갈 수 있는 곳이 아니었다. 고급 요정의 대명사이자 장안 최고급의 접대장소였던 삼청각(三淸閣)은 1972년 남북적십자 회담과 남북조절위원회 연회장으로 사용하기 위해 정보기관(당시 중앙정보부)이 급히 만든 ‘관제요정’이었다고 한다.

그리하여 남북 비밀협상의 장소로 사용되고, 한일협상의 뒷무대 역할도 하였고 여야 정치인들도 드나들었던 ‘역사적 장소’였으나 근래에 폐업하고 전통 혼례식장과 한식 음식점으로 바뀌었다. 그 삼청각이 번창할 당시에는 여종업원만 2백여 명이 되었는데, 정상급의 미모를 자랑했던 모 연예인도 이곳에서는 순위 1백위 밑으로 떨어질 만큼 장안의 미녀 집합체였다고 한다.

‘수청(守廳)’이란 본래 기생이 벼슬아치 밑에서 수종하는 일을 말하는데, 특히 관기(官妓)가 벼슬자리에 있는 관원에게 몸을 맡기는 일을 수청이라 한다. 삼청동의 수청은 시쳇말로 ‘물 좋은’(水淸) 아가씨들이 모였던 곳이니, ‘수청(水淸)’과 ‘수청(守廳)’이 결합된 복합 수청이었던가 보다.

4. 겨레의 선각

일본 아스카 문화의 원류
—왕인(王仁)

　고대사에 있어서 우리나라와 일본의 관계를 정확히 파악하기 위해서는 일본인들이 자신들의 역사 발전에 크게 기여한 인물로 존경하고 있는 왕인의 연구가 매우 중요하다.
　일본의 오사카 왕인 박사 묘비에는,

　천고의 왕인 박사 위업이야말로 끝이 없다. 여기 비석을 세우는 것은 오직 그의 끼친 바 덕에 보답하려는 데 그치지 않고 나아가 동방의 문화에 천만년 되도록 보익(補益)되기를 기원하는 뜻에서다.

라고 새겨져 있다. 참으로 좋은 말이다. 그러나 그들은 그 비문처럼 1천6백여 년 전 스승의 나라에 대한 보답은커녕 이 나라를 두 번이나 침략하여 멍울지게 하였고, 정신대 문제를 비롯하여 아직도 아물지 않은 많은 상처를 그대로 남겨두고 있다.
　우리나라 역사책에는 왕인에 대한 기록이 어느 곳에서도 남아 있지 않다. 다만 일본측의 『일본서기』와 『고사기』에 그 이름이 등장할 뿐이다.
　364년경(근초고왕), 백제와 일본은 서로 사신을 보내 교환 방문을 하고, 지금의 전라남도 강진 부근을 일본에 개항키로 하였다.

그 당시 백제는 일찍부터 중국의 문화를 흡수·발전시켜 이미 5경(易·詩·書·禮·春秋)박사가 있었고, 교육기관을 두었으며, 『서기』를 편찬하는 등 괄목할 만한 진전을 보고 있었다. 그러므로 일본은 백제의 발달된 문물을 받아들이고자 적극적이었으며, 백제 역시 망설이지 않고 저들에게 문화를 전수해 주었다.

일본 『고사기』에는 아직기(阿直岐)를 '아지길사(阿知吉師)', 왕인을 '화이길사(和邇吉師)'라고 적고 있다. 그리고 '백제국왕 조고주(照古主)' 운운하여 아직기·왕인이 근초고왕 때 사람임을 나타냈다.

그러나 『일본서기』에는 왕인(王仁 : 와니)이 백제 아신왕 말년(405년)에 일본에 건너간 것으로 기록되어 있어 두 문헌상 약 40년의 차이가 있다. 어쨌든 백제는 일본의 요청에 의해 아직기를 보냈다. 그는 경학에 능통하였으므로 일본 응신 천황의 태자 '면도치랑자'의 스승이 되어 태자와 학자들에게 많은 영향을 끼쳤다.

그후 아직기는 자신보다 학문이 나은 본국의 왕인 박사를 왜왕에게 추대하니, 이에 왜국은 다시 백제에 정중히 요청하여 왕인이 일본에 파견된다.

왕인에 의하여 왜국은 비로소 한문을 습득하기에 이른다. 왕인이 일본에 건너갈 때 논어 10권과 천자문 1권을 가지고 가서 일본 태자의 스승이 되기 때문이다. 그는 또 왜왕의 요청에 의하여 여러 신하에게도 경사를 가르쳤다고 한다.

이와 같이 왕인의 한학이 일본에 전해짐으로써 일본 문화에 끼친 왕인의 공적은 아무리 높이 평가하여도 모자람이 없을 것이다. 이후 일본은 문학의 필요성과 충, 효, 인, 의 등 유교의 덕목도 깨우치게 되었기 때문이다.

왕인은 이처럼 왜국의 발전에 큰 기여를 함으로써 저들로부터 융숭한 대접을 받았으며, 왕인의 자손들은 대대로 서부 일본의 하내(河內 : 고치)에 살면서 기록을 맡은 사(史), 곧 문인이 되어 일본 조정에 봉사하였다고 한다.

그후에도 백제의 여러 학자들이 일본에 건너갔으며, 일본의 왕족이 백제를 방문하기도 하였다. 또한 백제는 재봉녀, 직공, 야공(冶工), 주조공 등을 보내서 일본의 산업 발전에도 획기적인 기여를 하였다.

그러므로 아직기·왕인으로부터 시작된 백제 문화의 일본 전파는 백제의 무령왕, 성왕, 위덕왕, 무왕 때까지 계속된다. 백제 문화의 정화를 받아들인 일본은 이른바 비조(飛鳥) 문화(아스카 문화)를 이룩하였으니, 이는 백제인에 의하여 이루어진 문화라 하여도 지나친 말이 아니다. 이 시대에 이루어진 일본의 가람당탑이나 건축, 조각, 회화, 불상 등 대부분은 백제인을 중심으로 만들어진 것이다.

이와 같이 일본은 백제를 주축으로 하여 삼국의 문화를 받아들였는데, 왕인은 그 중의 효시를 이루는 인물로 기억되어야 할 것이다. 그에 의하여 추진된 일본에 대한 문화의 동류(東流)는 미개한 일본을 깨우친 것이며, 우리가 왕인의 업적을 내세우는 이유도 여기에 있는 것이다.

이에 대하여 혹자는, 이것을 다분히 우리가 식민지 시절 일본에 당했던 아픔에 대한 정신적 보상을 찾으려는 애처러운 심리로 묘사하기도 하지만 그것은 잘못된 생각이다.

물론 우리가 선인들의 업적으로 일본에 안이한 우월감을 갖는다든지 과거 후진적인 일본에 대한 멸시 의식을 가져서는 안 된다. 단지 학문적 양심을 가지고 고대 우리나라와 일본의 관계를 명확히 규명함으로써 앞으로의 양국 관계를 발전시키는 데 기여할 수 있도록 하는데 그 참뜻이 있는 것이다.(아직기와 관련된 지명이 아직 발견되지 못함이 유감이다.)

. . . .

① 전라남도 영암군 왕인책굴과 석인상(石人像)

일명 베틀굴이라고도 한다.

군서면 도갑리의 베틀바위 밑에 있는 굴이다. 백제 때의 학자 왕인이 문수암에서 공부할 때 이 굴 안에 책을 넣어두었다고 한다. 왕인책굴 어귀에 있는 석인상은 '미럭'으로도 불려지는데, 박사의 제자들이 스승을 그리워하며 왕인 박사상을 조각한 것으로 전해지고 있다.

이 석상은 왕인 박사가 일본으로 출항했다는 상대포(지금은 바다를 막아 농토가 되었으나 옛날에는 포구였다고 한다.)가 내려다보이는 곳에 세워졌으며, 머리에는 유건을 쓰고 도포를 입은 모습을 하고 있다.

② 전라남도 영암군 성기동(聖基洞)과 성천(聖泉)

군서면 동구림리 고산 동남쪽에 있는 들이다.

이곳은 백제 때 왕인 박사가 태어난 곳이라고 하며, 이곳에 '왕인 박사 유적지'가 조성되어 있다. 성기동은 성지골이라고도 하는데, 성천과 함께 모두 왕인 박사로부터 비롯된 이름이라고 한다.

월출산 주지봉이여, 높고도 빼어났도다.
그 정기 타고남이여, 맑고도 아름답도다.
내 님을 그려 봄이여, 그 모습 뚜렷이 나타나도다.
…구림의 성기동이여, 깊고도 아늑하도다.

발자국 보이심이여, 숨소리 들리시도다.

옛 터에 비를 세움이여, 만인의 예찬 받으시옵소서.

―이은상

③ 전라남도 영암군 상대(上臺)와 돌정재

군서면 서구림리에 있다.

상대는 상대포라고도 하며 배척굴 서쪽에 있는 마을이다. 옛날
에는 배척굴까지 서남해안의 배가 닿았다고 한다. 상대포는 백제
때부터 중국·일본 등지와의 해상교통의 요지로, 이곳이 왕인 박
사가 일본으로 떠난 포구로 보고 있다. 돌정재는 배척굴 북쪽에
있는 고개이다. 왕인 박사가 일본으로 떠날 때 이곳에서 고향인
구림을 돌아보곤 하였으므로 돌정재라 부른다고 한다.

④ 전라남도 영암군 지침암(紙砧岩)과 문산재(文山齋)·양사재(養士齋)

군서면 도갑리에 있다.

지침바위는 백제 때 왕인 박사가 닥나무로 종이를 만들 때 사용
했던 바위라고 하는데, 베틀굴(왕인책굴) 밑에 있다. 또 문산재는
그전 문수암터로서, 이곳은 양사재와 함께 왕인이 그 제자들을 가
르치던 곳이었다고 하는데 그 터만 남았다. 이외에도 왕인이 백제
를 떠난 후 그를 추모하기 위하여 만들어졌다는 대동계(大同契) 등
이 이 일대에 아직도 남아 있다.

멸망한 가야국의 한을 악기에 담아
―우륵(于勒)

　　가야금 소리를 들으면 그 오열하는 듯한 음율이 우리의 마음을 아프게 한다. 그 신비로운 오열조(嗚咽調). 곧 멸망한 가야국에서 나온 악기이기에 그 이름도 '가야금(伽倻琴)' 이지만, 그 소리 역시 넘어가는 마디마디가 흐느끼듯 농현(弄絃)하는 듯하다. 또 구성지게 넘어가는 그 마디는 역시 우리의 '아리랑' 처럼 민족정서에 맞는 것이기에 1400여 년간 우리 민족의 심금을 울리며, 민족의 멋과 풍류와 한을 실었던 것이다.

　　가야금을 만든 우륵은 멸망한 가야국의 악사로서 그 생몰 연대가 분명치 않다. 551년(진흥왕 12)경 가야금을 가지고 신라로 망명하였다 했으니 대략 그때쯤의 인물로 어림잡을 뿐이다.

　　그가 만들었다는 가야금은 본래 변한의 현악기와, 중국 남제에서 들여온 쟁을 합하여 가실왕 때 만든 것으로서『삼국사기』에는,

　　쟁은 위가 둥그니 하늘을 본땄고, 아래가 평평하니 땅을 본땄으며, 가운데가 비었으니 육합(六合＝천지)을 본땀 것이며, 또한 현이 12개이니 1년 12개월을 본땀 것이다.

　　그러니 이는 어질고 지혜로운 악기라 할 수 있다.

하였다.

그는 옛 기록에 성열현 사람이라 하였으니 지금의 고령·거창지방, 곧 대가야 출신으로 보며, 그가 악사로서 금(琴)·가(歌)·무(舞)의 세 가지를 다 잘했다는 것으로 보아, 천재에 가까운 재능으로 가야연맹에서 인정을 받은 악공이었을 것이다.

그는 12현금, 곧 가야금을 만들고 난 후 가실왕(구해왕으로도 보고 있음)의 명을 받아 다시 가야 여러 나라의 지방악이라고 할 수 있는 12곡을 만들었으니 그 내용은 다음과 같다.

하가라도(下加羅都) : 금관가야,

상가라도(上加羅都) : 대가야,

보기(寶伎) : 아라가야(함안) 추정,

달이(達已) : 예천, 달성 지방 추정,

사물(思勿) : 사천 지방 추정,

물혜(勿慧) : 선산 지방 추정,

하기물(下奇物) : 김천 지방 추정,

상기물(上奇物) : 하기물 부근,

사자기(獅子伎) : 중국 남제풍,

거열(居烈) : 거창 지방,

사팔혜(沙八兮) : 초계 지방,

이사(爾赦) : 미상.

조국이 위태롭게 되자 그는 제자들과 함께 신라로 망명하게 되는데, 신라에 망명한 우륵은 충주 지방에서 제자들을 가르치며 살았다. 551년 순행길에 나선 진흥왕이 충주에 이르러 우륵과 그 제자의 소문을 듣고 그들을 하림궁에 불렀다. 그 자리에서 우륵과 그 제자 이문은 각각 새로운 곡을 지어 바치니, 그 곡이 하림조와 눈죽조였다.

진흥왕은 이들의 주악을 칭찬하는 한편 그 맥을 잇기 위하여 계고(階告), 법지(法知), 만덕(萬德) 세 명의 신라인에게 우륵의 음악을 배우게 하였다.

우륵은 이들의 특기를 살리기 위하여 계고에게는 가야금을, 법지에게는 노래를, 만덕에게는 춤을 전수하여 주었다고 한다. 이들은 뒤에 진흥왕 앞에 나가서 음악을 연주하게 되는데 이때 신하들이 "멸망한 가야국의 음악이므로 받아들여서는 안 된다."고 하였으나 왕은, "가야왕이 음란하여 스스로 멸망한 것인데 음악이 무슨 죄가 있는가? 나라가 태평하고 어지러운 것은 음악과는 무관하다." 하고 이들을 감싸주었다. 그만큼 신라인들은 멸망한 가야국의 음악에 대해서도 거부감을 가지고 있었던 것이다.

그리하여 우륵은 거문고를 만든 고구려의 왕산악, 신라의 옥보고(혹은 조선 초기의 박연)와 함께 삼대 악성(樂聖)으로 꼽히게 되었고, 그가 만든 가야금은 거문고(玄琴) · 비파(琵琶)와 함께 신라의 3대 현악기로 자리잡았던 것이다.

멸망한 가야국 사람들은 상당수가 노비로 전락하여 생활한 것으로 보이며, 또 가야인이라는 이유 때문에 수도 경주에서는 거주하지도 못하고 지방에서 사는 경우가 대부분이었다고 한다.

그 중에서도 가야인으로서 특히 출세한 김유신의 경우는 특별한 경우이다. 김유신의 할아버지는 금관가야가 망하자 그 왕족으로서 항복한 김무력인데, 우륵은 신라에 망명하여 김무력의 막하를 찾아가게 되는 것이다.

한편 중원(충주) 지방은, 가야를 멸망시킨 신라가 가야인들을 중원으로 강제 이주시켰던 곳이라고 한다.

· ·

① 충청북도 충주시 탄금대(彈琴臺)와 금휴포(琴休浦)

칠금동의 대문산 위에 있는 대이다. 우륵이 신라에 귀화한 뒤 이곳에서 신라인 제자인 법지·계고·만덕에게 가야금을 가르쳤으며, 이 대 위에 앉아 늘 가야금을 탔다고 한다. 이곳은 달천의 강물이 대 밑으로 흐르고 있어 풍광이 뛰어난 곳으로, 임진왜란 때는 신립 장군이 전사한 곳이기도 하다.

이 일대에는 우륵과 관계된 이야기들이 많이 전해지는 곳이다. 금휴포(琴休浦)라는 이름도 우륵이 쉬면서 가야금을 타던 곳이었기 때문에 붙여진 이름이라고 한다.

② 충청북도 제천시 장금대(長琴臺)

장금터라고도 하며 백운면 애련리에 있다.

신라 진흥왕 때 우륵이 제자들을 데리고 이곳에 와서 춤, 노래, 가야금을 가르쳤다고 한다.

③ 충청북도 제천시 우륵대(臺), 우륵정(井), 우륵당(堂) 터와 제비바우

제천시 모산동에 있다.

우륵대는 돌봉 남쪽에 있으며 인근에 우륵당터와 우륵정이 있다. 우륵당은 신라 때 악성 우륵이 살았던 곳으로 그가 의림지를 수축하였으므로 그 공을 추모하여 지은 사당이라고 한다.

우륵정은 우륵당 동북쪽에 있는 샘으로 우륵이 마시던 샘물이라고 한다.

제비바우는 연자암, 연암(燕岩)이라고도 하며 의림지 동북쪽 산모퉁이에 있다. 우륵이 이 바위에 앉아 가야금을 타며 놀았다고 한다.

④ 경상북도 고령군 정정골과 우륵 선생 터

고령읍 쾌빈동에 있다.

정정골은 쾌빈동 북쪽에 있는 마을이다. 가실왕 때 악사 우륵이 이곳에 살면서 가야금을 뜯었으므로 마을에 가야금 소리가 '정정' 하고 끊임없이 들려서 정정골이라 하였다고 한다.

진흥왕 때 명장 이사부가 군사 5천을 이끌고 쳐들어오자 우륵은 신라군의 눈을 피해 월광태자를 지금의 월광사 터 숲속에 감추었는데, 그가 사다함의 포로가 되었다가 풀려나와 보니 어린 월광태자가 숲속에서 굶어 죽어 있었다고 야사는 전한다.

우륵은 어린 왕자의 생애를 가엾게 여기고 고혼을 위로하기 위하여 날마다 가야금을 뜯었다는 것이다.

메나릿골 입구에는 우륵이 살면서 가야금을 만들었다는 우륵 선생 터가 있으며, 인근에 우륵기념탑도 있다.

치악산의 '한줄기 맑은 바람'
─원천석(元天錫)과 태종(太宗)

　　운곡(耘谷) 원천석(생몰년대 미상)은 고려말의 은사요, 절신이요, 대학자요, 시인이었다. 고려 말기에 운곡은 〈회고가〉 3수를 남기고 홀연히 개경에서 자취를 감추었다. 도의가 높고 학문이 해박한 운곡은 원주 치악산 깊은 골짜기로 숨어들어 은거해 버린 것이다. 그가 치악산 골짜기로 은거한 것은 첫째 고려의 신하로서 조선왕조에 가담하지 않겠다는 충절이었으며, 둘째 그가 가르쳤던 태종(이방원)의 불의에 의한 왕위 계승에 환멸을 느꼈기 때문이었을 것이다.
　　치악산에서 운곡은,

　　　속세 인연 다 끊지 못했으나
　　　거처가 한가롭고 편안하여라.
　　　물을 끌어와 남쪽 언덕 개간하고
　　　솔나무 심어 북쪽 봉우리 둘러쌌네.
　　　… 시골 물이나마 항아리 밑에 깊고
　　　야채도 조그만 바구니에 가득하여라.
　　　취한 김에 산새소리 듣노라니

소나무 그림자 난간으로 옮기네.

라고 노래하기도 하였다.

그가 고향인 원주로 낙향한 정확한 시기는 확실하지 않으나 치악산 밑에 은거하면서 몸소 농사를 지어 어버이를 봉양하였다는 기록을 보면, 스스로 호를 운곡(耘谷)이라 하여 밭을 간다는 뜻을 붙인 이유를 이해할 만하다.

그는 고려 말 3은의 한 사람인 이색 등과 사귀면서 어지러운 세상을 개탄하였고, 일찍이 태종이 왕위에 오르기 전 그를 가르친 적이 있어 태종이 즉위 후 여러 번 불렀으나 벼슬에 나가지 않았다. 마침내 태종이 그의 집까지 찾아왔으나 만나주지 않고 피하였다.

그는 고려 때 국자감시에 합격하여 진사가 되었으나 벼슬은 하지 않고 고향으로 돌아왔다. 그러나 많은 공부를 하여 해박한 지식을 쌓았던 만큼 그의 이름은 널리 알려지기 시작하였다.

이성계가 위화도 회군 후 최영을 죽이자 그 죽음을 슬퍼하여 그가 지은 시 중의 한 수를 여기에 소개한다.

홀로 조정에 우뚝 섰으니 감히 범할 자 없었고
곧고 충성된 장수로 갖은 고난을 겪었네.
온 나라 백성의 여망에 따라
능히 나라를 편케 한 인물.
동열의 소위 영웅들 낮가죽도 두껍구나.
죽지 않은 간사한 무리들 뼛속까지 싸늘하리라.
또다시 난리가 나는 날 이에 대처할 자 누구냐.
가소롭다 간교하게 일을 꾸미는 인간들아.

원주에 있는 동안에 그는 이색, 이숭인, 정도전 등과 가까이 지냈으며 또 이름난 선비들과도 교분이 두터웠다. 초야에 묻혀 살면서도 나라에 바친 충성은 흔들리지 않아 우왕이 귀양갔을 때도 바른 말을 써서 간하였고, 우왕의 부자가 사형당한 것을 통탄하기도 하였다.

이방원을 가르친 것은 그가 원주에 은거할 때 이방원이 치악산 각림사에서 공부하였다는 기록이 『동국여지승람』에도 있으니, 이방원이 원주에 머물면서 원천석의 집으로 찾아다니며 배웠던 것으로 보인다.

원천석에게 글을 배운 태종은 우왕 9년 17세에 병과 7등으로 과거에 급제하여 아버지 이성계와 함께 궁중에 들어가 우왕에게 사은숙배를 드렸었다.

그 태종이 왕이 된 후 횡성에서 군대를 사열하고 옛 스승을 찾아 치악산에 이르렀으나, 운곡은 끝내 옛 제자인 국왕을 만나주지 않는다. 태종은 자신이 공부했던 치악산 각림사에서 7일간이나 머물면서 운곡의 마음이 돌아서기를 기다렸으나 그는 종내 나타나지 않았다. 이때 태종은 고을의 노인들을 대접하고, 이 절에 땅을 하사하기도 하였다.

태종의 불의를 미워했던 운곡.

운곡은 그가 가르친 주상 태종이 세종에게 왕위를 물려준 다음에야 비로소 옛 제자인 태종을 만난다.

그때 태종은 여러 왕손들을 불러 운곡에게 인사를 시키면서, "나의 손자들이 어떠하오." 하고 묻는다. 그러자 운곡은 한 왕손을 가리키며, "이 아이가 조부(태종)를 많이 닮았으니 모름지기 형제를 사랑하도록 하라."고 타일렀다. 운곡이 지목한 그 왕손이 곧 뒷날의 세조였고, 그 역시 어린 단종을 몰아낼 때 많은 피를 흘리게 했던 불의의 군주가 되지 않았던가. 나라 운세를 보는 운곡의 눈은 그처럼 예리하고 밝았다.

운곡은 생전에 야사(野史) 여섯 권을 저술했는데, 그 책이 오늘에 전해지지 않는 것은 한사(恨事)가 아닐 수 없다. 운곡은 그 야사를 손수 석함 속에 넣고 자물쇠로 채운 뒤 자손들을 모아 이렇게 당부하였다.

"이 책은 어진 후손이 나지 않으면 열어 보지 말라." (非賢者勿妄開)

가묘에 간직했던 고 귀한 석함 속의 야사는, 여말에서 조선 초기에 이르는 왜곡된 역사와 불의를 사실 그대로 기록한 것으로 그 당시 조정에 저촉되는 부분이 많았다. 그 중에는 우왕을 왕씨가 아닌 신(辛)씨라고 우겨댄 이성계 일파의 억지를 폭로하고 그가 공민왕의 아들임에 틀림없다는 내용도 있었다고 한다. 그리하여 놀란 후손들은 일족의 화를 두려워한 나머지 비장되어 온 운곡의 야사를 모두 불태워 버렸다고 한다.

운곡의 전형이 시에 있고 그의 정신이 또한 시에 있는 것이 분명하여 퇴계 같은 이는 "운곡의 시는 곧 역사다."라는 평을 하기도 했는데, 선조 때의 관찰사 정술(鄭述)은 그의 제문에서 운곡 원천석의 생애를 이렇게 기술하고 있다.

산에 고사리가 있으니 굶주림이 없을 것이고
집에 거문고와 책이 있으니 스스로 즐길 수가 있으리
천고의 텅빈 산 속에 한줄기 맑은 바람이로다.

과연 운곡의 표표함은 치악산의 맑은 바람인 양 저생에서 치악의 수려한 자연을 스스로 즐길 터이지만, 그보다도 세도와 공리(功利)만을 좇는 얄팍한 이 세태에 참으로 '한줄기 맑은 바람'이 아닐 수 없다.

. . . .

①강원도 횡성군 태종대(太宗臺)

안흥면 강림리 치악산 기슭에 있다.

태종이 운곡 원천석을 만나러 왔다가 가까운 한 정자에서 몸을 푸니 그곳이 부산 태종대(태종 무열왕)와 함께 유명한 치악산 태종대이다. 이곳에 주필대의 작은 누각이 남아 있어, 그 옛날 스승과 제자의 사연을 말해 주고 있는 듯하다.

②강원도 횡성군 각림사(覺林寺) 터

안흥면 강림리에 있다.

태종이 어려서 공부하던 곳으로, 또 그가 뒤에 왕이 되어 스승을 찾아 치악산에 왔다가 머무른 곳이다.

③강원도 횡성군 노구소(老嫗沼)와 수레너미재

안흥면 강림리 치악산록에 있다.

태종이 찾아오는 것을 알고 운곡은 마침 길가의 강물에서 빨래를 하고 있는 노파에게, "이 뒤에 사람이 찾아와서 내 행방을 묻거든, 나는 변암 쪽으로 갈 터이니 그대는 내가 바른쪽 치악산 골짜기로 갔다고 해주소." 하고 부탁하였다. 얼마 뒤 과연 태종의 일행이 그곳에 닿았다. 노파는 운곡이 시킨 대로 치악산을 가리켰다. 운곡에 대한 신의 때문에 임금에게 거짓말을 한 노파는, 곧 그 죄책감을 이기지 못해 냇물에 몸을 던졌다는 전설이 남아 있다.

오늘날의 구연(嫗淵), 혹은 노구소(老嫗沼)란 곳이 바로 그 전설의 현장이다. 몇 년 전까지만 하여도 구연 옆에 삼간초옥의 제막이 있어 노파의 충심을 기렸으나 오늘날엔 헐어져서 빈터만이 남아 있다.

한편 수레너미재는 강림리에서 원주시 소초면으로 넘어가는 고개인데 수리재, 차유치(車踰峙)라고도 부른다. 태종이 탄 수레가 각림사로 갈 때 이 고개를 넘어갔기 때문에 붙여진 이름이라고 한다.

④ 강원도 횡성군 횡지암(橫指岩)

안흥면 부곡리 가래골 북쪽 골짜기에 있는 바위이다.

원천석이 태화동에 살 때, 그의 제자였던 태종이 부근까지 왔다가 그가 만나주지 않아 되돌아갔다.

태종이 돌아간 후 운곡은 이 바위에 올라앉아 제자인 태종을 '빗 가르쳤다.'고 한탄하였으므로 횡지암이라 부르게 되었다고 한다.

⑤ 강원도 횡성군 배향산(拜向山)과 변암(辨岩)

안흥면 부곡리에 있다.

원천석이 끝내 나타나지 않으므로, 태종은 치악산을 떠나면서 운곡이 있는 변암 쪽을 바라보고 절을 하였다. 그래서 붙여진 산 이름이 배향산(拜向山)이라던가.

태종은 고개 하나를 넘어서 곤룡포를 벗어 나무에 걸어놓고 다시 스승이 있는 변암 쪽을 바라보았다. 그때 태종이 실의에 젖어 앉아 있던 고개는 '원통재' 요, 마지막으로 휴식을 취한 곳이 '대왕재' (원주시 행구동)로 남아 오늘에 전한다.

변암은 병암(竝岩)이라고도 하며 험준한 바위로 이루어진 산인데, 그 안에 굴이 있고 굴 안에는 족히 사람이 기거하면서 살 수 있는 천애의 은신처이다. 운곡은 그 변암에서 살 때 암반에 우물을 파서 갈증을 면하고 산채를 거두어 시장기를 달랬다는 글을 남겨, 오늘날 변암을 찾는 산행자들 앞에 운곡의 생전의 모습을 더

듣어보게 한다.

⑥ 강원도 횡성군 화시래

봉산동에 있으며 궁위전(弓位田), 또는 활시위밭이라고도 부른
다.

태종이 스승 원천석을 만나지 못하고 돌아오는데, 이곳에 이르
자 소리개 한마리가 태종의 행차 위를 빙빙 돌았다. "누가 저 새를
활쏘아 떨어뜨리겠는가?" 하니 한 무사가 활을 쏘아 소리개를 떨
어뜨렸다. 이에 태종이 새가 떨어진 그 지역의 밭을 무사에게 상
으로 주었으므로 화시래, 활시위밭, 또는 궁위전이라 부르게 되었
다고 한다.

⑦ 강원도 원주시 운곡 선생 묘소

행구동 돌경이(석경촌)에 있다.

그는 죽기 전에 유언으로 자기의 묘에는 묘비도 세우지 말라고
하였다. 그러나 후손들이 묘가 잊혀질 것을 염려하여 비석을 세웠
는데 '고려국자진사 원천석지묘(高麗國資進士 元天錫之墓)' 라고
되어 있다.

묘 옆에 있는 신도비의 글은 미수 허목이 지은 것이다.

공직자의 귀감, 청백리의 상징
―황희(黃喜)

　　개성 송악산에 용암폭포가 있어 큰 가뭄에도 마르지 않았는데, 선생이 들어선 달로부터 갑자기 물길이 뚝 끊어져 열 달 동안 흐르지 않다가 선생이 탄생한 다음에야 전과 같이 다시 흐르기 시작하므로 사람들이 모두 이상하게 여겼다.

　　이것은 『방촌 황희 선생 문집』에 나오는 그 출생에 관한 이야기이다.

　　수많은 인물들이 역사 속에 명멸하였지만 방촌(尨村) 황희(黃喜) ― 황 정승만큼 굳이 역사책을 펼치지 않고도 금방 생각나는 명재상은 없을 것이다.

　　19년간 영의정으로 있으면서 세종 임금 시절의 황금시대를 열었던 인물이 바로 황희 정승이다. 그의 이름에 꼭 붙어다니는 '청백리'는 평소의 깨끗한 몸가짐과 검소한 생활로 모든 국민으로부터 존경받는 사표가 되었기 때문이며, 대개 오랜 벼슬생활 뒤에 따라다니게 마련인 자잘한 구설수나 험담조차도 찾아볼 수 없는 그의 행적은, 오늘날 하나의 상징으로서 모든 공직자의 귀감으로 떠받들리고 있다.

고려가 망하자 그는 선비의 지조를 지키기 위해 죽음을 예약하고 두문동에 들어갔으나 그의 탁월한 재능과 젊음을 아까워한 선비들에게 등을 떠밀리다시피 하여 새 왕조에 참여케 된다. 그리하여 두문동에서의 의로운 죽음보다 몇백 배 더 값진 태평성대를 열어 놓은, 조선왕조 5백 년의 역사 중 가장 뛰어난 명재상으로 길이 그 이름이 남게 된 것이다.

제세구민(濟世救民)의 경륜을 펼치기 위해 두문동(杜門洞)으로부터 출사한 그는 90세로 천수를 다할 때까지 60년 동안, 3공6경(三公六卿)을 두루 거치며 청렴결백하고 근검절약하는 진정한 공복의 길을 걸었으며, 따스한 인물의 '무골재상(無骨宰相)'으로 길이 그 이름을 남겼다.

황희는 1363년(공민왕 12) 2월 개성 가조리에서 태어났다. 그의 초휘는 수로(壽老)였는데, 그래서 90세까지 장수한 것인지 모르겠다. 뒤에 희(喜)로 고쳤고 자는 구부, 방촌은 스스로 붙인 호이다.

태종 때 세자인 큰아들 양녕대군을 폐하고 셋째인 충녕(세종)을 세자로 책봉하는 것을 반대한 것은, 새로 창업한 나라에서 장자 우선의 법통을 세우지 않으면 왕가의 내부에 갈등이 생기고 그것이 나라의 근본을 흔들 것이라는 너무도 당연한 논리에서 비롯된 것이며, 이것은 그후 조선왕조의 왕위계승에서 골육상잔의 피바람을 일으킨 것으로도 증명된다.

이로 인하여 그는 파주의 임진강 하류로 유배되기는 하였으나 태종의 그에 대한 신임은 변함이 없었다. 따라서 태종의 뒤를 이은 세종 역시 황희에게 깊은 애정을 갖고 그를 중용하여 치세의 길을 열었던 것이다.

청계산 초당 밖에 봄은 어이 늦었는고
이화(梨花) 백설향(白雪香)에 유색 황금눈(黃金嫩)이로다.

만학운(萬壑雲) 촉백성중(蜀魄聲中)에 춘사망연(春思茫然)하여라.

　이 시조는 황희가 남원에 유배되었을 때 유배지에서 만감이 교차하는 봄을 맞고 보내며 쓴 시이다.

　일화 한 가지. 한 번은 조정에서 관기(官妓)를 모두 없애자는 의논이 있었다. 이때 황정승은 이를 반대하였다. 그 까닭은 관기, 즉 수청드는 기생을 없애면 집을 떠나 외지에 나가 있는 젊은 관리들이 비정상적인 방법으로 정욕을 해결하고자 여염집 부녀자를 건드리는 등 그 부작용이 클 것이므로, 관리들이 자연히 떳떳치 못하게 된다 하여 이를 반대한 것이다.

　만백성의 인자한 할아버지 같았던 방촌 황희.

　87세에 관직을 물러나 조용히 만년을 보낼 때도 손에서 책을 놓지 않았다고 한다.

　창 밖에 복숭아가 익자 동네 아이들이 몰려들어 마구 따먹으며 소란하게 굴었다. 그러자 방 안에서 책을 보던 황 정승이 빙긋 웃으며 내다보다가 한마디.

　"이녀석들아, 다 따먹지는 마라. 이 할애비도 맛 좀 봐야지…."

· ·

① 경기도 동두천시 황희터

상봉암동의 봉골 서남쪽에 있는 마을이다.

　일명 황아터라고도 하며 세종 때 황희 정승이 한때 이곳에서 살았던 곳이라고 한다.

② 경기도 문산읍 반구정(伴鷗亭)

임진강변의 사목리에 있는 정자로, 부근에는 앙지대(仰止臺)라
는 정자도 있다.

이곳에서는 개성의 송악산이 보이며 그 산기슭 어디쯤엔가는 황
정승이 태어났다는 가조리(可助里)도 있을 터이므로, 그는 이곳에
서 고향을 바라보며 옛일을 생각했음직도 하다.

황 정승이 갈매기와 벗을 삼았던 이 반구정은 서울 강남구에 있
었던 세조·성종 때의 영의정 한명회가 세운 압구정을 떠올리게
한다. 압구정이나 반구정이 모두 강변에 있고, 또 두 정자가 모두
갈매기를 벗삼는다는 뜻임에도 압구정은 부귀영화를 지겹도록 누
린 권신의 정자요, 반구정은 청백리로 일생을 바친 검소한 정승
황희의 정자이기에 두 정자에 몰려오는 갈매기부터 달랐을 것이
라는 생각이 들기도 한다.(압구정에는 갈매기 한 마리도 얼씬 하
지 않았다고 하지만)

부질없이 정자에 좋은 이름만 붙인다고 풍류스런 것은 아니다.

그 정자 주인의 성품이 고결하고 탐욕스럽지 않으며, 진심으로
한운야학(閑雲野鶴)을 벗삼을 줄 아는 소양이 갖추어져 있어야 되
기 때문이다.

인근의 탄현면 금승리에는 황희 선생 묘소가 있으며, 신숙주가
지은 신도비와 최근에 지은 재실이 있다. 문종 때 임금이 친히 이
무덤을 살펴보고 관찰사에 영을 내려 나무를 심어 수호하도록 하
였다는 기록도 보인다.

③ 강원도 삼척시 소공대비(김公臺碑)

원덕읍 임원리의 고개에 있으며 비명(碑名)은 '영세불망소공대
비' 이다.

이 비가 있어 고개 이름도 소공령이라 한다. 태종 3년 (1403. 혹
은 세종 초기) 관동 지방에 기근이 들어 사람들이 굶어 죽고 있었

다. 이에 조정에서 황희를 보내 백성들을 구호케 하였다. 황희는 이곳에 내려와 관동 지방의 기근을 해결하고 돌아가는 길에 이 고개의 바위에서 쉬어갔다. 그후 지방민들이 그의 은혜가 중국의 주 문왕 때 선정을 베푼 소공(召公 : 소백이라고도 함)과 같다 하여 돌로 대를 만들고 소공대라 부르게 되었다. 각 지방에 세워진 옛 관리들의 선정비 중에는 억지로 세워진 선정비도 많다고 하지만, 이 소공대 비석은 사심 없는 관리에게 민중이 바친 자랑스런 기념비인 것이다.

> 비로소 구름 끝에 나와 멀리 보니
> 소공은 어디가고 대만 남았나.
> 위에는 하늘, 아래는 물이 한없으니
> 건곤(乾坤)이 밤낮 떠 있다는 것을 믿겠네.

이 시는 조선 초기 이석형이 소공대에서 쓴 시이다.

④ 전라북도 남원시 광한루(廣寒樓)

천거동에 있는 조선시대의 누각이다.

이 정자는 처음 황희가 남원에 유배되었을 때 돌 위에 세운 작은 정자로서 광통루(廣通樓)라 불렀다. 뒤에 정인지에 의하여 그 이름이 광한루로 바뀌고 또 중건된 것이다.

⑤ 황해도 금천군 황희천(黃喜泉)

외류면 마우리의 하천변 수십 길 절벽 부근에 있는 샘이다. 황희의 모친이 이 절벽에 서 있는 용암에 기도하여 아들을 얻었는데 그가 황희라고 하며, 그때 마시던 샘을 황희천이라 부른다고 한다.(혹은 황희가 마신 샘이므로 황희천이라 부른다고도 한다.)

법보다 순리 중시한 명재상
—상진(尙震)

뉘 둥근 달이 하늘에 떠 있다 하느뇨
취해 보니 달이 술잔 밑에 있네.
그 잔 기우니 달 또한 내 창자 속에 드누나
몸 안팎의 으스름이 서로 오가니 그 아니 좋은가.

이것은 조선 명종 때 명재상으로 황희 정승 다음으로 높이 평가
받고 있는 정승 상진(尙震)(1493~1564)의 시이다. 15년 동안 정승
을 지내면서 이룩한 업적이 많았고, 그의 청렴과 관용은 우리나라
이도(吏道)의 상징으로 여겨져 왔다.
법을 내세우기 전에 인간성과 순리를 중요시하였던 명재상.

내가 죽은 뒤 비석에 이것저것 적을 것 없고, 다만 말년에 거문고
타기를 좋아하여 얼큰히 취하면 임금의 은혜 감사하는 노래를 부르
며 스스로 즐겼다 하면 될 것이다.

이것은 그가 자식들에게 유언으로 남긴 말이다.
그는 1519년(중종 14) 문과에 급제하여 부제학, 경기도 관찰사,

형조판서를 역임하고, 1549년(명종 4)에 영의정이 되었다. 재상의 지위에 있으면서도 불편부당하여 큰일 없이 지냈다.

그는 우둔한 듯이 보였으나 마음은 아주 꿋꿋하였으며 항상 덕성과 도량을 넓히기에 힘썼다. 말년에는 서울 송현에 살았는데, 혹시 임금의 행차가 집 앞을 지나게 되면 의관을 갖추고 중문 밖에 엎드리곤 하였다. 집사람이 왜 이왕이면 외문 밖에 나가 있지 않느냐고 물으니 그가 대답하기를, 사람들에게 들켜 이름이 팔릴 것이기 때문이라 하였다.

15년 정승 재임 중에 그 어질고 인자한 성품이 널리 알려져 임금과 조정, 백성들의 신망을 모았다. 곳간이 무너져 노비가 수리할 것을 재촉하자, "네가 고쳐 놓은들 채울 것 없는 곳간이 무슨 소용이냐." 하고 그대로 두었고, 또 동물 살생에도 개미 한 마리까지 마음을 썼기 때문에 그가 불교를 믿는다는 무고까지 받았을 정도였다.

당시 점을 잘 치기로 소문난 홍계관이라는 점쟁이가 있었다.

그가 상진의 과거건 미래건 점을 치면 꼭 맞았으므로 상진도 그의 점은 믿었다.

그 홍계관이 상진의 죽을 날을 예언하므로 그것을 믿고 죽음을 맞이할 준비를 하였다.

그런데 예언한 그날이 지나고, 그 달이 지나고, 그 해가 지나도 죽지 않았다.

다시 홍계관을 불러, "이번만은 자네의 점이 틀리니 어찌 된 것인가?" 하고 물었다. 홍계관이 말하기를, "대감의 명수는 틀림이 없을 것이오나 음덕으로 수명을 연장한 예가 있사오니 대감께서도 아마 그런 일이 있어 수명이 연장되신 것일 것입니다." 하였다.

상 정승이 이 말을 듣고 지난 일을 생각하다가 문득 옛일 한 가지가 떠올랐다.

한번은 그가 대궐에서 퇴궐하는데 노상에 붉은 보자기가 있어서 주워 보니 그 안에 순금잔 1벌이 들어 있었다. 이에 이튿날 대궐문 앞에다가 글로 써붙여 놓고 찾아가도록 하였다. 그러자 대전에서 임금의 음식을 차리는 수라간 별감이 찾아와, "자질의 혼인이 있어 몰래 주방에 있는 금잔을 꺼내 왔다가 잃었으니 이미 죽을 죄를 졌습니다." 하고 한탄하므로, 상 정승이 이 금잔의 일을 극비에 붙이겠다고 약속하고 되돌려 준 일이 있었다.

홍계관이 이 말을 듣자 고개를 끄덕이며, "대감의 수명이 연장된 것은 틀림없이 그 때문일 것입니다." 하였다. 그는 홍계관의 예언보다 3년을 더 살았다고 한다.

지금은 순리와 인정과 의리가 있어야 할 자리에 법이 대신 들어앉았고, 그러기에 모든 것을 '법대로'만 외쳐대는 삭막한 이 세태에 상 정승의 이야기는 되새겨 볼 만한 이야기가 아닌가.

. . . .

① 서울특별시 중구 상동(尙洞)

남대문 부근 북창동과 남창동에 걸쳐 있는 마을로서 상동(尙洞), 또는 상정승골이란 이름은 바로 명재상 상진이 살았던 곳이므로 부르게 된 이름.

남대문에서 한국은행 쪽으로 조금 올라가면 육교가 있고, 그 육교를 건너 남대문시장으로 들어가 조금 가면 왼쪽으로 언덕진 고갯길이 나오는 고갯마루에 상 정승의 집이 있었다.

그후 임금이 탄 수레가 지나가다가 별배들이 "상동이요!" 하고 이곳 지명을 외치면, 임금은 반드시 수레를 잠시 멈추게 하였다고 전해진다. 그만큼 존경받는 원로대신이 살았던 곳이기에 임금의 마음이 움직였던 것이다.

　② 서울특별시 서초구 상정승묘
　서초동에서 상명, 방배로 넘어가는 서낭당 고개에 있다.
　정승 상진의 무덤이 있는데, 근래에 이장하였는지 여부를 확인
하지 못하였다.

　③ 충청남도 부여군 합하리(閤下里)
　장암면 합곡리에서 으뜸되는 마을이다.
　조선 전기의 정승 상진이 살았던 곳이므로 합하리라 부르게 되
었다. 합곡리(閤谷里) 역시 합하와 상곡(上谷) 마을의 합성(合成) 이
름이다.

　④ 충청남도 천안군 상정승골
　목천면 남화리의 통미 서쪽에 있는 골짜기로서 줄여서 삼성골이
라고도 한다.
　조선 명종 때의 정승 상진이 이곳에서 태어났으므로 뒤에 상정
승골이라 부르게 되었다.

물에 뜬 부용, 바람에 기대어 스스로 웃도다
—이달(李達)

한 사람의 재주와 능력은 바로 하늘이 준 것이므로
귀한 집 자식이라고 해서 재능을 많이 주는 것도 아니고
천한 집 자식이라고 해서 인색하게 주는 것도 아니라.

이는 허균이, 그의 스승이자 당대 최고의 시인이었으나 어머니
가 천한 종이었으므로 벼슬길에 나서지 못한 손곡(蓀谷) 이달(李
達)을 두고 『유재론(遺才論)』에서 한 말이다.

손곡 이달.

허균과 허난설헌의 스승이자 허균의 형 허봉과는 깊은 시우(詩
友)였으며 허균의 아버지의 후원을 입기도 하였으니 허씨 가문과
의 깊은 인연을 넉넉히 알 만하다.

술의 시인. 저 중국 당나라의 이백이나 두보를 술의 시인에 비유
할 수 있고, 또 이 땅의 최치원, 김시습, 백호 임제 같은 탁월한 시
인들이 모두 한잔 술에 주옥 같은 시를 쏟아냈듯이, 이달 또한 술
을 찾아다니고 술을 벗하며 시를 읊었다. 그리하여 만년에는 시와
술 속에서 조용히 인생을 관조하고 음미하는 주선의 경지에 들었
던 것이다.

손곡은 최경창, 백광훈과 같이 당시(唐詩)에 이름이 높아서 이 세 사람을 '삼당(三唐)시인'이라 하였으며, 문선, 태백, 성당 12가 등을 전부 외울 정도로 남이 따르기 어려운 한시의 대가였으나 과거를 볼 수도, 벼슬길에 오를 수도 없었다.

그는 서출의 아픔을 술과 방랑과 시로 발산시키면서 평등사회를 위한 사상을 정립하였고, 그의 이런 정신은 수제자인 허균에게 전해져 『홍길동전』을 탄생시켰고, 손곡인맥을 형성케 하였다.

허균이 원주의 황 참봉집에 머물면서 스승 이달의 전기와 사상을 엮은 『손곡산인전』을 써서 남길 만큼 허균에게 전해진 손곡의 영향은 컸다.

다음은 허균의 그의 스승에 대한 글을 보자.

모습은 꾀죄죄하였고, 성품은 또 방탕하며 걸리는 데가 없었다. 그리고 속된 예의를 익히지 않아 이 때문에 세상 사람들의 미움을 받기도 했다. … 술을 즐기며 왕희지의 글씨체도 잘 썼다. 아무도 살지 않는 마을에 살면서 한 뙈기의 밭도 없었고 먹고 사는 일을 하지 않아 사람들이 더러 이를 아껴주었다. 평생 몸 붙일 땅이 없어서 사방에 떠돌아다니며 밥을 빌어먹어서 ….

그는 시정의 벼슬아치들이 구종별배를 거느리고 거들먹거리는 것을 꼴같지 않은 흰 눈으로 보기보다는 조용히 웃으며 구경할 수 있었고, 자신에게 주어진 운명을 분노로써 매도한 것이 아니라 이를 받아들이며 시로 승화시킬 수 있었던 인물이다.

그는 원주에 살면서 서족 출신의 문사(文士)끼리 삼분계(三分契)라는 것을 만들고 계훈(契訓)을 정했다고 한다. 곧 '삼분'이란 자신의 이익이나 재주나 불행이나 욕심이나, 그 모든 것의 십중 3분을 상대에게 양보하여 인화를 도모하자는 정신적 규정으로서, 그

범위가 단순히 물질에만 국한되는 것이 아니라 명예나 재주, 그 사람의 불행까지도 포함하고 있다는 점에서 감탄할 만하다.

갈수록 '우리' 보다는 '나' 를 앞세우고 '나' 가 앞서기를 고집하는 '나 첨단주의' 시대에 손곡의 삼분계는 참으로 많은 것을 시사해 준다.

절이 흰구름 속에 묻혀 있으니 (寺在白雲中)

백운이라 스님네 비질을 않네 (白雲僧不掃)

뒤늦게 손이 와야 사립문 여니 (客來門始開)

골짝마다 송홧가루 날리는구려 (萬壑松花老)

이 시는 절에서 세월가는 줄 모르고 살아가는 신선 같은 중의 생활을 노래한 것이다.

뒷날 시인 김석주는 손곡 이달을 향하여,

가을 물에 떠 있는 부용,

바람에 기대어 스스로 웃는도다

라고 평하였다.

. . . .

① 강원도 원주시 손곡리(蓀谷里)

부론면에 있다.

이달이 가난하게 살면서도 시와 술로 세상을 보내고 또 삼분계를 조직한 곳이다.

　손곡은 이곳에 살면서 마을 이름을 자신의 호로 삼았다. '손
(蓀)'이란 난초의 종류나 창포의 종류를 말하는데, 이와 같은 이름
이 전국에 4, 5개소 있다.
　원주에는 손곡 이달의 시비가 서 있다.

　　시골 밭집 젊은 아낙네
　　저녁거리 떨어져서
　　비 맞으며 보리베어
　　숲속으로 돌아오네.
　　생나무에 습기 짙어
　　불길마저 꺼지도다.
　　문에 들자 어린 아들
　　옷자락 잡아다니며 울부짖네.

자유분방한 천재, 왕조의 이단아
─허균(許筠)과 허난설헌(許蘭雪軒)

옥을 깨뜨리고 구슬을 떨어뜨리니

그대의 평생이 불행하도다.

하늘이 준 것은 어찌 넉넉하고 넘치게 하면서도

어찌 가혹으로써 벌하여 뺏기를 속히 하는고. (중략)

돌아와 소요함이여. 뜬 세상에 한순간

지낸 것이 애절하도다.

홀연히 왔다가 홀연히 감이여.

일찍이 엄토(掩土)도 못한 것이 해가 지났도다. (중략)

그 혼이 인간 세상에 표류함이여.

갖가지 귀신들이 더불어 휙휙 달리도다. (후략)

이 시는 허균(1569~1618)이 일찍 요절한 천재 여성시인이자 누이인 허난설헌(1563~1589)을 그리워하며 애도한 글이다.

우리 국문학사에 우뚝 빛나는 최초의 한글소설『홍길동전』을 쓴 허균과, 그의 누이로 조선조 최고의 여성시인으로 꼽히며 여신동으로 알려진 허난설헌, 그의 오빠로 시와 문장이 뛰어났던 허봉(許봉), 배다른 형으로 성리학에 뛰어났던 허성(許筬), 그리고『율곡

집』의 이론상 모순점을 지적하고, 이황에 대하여는 "차라리 학식이 없었다면 착한 사람이 되었으리라." 하였던 부친 허엽(許曄)을 포함하여 이들을 양천 허씨 5문장이라 하였다.(여기서는 허균, 허난설헌 위주로 적는다.)

허균, 허난설헌 등 4남매는 강원도 명주군의 애일당의 정기를 받고 태어났다.

허균. 호는 교산(蛟山)이며 일찍이 유(儒)·불(佛)·선(仙)·무(巫)의 4교에 통달했지만 어느 것에도 얽매이지 않았다. 서류출신 이달에게 시를 배운 탓으로 스스로 서민을 자처하였다. 글재주가 뛰어나 당대에 이름을 드날렸으나, 그 뛰어난 만큼 남의 시기도 많이 당하였고, 남의 눈을 꺼리지 않고 낡아빠진 제도에 얽매이지 않는 자유분방한 기질을 가졌으므로 그에 대하여는 온갖 중상 모략과 비난이 따라다녔다.

1607년 3월. 발령받은 삼척부사 자리를 13일 만에 쫓겨났는데, '그가 유가(儒家)의 자손으로서 교를 믿어 불경을 독송하며 불상에 예배하는 자' 라는 탄핵을 받았기 때문이다.

이때 허균은 변명하지 않았다. 그는 공자나 맹자로는 위안을 얻을 수 없었으므로 '불경을 읽는 까닭은 마음을 붙일 곳이 없었음이다' 하고 그의 소신을 밝히기도 하였다.

비록 『홍길동전』의 저자로 더 잘 알려져 있으나 그는 일세의 풍류남아였다. 당당한 사대부의 적자로서 과거에 급제하여 벼슬길이 열릴 수 있었음에도 서류(庶流 : 첩의 아들)들과 어울려 그들에 대한 사회의 불공평한 인간대우를 개탄하였던 진보적 이상주의자.

강변칠우(驪江七庶라고도 함)를 만들어 술과 시로 세월을 보냈고, 때로는 그들을 위해 통곡하였으며, 건달들과 함께 고을의 진상물을 약탈하기도 하였다.

탁월한 시인이자 문장가로서 그는 문학이 좋으면 신분의 귀천을 가리지 않았고, 특히 불우한 사람들의 시를 좋아하였다. 상중(喪中)에도 여자와 관계하여 지탄도 받았고 여러 기생을 사랑하였는데, 특히 당시 유명한 부안 명기 매창(梅窓) 등과도 교우가 깊었다. 그는 "남녀의 정욕은 하늘이 내린 것이요, 윤리는 성인의 가르침이니, 성인의 가르침은 어길지언정 하늘이 준 본성은 어길 수 없다."고도 하였다.

예교가 어찌 자유로움을 구속하리.
인생의 부침을 다만 정에 맡길 따름인저.
그대는 모름지기 그대의 법을 쓰라.
나는 스스로 나의 삶을 향유하리!

그는 기생들과의 이런 모든 관계를 빼놓지 않고 솔직하게 기록으로 남긴 것이다.
그는 『호민론』에서 이렇게 외쳤다.

천하에 가장 두려운 것은 백성뿐이다. 정치가들은 백성을 물, 불 또는 호랑이처럼 두려워해야 하는데 윗자리에 있는 사람들이 제멋대로 백성들을 학대하고 부려먹는다.

그의 도가소설 『장생전』에는 도적의 소굴을 경회루의 대들보 위에 설정하여 광해군, 즉 임금이 가장 큰 도둑이라는 풍자를 하기도 하였다.
조선왕조의 답답한 유교사회에서 영원한 자유인이고자 하였던 그는, 추종자들로 하여금 그 해(1618) 8월 15일 남산에 올라가 "서쪽 적이 압록강을 건너오고 유구의 군사가 남에서 쳐 올라오니 모두 피난하라."고 외치게 한 뒤 성안이 소란해지면 승려와 힘센 장사 수백을 휘몰아 도성을 점령하려 했다는 것이 『광해군 일기』에 적힌 허균의 역적 모의이다.

끝내 용이 되지 못한 이무기로서 광해군 10년(1618) 8월 26일 50세에 머리, 양팔, 양다리, 몸뚱이의 여섯 부분으로 사지를 찢어 발기는 능지처참을 당하며 한 생애의 막을 내렸으나 주옥 같은 문장과 시, 자유분방한 풍류, 완고한 봉건왕조의 타파에 앞장서며 서민과 어울렸던 휴머니스트였다. 지금 용인군 원삼면 맹리 수정산에 있는 그의 무덤은 시신 없는 빈 무덤으로 전해져 온다.

허난설헌. 조선땅이 좁아서 뜻을 펼 수 없음을 한탄하고, 여자로 태어나서 봉건시대의 규범을 탈피하지 못한 것을 한탄하였던 불우한 여성문인. 오빠·동생과 함께 그 천재성이 빛나는 난설헌은 27세의 짧은 일생을 마쳤으나 이 박명한 여류시인의 문학적 정서는 동생 허균에게 이어졌다.

> 사람들은 강남이 즐겁다고 말하나 (人言江南樂)
>
> 나보기엔 강남이 수심 어린 곳 (我見江南愁)
>
> 해마다 해마다 이 포구에서 (年年沙浦口)
>
> 눈물로 떠나는 배를 보고 있나니 (腸斷望歸舟)

본래 성정이 신선을 좋아하여 신선에 관한 시를 많이 지었는데, 「부용39타(芙蓉三九朶)」란 시는 널리 명나라에까지 유전(流轉)하여 중국 문단에서도 그 문명을 날렸다고 한다. 그녀가 27세(3×9)에 요절한 것을 이 시구 중의 39(三九)를 참언으로 풀이하기도 한다.

허난설헌은 본명이 초희(楚姬)이다.

'초희'라는 이름을 들으면 초나라 항우가 죽을 때까지 사랑하였던 우미인의 정경이 떠오르고, 또 그녀 역시 박복한 여인이었음을 생각케 한다.

초당(草堂) 허엽의 딸로 태어나 김성립(金誠立)의 아내가 되었으며 천품과 용모가 뛰어나 8세에 '광한전 백옥루 상량문'을 지었다.(광한전이란 옛사람들이 달나라에 있다고 믿은 궁전을 말한다.)

한시에 능하여 많은 시를 남겼는데, 두 남매를 낳았으나 어려서 잃은데다가 설상가상으로 친정집에 옥사가 있어 동생 균이 귀양을 가는 등 비극의 연속으로 삶의 의욕을 잃고 시름으로 날을 보냈다. 1589년 3월 19일 27세로 요절하였으니, 옛말의 '재자가인 박명'이 과연 허난설헌에게는 빈 말이 아니었던가.

. . . .

① 경기도 용인군 허균묘와 허초당묘(許草堂墓)
원삼면 맹리의 수정산 기슭에 있는 허씨 일가의 묘.
이곳에 허초당 신도비가 있는데 비문은 노수신이 짓고 한석봉이 썼다. 이곳은 양천 허씨 문중묘로서 그 중 가운데 허균의 무덤도 있는데 이 무덤에는 허균의 시신이 없다.

② 경기도 광주군 허난설헌묘
초월면 요수산 기슭에 있다.
허난설헌이 짧은 생애를 마치고 쉬는 곳이다.

③ 강원도 강릉시 초당동(草堂洞)
선조 때 공조참의를 지낸 유동양이 이곳에 내려와 초당을 짓고 후진을 양성하였으므로 초당동이라 하였다. 그후 허엽이 이곳에

내려와 살면서 호를 초당이라 하였다.

초당동 입구의 '허엽 선생 시비'에는,

사람은 가도 문장은 남는다.… 선생과 자녀 악록공 성, 하곡공
봉, 교산공 균, 난설헌 여사 초회가 다 시문으로 16세기에 빛나니
허씨 오문장(五文章)이라 한다. 선생은 이 초당에 사시며 아호를 삼
으시고 교산공은 사천이 열리는 교산에서 아호를 따시니…

라고 씌어 있어 이곳이 허씨 가문과 특별한 인연이 있는 땅임을
밝히고 있다.

초당동은 초당두부로 인하여 경향에 널리 알려진 곳. 강릉에 가
는 길이면 이 초당동과 여기서 그다지 멀지 않은 애일당·하평동
과 교산을 한번 둘러보고, 한 시대를 뛰어넘어서 당시(400년 전)
불우했던 이 천재 남매의 생애를 더듬어보며 그들의 시를 읊조려
보아도 좋으리라.

④ 강원도 강릉시 애일당(愛日堂) 터와 교산(蛟山)

사천면 진리에 있는 옛 터이다.

애일당은 선조 때 예조참판을 지냈고, 허난설헌의 외조부가 되
는 애일당 김광철이 살았던 곳이므로 마을 이름도 애일당이라 한
것이다.

애일당이란 이름은 그가 늙은 모친을 위하여 이곳에 정자를 짓
고 날(日)이 감을 아끼었다(愛)는 뜻으로 이름한 것이며, 허균의
『애일당기』에는 "외조부께서 바닷가 제일 가까운 땅을 가려서 당
을 마련하니 아침에 일어나 창을 열면 해돋이를 볼 수 있어 그 모
친을 위해 애일당이라 하였다."고 기록되어 있는데, 즉 "해를 사랑
하면 날이 길어지고 날이 길어지면 어머니가 오래 산다."는 효심

의 발로였다고 한다.

이 애일당의 정기와 지령을 타고 난설헌 4남매가 태어났다. 애일당의 뒷산이 되는 교산은 늙은 용이 숨어 있다가 가청, 신유년 가을 그 돌을 깨치고 달아나니 돌이 두 쪽으로 갈라져 문처럼 되었으므로 교문(蛟門)이라 하고(『애일당기』), 여기에 이르러 교룡(이무기)이 누워 있는 모습으로서 그 지맥이 사천 앞바다 모래사장에서 뚝 그치므로 교산(높이 50~100m)이라 하였는데, 허균은 이 산을 자신의 호로 삼은 것이다. 끝내 용이 되지 못한 이무기, 이곳 교산은 허균의 생애를 그대로 이야기해 주는 것 같다.

⑤ 강원도 강릉시 하평동(荷坪洞)
사천면 진리에 있는 마을이다.

하평동 역시 난설헌의 오빠인 하곡(荷谷) 허봉이 이곳에서 살았기 때문에 그 호를 따서 하평동(荷坪洞)이라 부르게 되었다고 하며, 하평동 솔마지에는 허균의 시비가 서 있다.

차를 반 항아리 달이고
향 한 심지를 피웠네.
외딴 집에 누워
건곤 고금을 가늠하노니
사람들은 누추한 집이라 하여
살지 못한다고들 하건만
내게는 신선의 경지라네.

이 시는 허균의 '누실명(陋室銘)'을 새긴 것이다.

⑥ 전라북도 부안군 선계골

보안면 우동리 선계폭포 부근을 말한다.

허균은 이곳에 누옥을 짓고 살면서 『홍길동전』을 썼다고 한다. 그는 이곳에서 승려 시인 해안과 부안 명기이자 여류 시인 매창, 천출(賤出)의 천재시인 유희경 등과 어울려 성황산 개암사며 내소사, 변산 채석강, 적벽강 같은 명승지를 찾아다니고 술과 시로 어지러운 세상의 슬픔과 외로움을 잊으려 했다.

허균은 부안의 기생 이매창(李梅窓)이 38세로 일찍 죽자 「애계랑(哀桂娘)」이라는 시를 남기기도 하였는데, 그녀와의 교분도 이곳에 살 때에 더욱 깊어졌을 것이다. 계랑은 매창의 본명이 계생이기 때문이다.

청(淸) 나라로부터 온갖 고초〔陰〕겪는다
―김상헌(金尙憲)

청음(淸陰) 김상헌. 나라가 국난을 당한 어려운 시기에 쉽고 편한 길이 있음에도 죽음을 무릅쓰고 대의명분을 지켜, 청나라와의 화의를 끝까지 반대하며 뜻을 굽히지 않았던 인물.

역사 속에 이 나라 선비의 장한 기개와 대쪽 같은 절의를 남긴 김상헌(1570~1652)은 안동 김씨 김극효의 넷째 아들로 서울에서 태어났다. 전해지는 이야기로는 어머니 정씨가 잉태한 지 열두 달 만에 친정에서 낳았다고 하며, 아호는 청음 이외에 석실산인(石室山人) 또는 서간노인(西磵老人)이라 하였다.

1596년(선조 29) 문과에 급제하고 인조 때 대사간, 대사헌, 대제학, 예조판서를 지냈으며 명필로도 이름이 높았고, 효종 때는 그 벼슬이 좌의정에 이르렀다.

1636년 병조호란 때 비변사 당상으로서 청나라와의 화의를 극력 반대하였다. 1637년 1월 22일 강화도가 청나라 군사에게 함락되고 친형인 선원 김상용은 강화성 남문에 올라 화약으로 자폭, 순절하니 남한산성으로 피난한 조정도 술렁거리기 시작하였다.

이보다 앞선 1월 19일에는 주화파인 이조판서 최명길이 왕명에 따라 청나라에 항복하는 국서를 지었는데 김상헌이 이를 빼앗아 찢어버렸다. 국서를 찢고 통곡하면서 김상헌이 최명길을 꾸짖기를, "대감의 선대부는 명성이 자자한 분이었는데 공은 어찌 항복하는 글만 쓰오?" 이에 최명길이 대꾸했다.

"찢는 사람이 있으면 붙이는 사람도 있게 마련이라오. 대감은 찢었으나 나는 마땅히 도로 붙이리다."

이에 김상헌은 음식을 마다하고 굶어 죽으려고 6일간이나 음식을 거부하였다. 이때 조정에서, 청나라에서 척화파를 잡아간다는 소리가 들리자, "내가 만일 먼저 죽으면 사람들이 오랑캐 진중에 끌려가 죽는 것을 두려워하였기 때문이라 할 것이다." 하고 곧 음식을 먹기 시작하였다.

1월 30일 임금이 삼전도에 나가 항복하자 청음은 벼슬을 내놓고 경상도 안동으로 내려가 은거하였다. 그러나 1639년 겨울 청나라가 명나라를 치고자 우리 군사를 징발한다는 소식이 들려오자 그는 즉시 파병을 반대하는 상소문을 올렸다.

이 때문에 다른 선비들과 함께 칠십 고령의 나이로 심양에 끌려가게 되었고,

가노라 삼각산아 다시 보자 한강수야
고국산천을 떠나고자 하랴마는
시절이 하 수상하니 올동말동 하여라.

라는 시조를 남겼다.

청나라에 도착한 청음은 그들의 온갖 심문에도 꿋꿋하고 당당하여 청나라 관리들이 그를 '망가 망가' 라 하였는데, 이는 골칫덩어리라는 뜻이었다. 다른 선비들과 같이 사형이 선고되었으나 청 태종이 아량을 보이느라고 형을 감하여 감옥에 가두어 두었으며, 이때 옥 속에서 그는 『설곡집』이라는 세 권 분량의 시서를 남겼다.

조선으로 돌아온 청음은 1642년 74세의 나이로 다시 만주 심양으로 끌려가게 된다. 밀무역을 하던 선천부사란 자가 조선정부의 비밀 12가지를 밀고하였기 때문이다. 이때 청음은 청나라 감옥에서 최명길과 만나게 된다. 주화파로서 청나라와 화친을 주장한 최명길은 명나라와 비밀리에 연통한 사실이 들통나 임경업 장군과 함께 끌려온 것이다. 김상헌과 최명길은 이곳에서 비로소 위기에 처한 나라를 구하고자 하는 방법론에서 두 사람의 생각에 차이가 있었을 뿐 우국충정에는 다름이 없다는 것을 서로 확인하게 되었다.

1645년 청나라 세조가 다시 청음을 풀어주었을 때에도 그는 허리가 아파서 일어나지 못하겠노라고 하면서 청나라 황제에게 절을 하지 않았다. 조국에 돌아온 청음은 벼슬에서 물러나 조용히 전원생활을 즐기다가 1652년 83세로 눈을 감았다.

학자가 많고 정치가가 많은들 무엇하랴. 나라가 어려운 때에 고매한 인품과 매서운 절의로 한결같이 외길을 걸으면서 험난고초를 마다하지 않은 청음의 일생은 오늘 이 시대에도 많은 것을 가르쳐 주고 있는 것이다.

· ·

① 서울특별시 종로구 무속헌(無俗軒) 터
궁정동 2번지 교황청 건물이 있는 자리이다.

학조대사가 조카 김번을 위해 집터를 잡았는데 북악산이 목성이므로 그 기운을 받아 김씨가 왕성할 수 있도록 집을 지었다고 한다. 과연 그 후손들이 번성하여 선원 김상용, 청음 김상헌, 문곡 김수항 등의 인물이 배출되었으며, 이들을 세칭 장동(壯洞) 김씨라 하였다.

② 경기도 남양주시 석실(石室)

덕소리에 있다.

그의 호 중에는 '석실산인'이라는 이름도 있는데 이 마을 이름을 딴 것인지, 이 마을이 청음의 호를 딴 것인지는 알 수 없다. 이곳에 '유명조선문정공청음김상헌지묘(有名朝鮮文正公淸陰金尙憲之墓)'가 있다. 신도비도 세우지 말고 봉분도 간소하게 하라는 그의 유지를 따른 것이다.

③ 경기도 광주군 현절사(顯節祠)

중부면 남한산성 내에 있는 사당이다.

병자호란 당시 척화파의 거두인 김상헌·정온, 청나라에 끌려가 순절한 삼학사, 즉 홍익한·윤집·오달제를 모신 사당이다.

④ 경기도 양평군 전심매(傳心梅)

강상면 화양리에 있으며 전심매는 땅 이름이 아닌 매화나무의 이름이다. 김상헌이 명나라 북경에 사신으로 다녀올 때 백매화나무 한 그루를 가져다가 심었다. 그후 청음의 자손인 김석진 판서가 1910년 국치를 당하자 양평의 화양리 연양마을로 낙향하면서 백매화를 옮겨 심었다. 그리고 조상의 곧고 맑은 마음을 전해 받았다는(이심 전심) 뜻으로 전심매라 이름지었다.

이 백매화는 그후 말라서 죽었는데 10여 년 전 죽은 그 자리에서 새싹이 솟아 올라 다시 꽃망울을 터뜨리고 있다고 한다.

⑤ 제주도 제주시 오현단(五賢壇)

이도동에 있다.

오현각, 귤림서원이라고도 하였다. 이곳에는 충암 김정 등 다섯 선비를 모시고 있으며, 그 중 청음 김상헌도 오현 중의 1인으로 모셔져 있다.

⑥ 경상북도 안동시 서미리(西薇里)
풍산읍에 있다.

김상헌이 병자호란의 치욕을 통탄하여 이곳에 은거하였을 때, 이는 중국의 백이 숙제가 서산(西山)에 들어가 고사리〔薇〕를 캐먹은 것과 같다 하여 서미리라 하였다. 서원몰에는 서간사(西磵祠)라는 사당이 있는데, 이는 청음의 호가 '서간노인' 이었기 때문이다.

서원몰 서북쪽에는 높이 약 4m의 빗집바우가 있고, 여기에 청음선생 유허비각이 세워져 있다. 인근의 소산동에 있는 청원루(淸遠樓)는 중종 때 청음의 증조부 김번이 지었으며, 뒤에 청음이 보수하고 '청국을 멀리 한다' 는 뜻으로 청원루라 하였다고 한다.

흔히 고생하는 사람들을 '음지에서 일한다' 고 한다. 그러고 보면 '청음' 이란 이름은 '청나라로 인하여 온갖 고초를 겪게 되는' 그의 일생과 서로 통하는 것 같아서, 인물과 역사와 이름이 빚어낸 실화라고 해야 할 것 같다.

추워진 후에라야 송백을 알리라
—김정희(金正喜)

세한연후 지송백지후조 (歲寒然後 知松栢之後凋)
세한이전 일송백야 (歲寒以前 一松栢也)
세한이후 일송백야 (歲寒以後 一松栢也)

추워진 후에라야 소나무와 잣나무가 늦게 시듦을 알리라.
추워지기 이전에도 오로지 소나무와 잣나무요,
추워진 이후에도 오로지 소나무와 잣나무니라.

　달면 삼키고 쓰면 뱉는 인간세태에 〈세한도〉를 설명한 이 글은 세상살이에 좋은 금과옥조가 될 수 있다. 추사(秋史) 김정희(1786~1856)는 조선 말기의 명필로서 이름을 떨쳤지만, 그보다도 청나라의 저명한 학자들이 '해동제일통유(海東第一通儒)'라고 하였고, "동쪽 나라에 이렇게 영특한 사람이 있었던가?" 하고 탄복한 인물이다. 고증학자로서 시(詩), 서(書), 화(畵)는 물론 금석학(金石學), 차(茶)와 선(禪), 전예지학(篆藝之學)에 이르기까지 그가 남긴 업적이나 그의 고매한 인격은 조선 후기를 대표한다고 할 수 있다.

말하기를 그의 추사체는 금강산의 절경을 본따서 만든 것이라고 하거니와, 동양 3국에 이름을 떨친 신필이면서 탁월한 문장가였고, 예술가요, 학자이며, 고고한 풍류객이었다.

그럼에도 불구하고 그의 생애는 귀양길과 이별과 정한으로 얼룩졌으며, 그러기에 그 평생을 통하여 신비한 전설과 숱한 일화를 남기게 되었는지도 모른다.

순조 때 문과에 급제하여 벼슬이 병조판서에 이르렀으며, 20세 때 아버지를 따라 연경(북경)에 가서 청나라의 당대 거유인 옹방강, 완원 등과 막역하게 지냈고 연경학계에 선풍을 일으키고 돌아왔다.

조선 금석학의 시조로 불릴 만큼 금석학 연구에 몰두하여 북한산비가 조선 무학대사의 비가 아닌 진흥왕순수비임을 밝혀냈고, 황초령비의 원석을 고찰하였으며, 평양 옛 성벽의 석각을 고증하기도 하였다. 고구려, 백제, 신라로부터 고려, 조선에 이르는 우리 나라 필법을 연구하였으며 특히 난을 잘 쳤는데, 항상 사람들에게 난치는 법과 글쓰는 법을 비교해서 설명하고, 문자향(文字香)과 서권기(書卷氣)가 몸에 밴 후에라야 잘할 수 있으니 손 끝의 재주만을 배우지 말라고 당부하기도 하였다.

55세에 제주도에 유배되어 대정현에서 9년간 유배생활중 우리 나라 문인화의 대표작이라 할 수 있는 〈세한도(歲寒圖)〉를 그려서 남김으로써 지금까지 보물 중의 보물로 알려져 있다. 전각을 처음으로 예술의 경지로 끌어올렸으며 다성(茶聖)으로 불려지는 초의(草衣)선사 등 고승을 만나 차와 선, 그리고 불법에 심취하기도 하였다. 16세에 자상하던 어머니를 잃었고, 20세에는 동갑나기 부인 한산 이씨를 잃어 차마 눈물 없이는 읽을 수 없는 〈망부사〉를 바친 인간 김추사.

250여 가지의 호를 가지고 그때그때마다 생각나는 호를 사용하였으며, 제주도에서는 인마에 짓밟혀도 다시 피어나는 야생의 수선을 노래하였고, 또 매화를 지극히 좋아하기도 하였다. 백성들 사이에 "명은 길어서 실 같고, 붓을 잡으면 추사를 닮아라."라고 할 만큼 일세를 풍미하였지만, 추사의 생애는 정치에 대한 환멸과 그로부터의 해방, 그리고 예술의 심취에 의한 심안(心眼)의 개안이었다. 만년에는 과천의 초당에서 한가로운 세월을 보내다가 71세로 어지러운 세상을 떠났으나, 그가 남긴 묵향은 아직도 곳곳에 서려 있는 것 같다.

. . . .

① 충청남도 예산군 용궁리(龍宮里)

신암면에 있는 마을이다.

용궁은 용을 낳은 자궁이며, 용왕이 사는 곳. 용사비등하는 필체의 해동명필이 태어난 곳이니 용궁이란 이름이 맞다. 추사는 그 모친이 임신 후 24개월 만에 태어났는데, 그가 태어날 때 우물 물이 마르고 팔봉산의 수목이 시들었다는 전설이 있다. 용궁리 앵무봉 아래에는 추사의 생가와 묘, 증조모인 화순옹주 내외의 묘소가 있다. 고조부묘 앞에는 천연기념물 106호 백송이 있는데 추사의 부친이 중국에 사신으로 갔다올 때 그 씨앗을 가져와 심은 것이라고 한다.

② 서울특별시 종로구 김정희 집터

통의동 7번지에 있다. 추사는 어려서 큰아버지의 양자로 입적되었고, 북학파의 박제가에게 글을 배웠다. 이곳은 그 전 창의궁 터로서 추사가 이곳에서 태어났다는 설도 있다.

③ 제주도 남제주군 김 추사터

대정읍 안성리에 있는 집터이다. 추사가 대정에서 귀양살이할 때 살았던 곳으로 이곳에서 〈세한도〉를 그렸다. 이곳에 추사 김정희 유허비가 서 있는데, 그가 제주 유배시 끼친 덕을 기리기 위하여 세웠다.

글 배운 사람 노릇 이처럼 어렵구나
—황현(黃玹)

　내가 죽어야 할 만한 의무는 없지만 국가가 선비를 기른 지 5백 년에, 나라가 망하는 날에 한 사람도 국난을 보고 죽은 사람이 없어서야 어찌 슬프지 않겠느냐. 내가 위로는 하늘이 주신 떳떳한 양심을 저버리지 않고, 아래로는 평소 읽던 글에 부끄럽지 않기 위하여, 가만히 죽어가면 참으로 통쾌하리니, 너희들은 너무 슬퍼하지 마라.

　1910년 7월 25일 경술국치로 나라가 망하고 순종 황제가 나라를 양보한다는 조칙이 8월 3일 구례 고을에 전해졌다. 이를 처음 보고 황현은 비통하여 음식을 입에 대지 못했다. 이어서 8월 5일 황성신문을 본 후 이날 밤 4경에 매천(梅泉) 황현(1855∼1910)은 절명시와 함께 이 유서를 남기고 독약으로 자결하였다. 향년 56세였다.
　과거시험에서 황현의 글을 읽어 본 시험관은 크게 놀라 그를 1등으로 뽑았다. 그러나 시관이 그가 시골사람으로 문벌이 낮음을 알고는 2등으로 깎아내렸으므로 그는 회시(會試)를 보지 못하게 되었고, 이런 쓰라림을 겪자 벼슬을 단념하고 산중에서 글이나 읽으려고 작정하였다.

부친의 성화로 다시 서울 회시에 나가 당당히 장원으로 급제하였으나, 그가 받은 벼슬은 고작 '생원'이라는 시골사람 벼슬이었다.

그는 황희 정승의 후손으로 1855년 전라남도 광양에서 태어났다.

그가 죽자 김택영이란 선비가 『성균관 생원 황현전』을 지었는데 이 글에서 그를 이렇게 그리고 있다.

황현의 시는 조선조 5백년에 있어서 몇 손가락 안에 꼽힌다. 그의 십절도시(十節圖詩)는 더욱 아름다우니 피맺힌 충성심에서 흘러나온 것이기에 기교를 부리지 않아도 자연히 잘된 것이리라.… 황현의 뛰어난 문장에 높은 절개를 더하니, 그 빛이 백세에 드리울 것을 어찌 의심하랴.

다음의 시는 황현의 절명시 중 한 수이다.

새 짐승 슬피 울고 산천도 찡그리니
무궁화 우리 세상 이미 없어졌구나.
가을 등불 아래 책 덮고 천고의 일 생각하니
글 배운 사람 노릇 이처럼 어렵구나.

매천 황현.
저 유명한 『매천야록』은 고종·순종 때의 국내 실정을 춘추필법으로 날카롭게 비판하여 해방 후 국사편찬위원회 사료 총서 제1집으로 간행될 만큼 우리 근세사의 생생한 산 기록이다. 그 『매천야록』을 남긴 황현.
나라에서 한 톨의 녹도 받지 않았으니, 조정과 생사를 같이할 의리도 책임도 없었다.

한미한 말직의 생원이 나라에서 준 유일한 벼슬이건만, 직위를 떠나 글 읽는 선비로서 혼탁한 조정과 미쳐 돌아가는 세태에 휩쓸리기를 거부하다가, 나라가 망하자 이 세상에 숨쉬며 살아 있는 것을 부끄럽게 여겼던 인물.

제자들이 서양학을 배우는 것이 선비의 이름을 더럽힐까 저어된다고 하니, 그는 "더럽고 더러우나 나라의 더러움보다는 더럽지 않지." 하였고, 1909년 마지막으로 서울에 올라왔을 때에는 남산에서 친구와 탄식하며 "나는 강자가 약자를 먹는 것을 원망하는 것이 아니라, 약자가 강자에게 먹히는 것을 원망한다."고도 하였다.

그의 유고시집 『매천집』 3권은 그가 죽은 이듬해에 영·호남 선비들의 성금으로 출간되었다. 우산리 향교 앞 조산에는 황매천추모비가 세워졌다.

몇백 년에 한 번 날까말까한 인재를 속절없이 자결하게 만들었던 조정과, 그 시대를 가장 통렬하게 뼈아파하였던 고고한 선비의 인생 역정이 다시 한 번 생각해도 가슴아플 따름이다.

· ·

① 전라남도 광양시 문덕봉(文德峰)

봉강면 석사리에 있는 산이다.

예로부터 풍수가들이 이 산 밑에 "뒷날 문장으로 세상에 이름을 날릴 사람이 나올 것"이라 하여 문덕봉이라 불렀다고 한다. 이 산 아래서 태어난 황현이 문장으로 이름을 날리자 매천이 바로 그 사람이라 하였다고 한다. 서석제 서쪽에 황 매천의 묘소가 있다.

② 전라남도 구례군 황매천 사당

광의면 수월리 월곡에 있는 사당이다.

광양 서석촌에서 태어난 매천이 구례로 옮겨와 순절할 때까지 살았던 곳이다. 매천이 민족혼을 지켜 죽어간 집과 방이 그대로 남아 있다.

③ 전라남도 광양시 황매천 추모비

광양읍 우산리 향교 앞 조산에 있는, 황매천을 추모하는 비이다.

이 지방 출신으로 문명을 날렸고, 선비로서 한 목숨을 나라에 바친 매천의 정신을 기념하여 1966년 군민들이 세웠다.

④ 전라북도 진안군 이산묘(駬山廟)

마령면 동촌리에 있는 사당이다.

황매천과 면암 최익현 등 한말의 순국지사 및 의병장을 모시고 있다.

5. 역사의 증언

임금은 성스럽고 지혜로운 사람이라야
—석탈해(昔脫解)

　고대국가에서는 국왕이 곧 국가의 중심이며 국가 그 자체와 동
일시되었다. 따라서 세습왕조의 국가에서 국왕의 성이 바뀐다는
것은 국가의 흥망과 직결되므로 이를 곧 '역성혁명(易姓革命)'이라
하였다.

　그러나 신라의 경우는 국왕의 성이 바뀌는 경우가 여러 번 있었
으나, 국가가 흔들리거나 왕조가 해체되거나 혁명이 일어난 것은
아니었다.

　『삼국사기』와 『삼국유사』에는 신라는 박씨와 석씨(昔氏), 김씨의
세 성씨가 왕위를 교대로 계승하였다는 기록이 보인다. 그리고 세
성씨의 시조가 태어난 데 따른 시조설화가 전해지고 있다.

　석탈해는 박혁거세의 아들과 손자인 남해왕, 유리왕에 이어서
신라의 네번째 임금으로 등극하였다.

　남해왕이 죽으면서 "내가 죽은 뒤에 너희 박씨와 석씨 두 성 가
운데 나이 많은 자가 왕위를 잇도록 하라."는 유언을 남겼는데 맏
아들인 유리는 탈해가 덕망이 높다 하여 왕위를 양보하였다. 그러
자 탈해는 "임금의 자리는 보통 사람들이 감당하는 자리가 아니
며, 본래 성스럽고 지혜로운 사람은 이(이빨)가 많다고 한다." 하

여 둘 중에 이가 많은 자가 왕위에 오를 것을 제의하였다. 이에 두
사람이 떡을 깨물어 잇금을 비교한 결과 유리의 이가 많아 그가
먼저 왕위에 즉위하였고, 유리왕이 죽은 뒤에야 비로소 석탈해가
임금이 되었다.(유리 이사금＝잇금)

그러나 석씨는 왕위를 계속 잇지 못하여 탈해의 뒤를 이어서는
유리왕의 둘째 아들인 파사왕(5대)이 되었으며 지마(6대), 일성(7
대), 아달라왕(8대)까지 박씨가 왕위를 계승하였다.

그후 아달라왕이 아들 없이 죽었으므로 석씨인 벌휴를 왕으로
하였으니 그가 석탈해의 손자이고, 이후 16대 흘해왕(다만 13대
미추왕만 김씨이다.)까지 석씨가 왕위를 이었다. 그런데 석씨인
내해왕, 첨해왕, 흘해왕의 경우는 탈해왕과 같은 '해(解)' 자 돌림
인 것이 흥미로우며 시사하는 바가 있다.

석씨의 시조인 석탈해의 시조설화는 다음과 같다.

탈해왕은 일본의 북쪽 1천 리에 있다는 다파나국 왕자이다. 다
파나국 왕비가 임신 7년 만에 큰 알을 낳자 왕이 상서롭지 못하다
하여 알을 버리라고 하므로 궤에 넣어 동해에 버리게 하였다. 동
해의 한 노인이 아진포(阿珍浦)에 닿은 궤를 열어 보니 아이가 있
으므로 데려다 길렀는데, 키가 9척이나 되고 학문에 뛰어났다고
한다. 처음 궤짝을 발견할 때 까치가 울면서 따라왔으므로 '까치
작(鵲)' 자의 한 쪽을 떼어내 성을 석(昔)이라 하고, 궤를 풀었다는
뜻에서 이름을 탈해(脫解)라 하였다. 탈해는 남해왕의 사위가 되어
토함산에서 사냥을 즐겼다. 어느 날 하인을 시켜서 샘물을 떠오도
록 하였는데, 하인이 먼저 물을 마시자 표주박이 입에 붙어서 떨
어지지 않았다. 이에 탈해가 하인을 용서해 주자 비로소 표주박이
입에서 떨어졌다. '요내정'이라고 하는 이 샘물은 오늘날 석굴암
에 있는 감로수라고 하는데, 이것은 탈해가 토함산 정기의 주인임
을 나타낸 것으로 풀이하고 있다.

탈해가 어렸을 때의 일이다. 그는 토함산에 올라가 서라벌을 바라보았다. 그런데 한 봉우리가 마치 삼일월(三日月)의 초승달 모양으로 된 뾰족한 언덕이 눈에 띄었다. 그는 그곳이 매우 좋은 집터라는 생각이 들었다. 그래서 그 길로 바로 찾아가 보았으나 아쉽게도 그 집은 당시 신라의 중신으로 막강한 권세를 갖고 있는 호공(瓠公)이 사는 집이었다.

탈해는 이 집을 차지할 생각으로 궁리를 하다가, 밤중에 몰래 숫돌과 숯을 그 집 마당가의 땅에 묻어 두었다. 그리고 다음날 호공을 찾아가, "당신의 집은 본래 우리 조상이 살던 곳이니 집을 비우라."고 하였다.

마침내 관가에 나가 흑백을 가리게 되었는데, 관가에서 "무슨 증거로 네 집이라 하느냐."고 묻자 탈해는 "우리 조상이 본래 대장장이였는데 잠깐 다른 지방에 나가 있는 동안 집을 빼앗겼으니 땅을 파보면 증거가 나올 것."이라 하였다. 과연 관가에서 땅을 파니 숯과 숫돌이 나오므로, 꾀가 적중하여 그 집을 차지하게 되었다고 한다.

3대 유리왕이 죽자 새 왕이 된 탈해는, 새로 성을 쌓으면서 이 산등성이도 왕성의 땅으로 정하게 하였는데, 성 모양이 반달 같으므로 반월성(半月城), 월성(月城), 신성(新城) 등으로 부르게 된 것이 월성군명(月城郡名)으로 이어졌다. 그러나 풍수지리상 반월은 점점 커지는 달이므로 발전과 성장을 뜻하고, 만월(滿月)은 차츰 줄어들기 시작하므로 쇠퇴·멸망을 뜻하는 의미가 있다고 한다.

앞에서도 언급하였지만 박, 석, 김의 신라 왕조 3대 성씨는 그 계보에 따라 후대에 성을 붙인 것으로 보기도 한다. 우리 민족은 몽고 계통이기 때문에 원래는 성이 없었다.(몽고인들은 지금도 성이 없으며 이름뿐이다.) 법흥왕 때부터 성을 쓰기 시작하였고, 신라 진흥왕은 중국 북제에 보내는 국서에 자신을 김진흥(金眞興)이라 하였던 것이다.

. . . .

① 경상북도 월성군(月城郡)

1995년도부터 경주시에 통합되었다.

월성은 석탈해의 반월성, 월성, 신성에서 비롯된 이름이다. 곧 서라벌의 한 산봉우리가 초승달 형상이므로 그곳을 집터로 하기 위하여 계교를 써서 땅을 차지했고, 왕이 된 후 그 산등성이가 왕성의 땅이 되도록 성을 쌓고 반월성, 월성이라 하였기 때문이다.

② 경상북도 경주시 토함산(吐含山)

토함산에는 불국사와 석굴암(석불사)이 있어 모르는 이가 없을 것이다.

높이 745m로서 봉만댕이, 봉웃만댕이, 동악(東岳), 칠보산(七寶山)이라고도 불렀다. 신라의 수도 서라벌을 지켜주며 동해바다의 왜구를 막아주는 산이다.

요즈음 젊은이들이 우스갯소리로 오버 잇 마운틴(Over eat mountain)이라고도 부르는 모양이지만 이것은 단순히 ‘토하는 산’이라는 의미이다.

본래 신라 5악(五嶽)의 하나로서 경주 동쪽이 되므로 동악이라 하여 중사(中祠)로 모셨고, 남쪽의 대재와 서쪽의 고위산과 서로 통하는 봉수대가 있었으므로 봉만댕이라 하였으며, 또 산 중에 금, 은, 유리, 마노, 진주 등 일곱 가지 보배로운 광물이 묻혔다 하여 칠보산으로도 불렸다.

이 산은 특히 신라 제4대 임금인 석탈해(昔脫解)와 인연이 깊은 곳이다.

『삼국유사』에도 토함산을 토해(吐解)로 쓰고 있으며, 태종무열왕(혹은 문무왕)의 꿈에 탈해왕이 나타나 '내 형상을 조각하여 동악에 세우고 산신으로 모시라.' 하여 사당을 세워 지성으로 제사를 지냈다는 기록 등이 있다. 이러한 사실들을 들어 토함산이 탈해왕으로부터 비롯된 것으로 보는 것이다. 더구나 탈해왕을 토해왕(吐解王)으로도 썼으니 더욱 그렇게 볼 수밖에 없다.

토해왕(탈해왕)이 이 산에 오르자 검은 구름이 머리 위를 지붕처럼 덮었다가 흩어졌으므로 토함산이라 부른다고 한다.

또 416년(실성왕 15) 이 산의 한쪽이 무너져 샘물이 솟아났는데, 그 높이가 세 길이나 되었다고 하였고, 657년(태종무열왕 4)에는 동쪽 봉우리에서 불이 솟아나오더니 3년이 지나서야 꺼졌다고 기록되어 있다.

또는 토함산이라는 이름은 동해바다로부터 올라오는 바람과 습기를 보라색 구름과 안개로 바꾸어 뱉고〔吐〕 또 머금기〔含〕 때문이라고도 한다.

그러나 어찌 바람과 안개뿐이랴. 불국사와 석굴암이 있어서 불법의 진리를 드러내며〔吐〕, 또 불법의 자비를 항상 머금고〔含〕 있는 곳이 토함산이 아닌가 싶다. 불국사나 석굴암이야 세계적으로 알려진 명소이니 더 이상의 설명이 필요없거니와, 이곳이야말로 신라인이 그렸던 불국정토, 곧 이상적인 피안의 세계가 펼쳐진 곳이다.

근래에 이 토함산 서남쪽 불국사의 기슭에서 온천이 발견되어 크게 각광을 받고 있는 것도 결코 우연한 일이 아니다. 이미 부근에 '물뫼'니 '물탕골'이니 하는 땅 이름들이 있어서 약수나 온천이 나올 것 같은 이름들일 뿐만 아니라, 옛 문헌에도 신라 때 샘물이 세 길이나 솟아나고, 또 불길이 솟아나왔다는 기록을 보더라도 온천이 발견될 소지가 많았던 곳이기 때문이다.

참으로 명불허전(名不虛傳)이어서, 토함산은 그 이름대로 온천을 토해 내고, 또 그 안에 무진장한 온천수를 머금고 있다고 보아야 할 것이다.

③ 경상북도 경주시 탈해왕릉

동천동 산 17번지 소금강산 남쪽 기슭에 있다.

원래 둥근 봉분만 있고 아무런 장식이 없었다. 그는 재위 23년 만에 죽어 이곳에 묻혔으며 그의 뼈는 무열왕 때(혹은 문무왕 때) 파내져 토함산에 모셔졌다. 그의 묘를 파보니 해골의 둘레가 3.2자, 몸뼈는 9.7자나 되었는데, 뼈마디가 모두 하나로 이어진 것 같았다고 한다.

④ 경상북도 경주시 나아리(羅兒里)

양남면의 동해안에 있으며, 한 노인이 동해 바닷가에서 궤를 발견하여 석탈해를 데려다 길렀던 아진포(阿珍浦)이다.

이곳은 나아포, 모포, 버릿개라고도 하는 곳이다.

백제 여인의 정절을 상징
—도미설화(都彌說話)

이 이야기는 고려 김부식이 쓴 『삼국사기』 (열전)에 나오는 '도미 처'에 관한 이야기이다.

백제 4대 개루왕이 도미의 아내가 얼굴이 아름답고 정절이 곧다는 말을 듣고 도미를 불러 말하기를, "여자들이란 비록 정절이 있는 체하나 으슥한 곳에서 꾀이면 안 넘어가는 사람이 드무니라." 하였다.

이에 도미가 대답하기를 "세상사는 알 수 없으나 신의 아내 같은 사람은 죽더라도 굽히지 않을 것입니다." 하였다. 왕이 이를 시험해 보기 위해 도미를 궁궐에 머무르게 하고 신하 한 사람에게 왕으로 변장케 하여 그 집에 가서 도미의 부인에게 이르기를, "내가 오래 전부터 너를 좋아하여 도미와 내기를 해서 이겨 너를 얻었으니 너는 나의 것이다." 하고 강제로 추행하려 하였다.

그 부인이 말하기를 "임금은 망령된 말이 없사오니 내 어찌 순종치 아니하리까, 잠깐 들어가 옷을 갈아입고 오겠습니다." 하고는 물러가 대신 종을 단장시켜 들여보냈다. 왕이 뒤에 속은 것을 알고 크게 노하여 도미의 두 눈을 빼고 작은 배에 실어서 강에 떠내려 보

냈다. 그리고 다시 도미의 부인을 끌어다 강간하려 하니 부인이,
"남편도 이미 잃어서 홀몸이 되었으니 어찌 거역하겠습니까. 마침
월경 때문이오니 며칠만 기다려 주시기 바랍니다." 하여 왕의 허락
을 받아냈다.

　부인이 그 길로 도망하여 강나루에 이르니 배가 없으므로 하늘을
우러러 통곡하고 있을 때였다. 홀연 작은 배가 나타나므로 그 배를
잡아 타고 샘재섬에 이르게 되었다.(샘재는 지금 하남시 천현동을
말하는 것 같으나 지형상 차이가 있다.) 그곳에서 뜻밖에도 두 눈
이 패인 남편을 만나 풀뿌리를 캐먹으면서 고구려에 이르러 그곳에
정착하여 살게 되었다.

도미나루는 백제의 이 도미설화에서 비롯된 이름이라고 한다.

· ·

① 경기도 하남시 도미(都彌 : 渡迷)나루와 배알미리(拜謁尾里)
　배알미동의 팔당댐 부근에 있는 나루로서 지금은 나루터로 쓰이
지 않는다.
　백제의 도미 처가 이 강나루에서 배를 타고 도망쳤으므로 도미
나루라 부른다고 한다. 백제 초기의 도읍지를 하남시의 검단산 부
근으로 보는 견해가 있는데, 그에 따른다면 도미 설화는 현장과
일치한다.
　한편 한강의 도미나루는 도미진(渡迷津)으로도 표기되어 있는데
여기에도 사연이 있다. 옛날 한강에 큰 홍수가 졌을 때 한 어머니
와 젖먹이 아기가 홍수에 떠내려 가고 있었다. 그런데 어머니는
아기를 살리려고 아이를 두 팔로 높이 떠받치고 있었다.

어머니는 곧 죽었지만, 아기를 살리기 위해 팔을 든 채 몸이 굳어 아이만 살아서 울어대다가 이 여울목에서 물살에 휩쓸리고 말았다. 그후로는 배가 이 여울목에 이르면 아기를 부르는 어머니의 목소리가 들려오므로 뱃사공들이 여기에 홀려 소용돌이에 휘말린다고 하였으며, 그래서 건너기 힘들다는 뜻으로 '도미진'이라 하였다는 것이다.

또 이 나루는 다산 정약용이 23세 때(1784) 큰 형수의 제사를 지내고 서울로 오던 중 배 안에서 이벽을 통하여 중형 정약전과 함께 처음으로 서교(천주교)에 대하여 듣고 그에 대한 책을 읽어본 곳이기도 하다. '두미협(斗尾峽)'으로도 표기되어 있다.

또 배알미리의 '배알(拜謁)'은 삼가 만나뵌다는 뜻으로 귀인을 면회하는 일의 경칭이다. 도미의 부인이 오매불망 그리워하던 남편(비록 두 눈알이 뽑혔지만)을 만났고, 또 도미 역시 아내를 만났으니 진정 이곳 땅 이름이 배알미리였기 때문이었을까?

그런데 한 가지 생각해 볼 것은 서울의 두모포가 예전에는 두뭇개였는데, 두뭇개는 두물, 즉 중랑천과 한강이 서로 만나는 곳이므로 두뭇개라 한 것으로 본다.

이곳 역시 남한강과 북한강이 만나는 곳, 즉 두물이 만나는 머리가 되므로 두물머리, 훈차하여 양수두(兩水頭 : 양수리) 또는 이수두(二水頭)라 하였는데, '도미' 역시 '두미'로 표기된 바 있어 '두물'의 변화된 형태가 아닌가 생각된다.

그리고 여기에 발음이 유사한 백제 도미설화가 깃들어진 것으로 볼 수도 있다.

② 충청남도 보령시 도미항과 미인도(美人島)
오천면에 있는 포구와 섬이다.
도미 부인의 지고 지순한 정절은 전형적인 백제 여인의 귀감이 되고 있는데, 도미 부인의 탄생지가 밝혀져 화제가 된 적이 있다. 보령시 오천항에서 안쪽으로 약 3㎞ 떨어진 도미항에 백제 때 도미라는 목수가 미모가 뛰어나고 정절이 굳센 부인과 살고 있었다고 한다. 도미 부인의 탄생지는 오천항 앞의 빙도로서 조선조 때 발행된 충청 수영 지도에는 미인도로 나와 있는데, 이곳이 도미 부인이 태어난 곳임을 학술조사 결과 확인케 되었다는 것이다. 그리하여 충청남도 보령시에서는 이곳 오천면 교성리와 소성리 사이에 위치한 해발 200m의 상사봉 기슭에 13평 규모의 도미 부인 사당을 지어 후세의 윤리의식 함양 등 사회 교육의 산 교육장으로 활용할 계획인 것으로 알려졌다.

또 도미 부인의 영정을 제작해 94년 하반기부터 봉안하고 도미 부인 추모제를 거행해 부인의 정절을 전통 윤리사상으로 계승코자 한 것이다. 상사봉이라는 이름도 도미 부인이 산에 올라 남편을 기다리며 그리워한 곳이기 때문이라고 하며, 상사봉에는 92년에 지은 5평 규모의 정절각이 세워져 있고 또 보령군에서 도미설화집 2만 권을 제작 배포한 바 있다.(이곳의 상사봉은 한강의 도미진과는 지리적으로 부합되지 않는 점이 많다.)

③ 경상남도 창원시 도미 정승묘
웅동면 청안리 청천 남쪽에 있는 묘이다.
이 묘가 개루왕 때의 도미묘로 보기는 어려우나, 다만 도씨 문중에서 『삼국사기』에 나오는 도미의 묘를 이곳에 마련하였던 것으로 보여진다.

바보와 울보, 온달과 평강공주
—온달(溫達)

　"신라가 우리의 한강 이북 땅을 점령하여 저희들의 군·현으로 만들었으니 나아가서 반드시 우리 땅을 되찾겠습니다."

　고구려 영양왕 1년 온달(?~590)은 출전에 앞서 이렇게 맹세하였고, 또 "계립령, 죽령 서쪽의 땅을 찾지 못하면 돌아오지 않겠다."고 다짐하였다.

　그러나 온달은 신라군과의 아단성 전투에서 적과 싸우다가 화살에 맞아 전사하였다. 그의 시체를 장사지내려 하였으나 관이 움직이지 않으므로 마침내 공주(온달의 부인)가 와서 관을 어루만지며 "죽고 사는 것이 이미 결정되었으니 이제 편히 돌아갑시다." 하였다. 그제야 그의 관이 움직였는데, 이것은 그가 출진에 앞선 당초의 약속을 지키기 위함이었다.

　『삼국사기』에는 그가 몹시 가난하여 항상 밥을 빌어다가 눈먼 모친을 봉양하였다고 한다. 얼굴이 우습게 생겨 사람들이 그를 '바보 온달'이라 불렀다.

　고구려 평원왕도 어린 공주가 울기를 잘하므로 "바보 온달에게 시집 보내겠다."고 항상 놀렸다. 공주의 나이 16세가 되어 왕이 고씨에게 시집을 보내려 하자, "임금은 식언할 수 없는 것입니다."

하고 왕의 만류를 뿌리치고 금, 은, 패물을 가지고 온달을 찾아가 그와 혼인하였다.

공주는 집과 전답을 마련하고 좋은 말을 사서 명마를 만들었다. 그리고 온달에게 학문과 무예를 익히도록 하여 3월 3일 임금이 개최하는 사냥대회에 온달을 출전시켰다. 이 대회에서 말을 타는 온달의 모습은 두드러졌고 사냥한 짐승도 많았으므로 왕이 친히 불러 그의 이름을 물었다. 그리고 그가 자신의 사위인 것을 알고는 크게 놀랐다. 마침 중국 후주의 무제가 침략해 오자 온달을 선봉장으로 나가 싸우게 하였는데, 그가 큰 공을 세우니 "이 사람은 나의 사위다." 하며 대형의 벼슬을 내렸다.

그후 온달은 신라와의 아차성(아단성) 싸움에 출정하였다가 전사한 것이다.

. . . .

① 충청북도 단양군 온달성(溫達城)
영춘면 하리와 백자리 경계에 있는 성이다.

높이 320m쯤 되는 산에 돌로 쌓은 옛 성이 있어 성산이라고도 부르며 성안에 우물이 있다. 죽령의 북쪽, 남한강변의 전략적 요충지에 고구려 장군 온달이 신라의 군대를 막기 위해 쌓은 성이므로 온달성이라 부른다고 한다. 성은 둘레가 650m쯤 되는 반월성(半月城)이다. '온달'은 만월(滿月)을 뜻하는데, 그가 쌓은 성은 반달성이다. 그 밑에 있는 남굴 역시 온달굴(천연기념물)이라 부르며 온달이 수련하던 동굴이라고 한다. 이 굴의 길이는 600여 미터이며 기이한 석회암 종유석이 늘어서 있어 비경을 이루는 곳이다.

② 충청북도 단양군 장군목

가곡면 향산리에는 장군목 고개와 장군목 마을이 있다.

온달성에서 고구려와 신라 사이에 진을 치고 싸움이 벌어졌는데 그 당시 온달 장군이 이곳을 지나갔다고 한다.

③ 충청북도 단양군 군간(軍間)머리

영춘면 사지원리에 있는 마을이다.

고구려 장군 온달이 온달성에 군대를 주둔시키고 여기에 파수병을 배치하였다고 한다.

④ 충청북도 단양군 쉰돌과 선돌

일명 휴석(休石)이라고 하는데, 영춘면 상리에 있는 마을에 자리 잡고 있다.

고구려 온달이 쉬어간 곳이므로 쉰돌이라 부르게 되었다고 한다. 부근에는 온달의 누이가 온달을 찾아왔다가 전사했다는 소식을 듣고 선 채로 돌이 되었다는 선돌이 있다[立石].

⑤ 충청북도 중원군 공깃돌

상모면 미륵리 미륵댕이에 있는 바위이다.

큰 바위 위에 동그란 바위가 얹혀 있는데 온달이 가지고 놀던 공깃돌이었다고 한다.

⑥ 서울특별시 광진구 아차성(峨嵯城)

장한성(長漢城)이라고 하며 광장동과 구의동 경계의 아차산에 있다.

돌 또는 흙으로 쌓은 흔적이 남아 있으며 아단성(阿旦城)이라는 기록도 보인다.

　온달이 이곳에서 전사한 것으로 전해지는데, 아단성이 단양의 온달성이냐, 서울의 아차성이냐에 대하여는 학계에 서로 다른 의견이 있다.

통일의 꿈 실현, 그러나 불완전 통일
―김유신(金庾信)

신라가 삼국을 통일하는 데 있어 정치, 외교적 측면에서 김춘추(태종 무열왕)를 꼽는다면, 군사적 측면에서는 역시 김유신(595~673)을 꼽아야 하며 여기에는 이의가 있을 수 없을 것이다.

성골과 진골을 구분하며 엄격하게 혈통을 따지던 신라의 귀족사회에서 금관 가야국의 후손인 김유신이 그의 꿈을 실현시키기 위해서는 자진하여 위험과 고난을 도맡는 헌신적 분투로 일관할 수밖에 없었고, 신라 귀족들의 질시와 주목 속에서 신라 제일의 원훈(元勳)이 되기까지는 그의 피나는 노력과 비장한 결의가 있었음을 짐작케 한다.

김유신의 아버지 김서현은 갈문왕의 손녀이자 숙흘종의 딸인 만명(萬明)을 만나 서로 사랑하게 되었다. 당시 신라 왕족들은 엄격한 근친혼이 행해지고 있었으므로 숙흘종은 딸이 김서현과 야합한 줄 알고 딸을 가두어둔 채 사람을 붙여 지키게 하였다.

그런데 갑자기 문에 벼락이 쳐서 문지기가 혼비백산한 틈을 타서 몰래 빠져나온 만명은 변방, 즉 만노군(지금 충북 진천)으로 떠난 김서현을 찾아가게 되며, 어려움 끝에 성혼이 되어 김유신을 낳았다.

15세에 화랑이 된 김유신은 중악(中岳)의 석굴 속에서 수도하다가 한 신인으로부터 영묘한 보검을 얻어 심신을 수련하며 야망을 키웠다. 그후 낭비성 싸움에서 고구려 군사를 물리쳤고 백제, 고구려와의 여러 차례 싸움에서 큰 공을 세웠다. 누이동생인 문희(文姬)가 김춘추와 혼인하여 뒤에 태종 무열왕비인 문명(文明) 부인이 되는데, 그 김춘추와 손을 잡아 그를 임금으로 내세우고 삼국통일을 이룩한다.

660년 7월 당나라 소정방이 거느린 13만 대군과 연합하여 김유신은 정병 5만을 이끌고 백제를 멸망시켰으며, 백제의 부흥군을 토멸하고 668년(문무왕 8)에 다시 나당 연합군을 편성하여 마침내 고구려를 멸망시킨다.

> 같은 언어, 풍속, 제도 속에 한 민족이 뭉치는 것이 국가의 백년 대계를 위해서도 중요하므로 반드시 통일을 완수해야 한다.

이는 김유신의 신조였다. 그러나 오늘날의 평가는 조금 다르다. 신라가 통일의 꿈을 실현한 역사적 성과는 인정하지만, 그 통일은 불완전한 통일이었다. 또 김유신과 같은 논리로서, 고구려가 신라에 사신을 보내 같은 뿌리의 민족임을 이유로 백제와 싸우지 말 것을 권유하였으나 이를 거부한 것은 논리적으로 모순된다. 더구나 당나라 군사를 끌어들여 부여와 평양을 초토화시키고 수많은 포로들이 당나라로 끌려가도록 만들고 고작 대동강 하류 이남의 통일에 그침으로써 그 이북에서 만주에 이르는 광활한 고구려의 옛 터전을 고스란히 중국에 넘겨 주게 된 점, 고구려의 뒤를 이은 발해와 특별한 교류가 없이 반도의 남반부에 집착함으로써 고조선 이래의 고토인 대륙 진출의 꿈을 스스로 포기하였던 점 등은 비판받아야 마땅할 것이다.

  그후 백제와 고구려의 옛 땅은 전부 당나라의 지배에 들어갔고 당나라는 신라까지도 당의 지배에 두려고 하였다. 이에 김유신은 총력을 기울여 당나라의 군사를 몰아냄으로써 대동강 이남의 땅을 되찾았다.

  왕은 그의 공적을 치하하여 그에게 태대각간(太大角干)의 최고 벼슬을 내렸고, 그가 죽은 후에는 흥무대왕(興武大王)에 추증하였다.

  삼국통일 후 672년 당군이 신라를 공격하였을 때 김유신의 둘째 아들인 화랑 원술도 참전하였다. 그는 용감하게 싸웠으나 부하인 담릉의 말을 듣고 적진에 뛰어들지 못하고 패군이 되어 돌아왔다. 이때 김유신은 왕에게, "원술은 왕명을 욕되게 하였을 뿐 아니라 가훈을 어겼으니 당연히 목을 베는 것이 옳습니다." 하였다.

  그러나 왕은 그토록 가혹한 중형을 내릴 수 없다 하여 용서해 주었으나, 원술은 부끄러운 나머지 초야에 묻혀 살다 아버지인 김유신이 죽었다는 말을 듣고 다시 집을 찾았다.

  이때 어머니는 "이미 아버님께서 버린 아들인데 어찌 나 홀로 어머니 노릇을 할 수 있겠는가?" 하고 만나주지도 않았다. 이에 원술은 부모에게 끝내 용서받지 못하고 통한의 삶을 연명하다 고독하게 죽었다.

  굳이 원술의 이야기를 여기에 적는 것은, 김유신이 자기 자신과 가정에 이처럼 엄격하였고, 이러한 정신이 불완전 통일이긴 하지만 삼국통일의 초석이 되었다고 보기 때문이다.

. . . .

① 강원도 강릉시 흥무왕사(興武王祠)

교동에 있으며 사당이 서 있는 곳이 화부산(花浮山)이므로 화부산사라고 한다.

흥무대왕으로 추증된 김유신을 모신 사당이다. 신도비각과 유적비가 있다. 1884년에 화부산 옛터에다 다시 세우고 제향하여 왔으나 동해선 철도 부설 때 다시 옮긴 것이다.

② 충청북도 진천군 태령산(胎靈山)과 길상사(吉祥祠)

진천읍과 충청남도 천안군 경계에 있는 높이 467m의 산.

태산 또는 길상산이라고도 한다. 진천군은 삼국시대의 만노군으로 김서현이 만명 부인과 만나 김유신을 낳았던 곳이다. 이 산은 당시 김유신의 태를 묻은 곳이므로 태령산, 태산 또는 태장산이라 하였다고 한다. 신라 때부터 이곳에 길상사(吉祥祠)라는 사당을 짓고 봄 가을로 제사를 지냈는데, 조선 태조 때 금지시켰으나 주민들이 계속 제사를 지내다가 지금의 당재산 동쪽으로 옮겼다.

인근의 장수터는 당시 김서현과 만명 부인이 살았던 집터로 전해지고 있다.

③ 충청북도 진천군 화랑벌과 장사굴

화랑벌은 만승면 광혜원 중학교 옆 들판이다.

김유신이 화랑도를 이끌고 무술을 연마하던 곳이므로 화랑벌이라 부른다고 한다. 이월면에 있는 장사굴은 김유신이 어려서 이 굴 속에 들어가 수련하던 곳이므로 장사굴이라 부른다고 한다.

④ 충청남도 예산군 원(元)벌

오가면 원평리(元坪里)와 원천리(元泉里) 일대의 넓은 들판을 원벌이라 한다.

또 들판 옆의 예산산성에는 옛 토성이 남아 있는데, 이곳은 신라 김유신 장군의 아들이자 화랑 원술랑(元述郎)이 당군을 무찌른 대첩지로 전해진다.

원술은 처음 10대의 소년 장수로 당나라와의 싸움에 출전하였다가 이곳에서 초전에 패하여 부상을 당하고 서라벌로 패주하였다. 김유신은 패장이 된 아들의 목을 자를 것을 상주하였으나 왕은 그의 장래를 중히 여기고 태백산에 들어가 더욱 수련하도록 하였다. 태백산에서 치욕을 씻기 위해 3년간 수련을 닦은 원술랑은 675년 9월 서해로 상륙한 당나라 군사 20만을 이곳 예산산성에서 맞아 싸우게 되었다. 이 싸움에서 원술이 지휘하는 9천의 화랑 의용군은 당나라 군사를 풀베듯 쓰러뜨려 벌판을 피로 물들었고, 3만 필의 말을 노획하는 큰 전과를 거두었다.

원술이 공을 세우고 신라로 돌아왔으나 그의 모친은 아버지 김유신의 말대로 끝까지 아들을 용납하지 않았으며, 그는 이에 세상을 비관하여 벼슬길에도 오르지 않고 세상을 마쳤다.

이곳의 원벌, 원평, 원천이라는 이름은 이 싸움 당시의 원술랑으로부터 비롯된 이름이라고 한다.

⑤ 전라북도 부안군 우금암(禹金岩)

상서면 감교리 개암사 뒤 산봉우리에 있는 큰 바위로서 높이가 40m쯤 되며 울금바우, 우진암이라고도 한다.

신라가 백제를 칠 때 김유신과 당나라 소정방이 이곳에서 만나 회담하였으므로 우금암이라 부른다고 한다. 삼한 때 우·진 두 장수가 이 바위에 성을 쌓았으므로 우진암이라 부른다고도 한다. 개암사 동쪽에는 김유신의 영정을 모신 흥무왕 영당이 있다.

⑥ 전라남도 함평군 서군(誓軍) 다리

신광면 삼덕리에 있는 다리로서 석은교, 수근교, 썩은다리라고도 한다.

　신라가 백제를 정벌할 때 김유신과 그의 부하들이 승전을 서약하고 야영했던 곳이라고 한다.

　⑦ 경상북도 경주시 금장산(金藏山)

　충효동과 현곡면 경계에 있는 높이 200미터의 산이다.

　산 기슭에 김유신의 묘가 있으므로 금장산이라 한다.

　⑧ 경상북도 경주시 집경전(集慶殿) 터

　북부동 160번지 경주여자 중·고등학교 앞에 있는 터이다.

　진덕여왕이 죽자 김유신은 대신들을 이곳에 모아놓고 의논 끝에 김춘추를 임금으로 추대하였고, 김춘추는 이곳에서 그날로 왕위에 올랐다.

　⑨ 경상북도 경주시 충효동(忠孝洞)

　김유신의 묘가 있으므로 충효쌍전한 그의 업적을 기려 충효동이라 하였다. 이곳에 사적 제 21호로 지정된 김유신묘가 있으며, 김유신의 위패를 모시고 제사를 지내는 금산재(金山齋)가 있다.

　⑩ 경상북도 경주시 천관사(天官寺) 터

　오릉동 동북쪽 도두랑산 사이에 있는 절터이다.

　김유신이 젊었을 때 기생 천관을 좋아하여 날마다 다니며 술을 마시고 놀았다. 그 모친이, "부모에게 효도하고 외적을 물리쳐 입신양명하지 못한다면 어찌 지하의 아버지를 뵐 수 있겠느냐?"고 하니 김유신이 다시는 천관의 집에 가지 않겠다고 약속하였다. 어느 날 친구집에서 술을 마시고 취한 채 돌아오는데, 그가 탄 말이 천관의 집 앞에 멈추었다. 천관이 뛰어나와 반갑게 맞이하였으나 그는 말로 인하여 어머님께 약속을 지키지 못한 것이 부끄러워 칼로 말의 목을 치고는 되돌아오고 말았다. 천관은 야속한 심정을 노래로 지어 부르며 그를 사모하다 죽었는데, 뒤에 천관의 집터에 절을 지어 천관사라 하였다고 한다.

⑪ 경상북도 경주시 재매정(財買井)

황남동에 있으며 김유신 장군 집터이다.

지금도 그때의 우물이 남아 있고 그 옆에 재매정 비각이 있으며, 비석에는 '신라 태대각간 개국공 김 선생 유허비' 라 새겨져 있다. 선덕여왕 때 김유신이 백제의 7개 성을 함락시키고 돌아오는데 백제의 대군이 다시 공격해 와 급히 적을 막으라는 왕명이 떨어졌다.

이에 장군은 바로 앞에 집을 두고도 집에 들르지 않고 곧 군사를 휘몰아 전쟁터로 떠났는데, 가족들이 집 앞에 나와 기다리고 있었으나 쳐다보지도 않았다.

한참을 지나온 후 말을 세우고 내 집의 물을 떠오라 하여 맛을 보고 나서는 "내 집의 물맛은 변치 않았구나." 하고 그대로 출전하였다. 이를 본 부하 장졸들이 "장군이 저러한데 우리가 어찌 가족과의 이별을 한탄하랴." 하고 용약 출전하여 마침내 승전하였다고 한다.

이 우물이 바로 그 우물이다. 또 김유신의 여동생이 경주 시내가 가득하도록 오줌을 누는 꿈을 꾸었는데, 언니의 꿈이 예사롭지 않은 꿈인 것을 알고 또 다른 여동생인 문희가 언니의 꿈을 사서 마침내 무열왕의 왕비가 되었다는 이야기도 있다. 그 여동생들도 이 우물물을 마셨을 터이다.

⑫ 경상북도 경주시 지맥암(持麥岩)

서면 천촌리 주사사 서쪽에 있는 바위이다.

이 바위는 사면이 벼랑으로 되어 있고 위는 편편하여 백여 명이 앉을 만하며 말 발자국 같은 흔적이 있다. 김유신이 군사들을 이끌고 싸움터에 갔다가 돌아오면서 술 빚는 누룩을 이 바위에서 말리게 하였다고도 하고, 혹은 군사들을 위로하기 위하여 부근에 쌓아둔 보리를 가져다가 술을 빚어 주연을 베풀었으므로 지맥암이라 부른다고 한다. 마당바우, 넓떡방구라고도 부른다. 고려 명종 때의 학자 김극기는 이곳에서 다음과 같은 시를 지었다.

우뚝한 한 그루 바위, 깎아질러 사방은 험하고…
지키면 산처럼 꿋꿋하고,
공격하면 번개치듯 삼한이 한 집으로 되어,
성한 공로 금책에 새겨졌네.
영걸스런 넋 이제 어디 있는고,
푸른 이끼 발자국 덮었네.

⑬ 경상북도 경주시 단석산(斷石山)

건천읍 장내리와 산내면 감산리 등에 걸쳐 있는 높이 825m의 산.

김유신이 젊어서 이 산 속에서 무예를 수련하다가 한 신인을 만나 신묘한 보검을 얻었다고 전해진다. 이 보검으로 산의 바위를 갈랐으므로 단석산이라 부르게 되었다고 한다. 그때 갈라진 큰 바위가 남아서 전설 같은 이야기를 들려준다. 이곳에 단석사터가 있으며 산내면에는 단석마을도 있다.

⑭ 경상북도 군위군 장군동(將軍洞)

효령면에 있는 마을이다.

이곳에 장군당이 있으므로 장군동이라 한다. 장군당은 신라 김유신을 모신 당집으로 매년 단오에 군위고을 아전이 말을 타고 기를 세운 뒤 굿놀이를 하던 곳이다.

⑮ 경상북도 문경시 당교(唐橋)

점촌의 모전동 국도 3호선 함창과의 경계에 있는 길이 10여 미터의 작은 다리이다.

신라가 당나라 군사를 몰아내기 위하여 이 일대에서 치열한 격전을 벌인 곳이다.

나당 연합군은 서기 660년(의자왕 20) 백제를 멸망시키고 웅진(공주)에 웅진 도독부를 두었으며 그 영토를 5도독부로 나누어 다스렸다. 그리고 668년(문무왕 8)에는 고구려를 멸망시키고 평양에 안동도호부를 두었으며 그 밑에 전 영토를 9도독부로 나누어 다스리게 하였다.

이와 함께 당은 신라를 복속시키려고 663년(문무왕 3) 경주에 계림대도독부를 설치하고 신라 왕을 계림주 대도독으로 임명하였다. 이는 백제와 고구려는 물론 신라의 영토마저 당나라의 땅으로 복속시키고자 한 것이므로 신라는 백제, 고구려의 유민과 함께 각처에서 당군과 싸움을 벌여 그들을 몰아냈다.

이에 당은 한반도를 포기하고 676년(문무왕 16) 안동도호부를 요동(봉천 요양)으로 옮겼으며, 그 이듬해에는 당이 남만주로 옮겼던 고구려와 백제의 유민들을 통치하기 쉽도록 요동의 신성(지금 봉천 신민부의 동북 요빈탑 또는 무순 부근으로 추정)으로 옮긴 후 여러 번 옮겨다니다가 안록산의 반란을 계기로 폐지하였다.

이곳의 싸움에서 당나라 군사가 크게 패하여 물러갔는데 당교 아래 개울은 당나라 군사의 피로 물들었고, 부근의 들판도 당군의 시체로 뒤덮였으므로 이곳을 당교라 부르게 되었다고 한다.

이 지방에 구전되기는 당나라 소정방의 군사를 김유신의 군사들이 무찔러 격퇴하였다고 전해지고 있으나, 당나라 주둔군을 신라군이 북쪽으로 몰아낸 격전지 중의 한 곳일 것이다.

그런데 필자는 당나라가 도호부를 옮긴 요동 신성의 위치에 대하여 깊은 관심을 가지고 있다. 그 까닭은 당나라가 백제의 의자왕과 대신 93명, 백성 12,807명 그리고 고구려 보장왕과 수많은 유민들을 끌고간 곳이 남만주이고 그들을 통치하기 위하여 도호부도 남만주로 옮긴 것으로 되어 있기 때문이다.(그러나 백제 의자왕과 고구려의 보장왕은 장안으로 끌려 갔다.)

당나라 요동으로 끌려간 그 유민들의 자손은 먼 옛날 그 조상의 나라였던 지금의 KOREA를 기억이나 하고 있을까?

당교에 대하여 일설에는, 소정방이 신라를 치려고 이 부근에 머물렀을 때, 김유신이 그 계획을 알아내고 당나라 군사들에게 잔치를 베풀어 술에 취하게 한 후 병사들을 모두 죽여서 이곳에 묻었다고 한다.

⑯ 경상남도 진주시 남악사(南岳祠)

금곡면 죽곡리에 있으며 남악서원이라고도 한다.

남악은 지리산을 말한다. 이 사당은 김유신, 설총, 최치원을 모시는 사당이다.

해인사를 창건한 신라 왕
―애장왕(哀莊王)

중첩한 산을 호령하며 미친 듯 쏟아지는 물소리에
사람의 소리는 지척에도 분간하기 어렵구나.
세상의 시비 소리 귀에 들릴까 두려워
짐짓 흐르는 물을 시켜 산을 귀먹게 하였도다.

이 시는 신라 말기의 최치원이 쓴 시로서 가야산 홍류동 입구에
새겨져 있다. 경상남도 합천군 가야면 치인리 가야산에는 우리나
라 삼보(三寶)사찰의 하나인 해인사(海印寺)가 있으며, 이곳에 신
라 말기 애장왕의 이야기가 전해진다.

애장왕(788~809)은 신라 제40대 임금이다. 재위는 10년간이며
소성왕의 맏아들이다. 802년 왕 3년에 해인사를 지었으며 일본과
친교를 맺었고 그 후에는 절을 새로 짓지 못하게 하였다. 10년에
숙부 헌덕왕에게 피살되었으므로 시호를 애장왕이라 하였다. 해
인사는 애장왕의 지극한 정성에 의하여 순응과 이정이라는 두 고
승이 세웠다.

중국 양나라 때 보지공(寶誌公)이라는 고승이 어느 날 임종하면
서 제자들에게 ‘동국답산기’를 주며 “내가 죽은 뒤 신라 땅의 두

스님이 법을 구하러 올 것이니 전해 주라.”는 유언을 남겼다. 그후 3백 년이 지나 순응과 이정이 당나라에 들어가 그 제자들로부터 책을 전해 받고 보지공의 묘에 찾아가 간절히 기도하니, 이레째 되는 날 묘의 문이 열리며 공이 나와서 “우두산에 가면 불법이 크게 일어나리라.” 하고 사라졌다.

두 조사는 신라에 돌아와 우두산에서 참선에 들어갔다. 때마침 애장왕의 왕비가 등창이 나서 전국에 사람을 풀어 고명한 스님을 찾다가, 가야산 산정에 서광이 비치는 것을 보고 찾아와 두 스님에게 함께 궁궐로 가기를 간청하였다.

이에 두 조사는 이를 허락지 않고, 대신 오색실을 주면서 실을 가지고 가서 실의 한 끝은 궁 앞의 배나무에 대고 또 한 끝은 등창 난 곳에 대면 병이 나으리라 하였다. 대신이 돌아가 그대로 하니 과연 병이 나으면서 배나무가 말라 죽었다.

이에 감동한 애장왕이 가야산에 와서 원당을 짓고 정사를 돌보며 해인사 창건에 착수하였으며, 또 밭 2천5백 결을 하사하였다.

지리산에 마고성모(麻姑聖母)가 좌정하고 있고, 영일군 운제산에는 운제성모(雲梯)가, 속리산에는 대자재천왕(大自在天王)이, 경주 선도산에는 선도(仙桃)성모가 있듯이, 가야산에는 정견모주(正見母主)가 좌정하고 있어 근래까지 산신단에서 정견모주의 제사를 지냈다고 한다.

‘가야’는 신라에 불교가 전해진 이후에 붙은 이름으로 보고 있으며, 부처의 성지인 부다가야에 가야성이 있고 그 서남쪽 1마일 남짓에 가야산이 있다고 한다. 이 ‘가야’는 인도말로 소를 뜻하는데, 가야산의 별칭인 우두산(牛頭山)도 이 ‘가야’와 밀접한 관련이 있을 것이다.

여기서 해인사의 ‘해인(海印)’에 대하여 잠시 언급하자면, 해인은 삼매(三昧 : Samadhi, 산스크리트어)의 이름인데 바다(海) 가운데 온갖 사물의 그림자가 거울(印)처럼 비추듯이, 부처의 지혜의 바다에는 온갖 만법이 나타나므로 이를 '해인삼매'라 하며, 여기서 빌려온 이름이다.

애장왕. 그의 왕비에 대한 지극한 애정과 사찰 창건을 직접 주재한 이 이야기는 신라 불교의 국가적 경영에 대하여 시사하는 바가 크며, 바로 그런 이야기들이 해인사 주변에 지명으로 남아서 지금까지 전해지고 있는 것이다.

. . . .

① 경상남도 합천군 원당암(願堂庵)과 다층석탑

해인사의 약수암 서쪽에 있다.

해인사를 창건할 때 같이 세웠다고 하며 애장왕이 해인사를 지을 때 이곳에서 절 창건공사를 지휘하였다고 한다.

여기에는 다른 이야기도 전해진다. 원당암은 신라 51대 진성여왕이 여왕의 유모 남편인 위홍과 사랑에 빠졌는데, 위홍이 죽자 해인사에 그 연인의 원당을 지었다고 한다. 그리고 왕위를 물려준 후에는 해인사에서 지내면서 죽어서도 함께 묻히고자 하였다고 한다. 곧 원당암은 위홍을 위한 원당으로 보기도 한다.

극락전 동쪽에는 애장왕이 마셨다는 어수정이라는 우물이 있다. 또 보물로 지정된 석탑과 석등은 진성여왕 때의 작품으로 보고 있다.

② 경상남도 합천군 초막동(草幕洞)과 마장동(馬場洞)

가야면 치인리의 삼정 서남쪽에 초막동이란 마을이 있다.

해인사 창건 당시 애장왕과 신하들이 타고 온 말을 먹일 목초를 저장했던 곳이므로 초막동이라 부르게 되었다. 또 초막동 동북쪽에는 그 당시 애장왕이 해인사 창간차 이곳에 와 있을 때 말을 가두는 마장이 있었으므로 마장동이라 하였다.

③ 경상남도 합천군 삼정(三政)

가야면 치인리의 삼선암 서남쪽에 있는 마을이다.

신라 애장왕이 해인사 창건을 위하여 3년간 머물 때 세 정승이 함께 따라와서 머물렀으므로 삼정이라 하였다고 한다.(신라시대 때는 삼정승 제도가 없었으므로 3년간 정사를 돌보았다는 뜻일 것이다.)

④ 경상남도 합천군 여꼬다리(여우다리)

가야면 황산리의 각사동에서 가야면 사무소로 가는 길목에 있는 다리이다.

애장왕의 왕비가 등창이 나서 고생이 심하므로 고승을 찾아다니던 신하들이 이곳에 이르자 백여우가 길을 안내하여, 뒤에 해인사를 세운 순응·이정 두 스님을 이 다리에서 만나게 되었다고 한다.

불륜의 '처(妻)'를 '용(容)'서하다
—처용(處容)

신라 헌강왕 이후 조선 초기까지 궁중 나레로 연회에서 추던 탈춤인 처용무나 신라, 고려, 조선시대까지 궁중가악으로 불러온 처용가는 모두 신라 헌강왕 때 처용으로부터 비롯되었다.

〈처용가〉

서블 볼기 도래	서울 달 밝은 밤에
밤드리 노니다가	밤들이 놀다가
드러와 자리보곤	들어와 자리를 보니
가른리 네히ᅀᅳ라	가랭이 넷이어라
둘흔 내해엇고	둘은 내해이고
둘흔 뉘해언고	둘은 뉘해언고
본디 내해다마른	본디 내해이다마는
아ᅀᅡ는 엇디 ᄒ릿고	빼앗겼으니 어찌하리

〈고려 속요 처용가〉

신라성대 밝은 성대 천하태평 어라하(왕)의 덕 (중략)

아 아 아비 모양이여, 처용 아비 모양이여 !…
서울 밝은 달에 밤새도록 노니다가
들어와 자리를 보니 다리가 넷이로다
아! 둘은 내 것이거니와 둘은 누구의 것인고
이런 때에 처용 아비 곳 보시면
열병이야 횟갓이로다.
천금을 줄까 처용 아비야.
칠보를 줄까 처용 아비야. (후략)

　신라 제49대 헌강왕 때 임금이 나라 동쪽의 여러 고을을 순시하
다가 동해안의 울산 지방에 도착하여 해안에서 잠시 쉬고 있을 때
였다. 갑자기 많은 학의 무리가 모여들어 왕을 환영하듯 춤을 추
더니, 임금이 휴식을 마치고 서울로 돌아가려고 하자 짙은 안개와
검은 구름이 덮여 지척을 분간할 수 없게 되었다. 임금이 신하에
게 연유를 물으니, "필시 동해 용왕의 조화인 듯하오니 용을 위해
좋은 일을 하면 풀릴 것이옵니다." 하고 아뢰었다. 왕이 신하들에
게 동해 용을 위해 절을 지어 주도록 분부하니, 어두웠던 구름과
안개가 바로 걷히었다. 이때 동해바다에서 용왕이 아들 일곱을 데
리고 나와 임금과 정중히 인사를 나눈 뒤 서로 칭송하고 노래와
춤으로 흥겨운 한때를 보냈다. 용왕이 헤어지면서 한 아들을 두고
사라지므로 임금이 그를 경주로 데리고 가서 급간(級干)이라는 벼
슬과 처용이라는 이름을 주었으며, 아름다운 여인과 짝을 지어주
었다.
　처용의 아내는 너무도 아름다웠으므로 그가 집을 비운 사이에
그의 아내를 흠모하던 역신(疫神)이 침투하여 동침하였다. 집에 돌
아온 처용은 아내가 외간 남자와 동침하고 있음을 보고는 그대로
물러나와 춤을 추며 노래를 부르니, 이것이 향가로 전해지는 〈처

용가〉이다.

처용의 관용에 탄복한 역신은 처용 앞에 무릎을 꿇고, "앞으로는 공의 형상을 그린 것만 보아도 가까이 가지 않겠나이다."라고 맹세하고는 사라졌다. 그후 신라 사람들은 정초가 되면 처용의 형상을 그려서 문에 붙여 역신을 막았다고 하며, 조선시대 장악원 향악부에 처용무가 있던 것도 여기에서 비롯된 것이라고 한다.

여기서 역신이란 집집마다 찾아다니며 천연두(마마)를 앓게 한다는 잡신을 말한다. 그런데 처용에 대하여는, 그의 특이한 용모와 유별난 의상 등으로 미루어 이슬람의 상인이었을 것으로 보는 견해가 유력하다.

그 까닭은 9세기경 이슬람의 문헌에도 "중국 동쪽에 6개의 섬으로 된 신라라는 나라가 있는데 금이 풍부하다. 그곳에 간 무슬림들은 좋은 환경에 매료되어 영구 정착해 버리곤 한다."고 하였고, 또 경주에서 발견된 9세기경의 유적에도 사산조의 페르시아 문양석이 있기 때문이다.

따라서 처용의 아라비아인설은 타당성이 있다고 보며, 일설에는 그의 아내가 역신과 동침한 것을 무녀(巫女)사회의 매춘행위로 보거나 처용은 후대에 생겨난 풍습인 '제웅'과 연결시키기도 한다.

어쨌든 경주 괘릉의 무인석이 영락없는 서역인의 형상을 닮은 점 등이 이 논거를 뒷받침하는데, 처용은 그 이름처럼 불륜의 '처를 용서' 하였으니 처용(處容)이 아닌 처용(妻容)이었던가 보다.

신라의 옛날 처용옹은 바다 가운데로부터 왔다네.
옥 같은 이와 붉은 입술로 달밤에 노래하고,
솔개 어깨 붉은 소매로 봄바람에 춤추었네.
—이제현

．．．．．．．．．．．．．．．．．．．．．．

① 경상남도 울산시 처용리(處容里)와 처용암

온산면에 있다.

마을 앞 바다에 처용암이 있으며 신라 때 처용이 바다 가운데에 있는 이 바위에서 나왔으므로 처용암, 처용리라 부르게 되었다. 이 마을 신기 동쪽에는 왕이 바다를 바라보았다고 하여 망해사(望海寺)라는 절을 세웠는데 지금은 그 사적만 남아 있다.

② 경상남도 울산시 개운포(開雲浦)

황성동 뒤쪽에 옛 개운포 성지가 있다.

신라왕이 동해 용왕을 위해 절을 지어주기로 한 후 구름이 걷혔으므로 그 해안을 개운포라 불렀다고 한다.

③ 경상남도 울산시 학성동(鶴城洞)

울산시 중구에 있으며 이곳에 학성공원이 조성되어 있다.

왕이 울산에 왔을 때 학의 무리가 모여들었으므로 학성(鶴城)이라 하였다고 한다.

직신은 숨김없이 바른 말 하는 것
—이승휴(李承休)

전하께서 늙은 신하를 부르신 것은 무슨 기발한 계책을 내고 큰 공을 세우리라고 생각하신 것이 아니라 다만 숨김없이 바른 말 하기를 바라신 것이라 생각됩니다. 신이 어찌 남은 목숨을 아껴서 임금의 은혜를 저버리겠습니까.

휴휴(休休) 동안거사(動安居士) 이승휴(1224~1301).

임금에게 바른 말을 잘하였고 벼슬에 연연하지 않았으며 항상 물러나 쉬기를 기다렸기에 그의 자가 휴휴였던가.

썩은 벼슬아치들이 바른 말을 하기보다는 제 한몸의 부귀영화와 보신을 위하여 세상일에 눈감아 버리고, 벼슬자리에서 물러나면 임금이 다시 불러주기를 바라기에 연군가(戀君歌)니 미인곡이니 하며 궁상을 떠는 것은 예나 이제나 다를 바가 없다.

그러기에 이승휴의 일생을 보면 그의 고고한 삶의 지표가 더욱 돋보이거니와, 그가 남긴 『제왕운기(帝王韻紀)』 2권은 우리 역사에서 『삼국유사』와 함께 단군에 관하여 기록을 남긴 귀중한 역사서로 평가받는다.

이 책은 단군 이후 위만, 4군, 삼한, 신라, 고구려, 백제, 후삼국,

발해를 7언시로 읊어 1460언으로 하였으며 고려의 개국에서 충렬왕대까지의 사실(史實)은 5언시로 엮어 700언을 기술한 것이다.

이승휴는 경산부 가리현 사람으로 어려서 아버지를 잃었으며, 고려 고종 때 과거에 급제하였으나 벼슬에 뜻이 없어 강원도 삼척의 두타산 구동(龜洞)에 들어가 어머니를 모시고 밭을 갈며 학문을 닦았다.

조정에서 간곡히 부르므로 나아가 서장관이 되어 원나라에 가서 뛰어난 문장으로 이름을 떨쳤다. 충렬왕 때 감찰대부 등의 벼슬에 있었으나 임금에게 바른 말을 간하다가 다시 두타산으로 내려와 『제왕운기』 등을 저술하였다.

1298년 충렬왕이 다시 부르므로 나아가 밀직부사를 지냈다. 이때 이승휴가 글을 올리기를,

나라 제도에 나이 70이 넘어서 높은 벼슬에 임명된 예가 없습니다. 변변치 못한 신 때문에 선왕의 제도를 고치게 된다면 신의 죄가 클 것이니 은명을 철회하여 주소서.

하였다. 왕이 웃으며,

선생은 다른 사람과 비교할 처지가 아니오.

하며 빨리 부임할 것을 재촉하였다. 이승휴가 마지 못해 벼슬길에 나아가며 시를 지었다.

외로운 종적 강산에 묻혀 있은 지 몇 해인가.
다시 서울의 먼지를 밟고 보니 꿈인 듯하여라.

그러나 이승휴는 벼슬을 받은 지 10여 일이 지나자 다시 글을 올려 은퇴할 것을 간곡히 요청하니 왕이 하는 수 없이 허락하였다.

. . . .

① 강원도 삼척시 죽서루(竹西樓)

성내동의 오십천 절벽 위에 있는 2층 누각으로 관동 8경의 하나이다.

누상에는 '관동제일루'와 '죽서루'의 편액이 있고, '제일계정(第一溪亭)'은 1662년(현종) 부사 허목이 쓴 글씨라고 한다.

이 누정은 1275년 고려 충렬왕 때 간관 동안거사 이승휴가 처음 세웠다고 한다.

그는 젊었을 때 노모를 모시고 두타산 아래서 밭을 갈며 공부하였는데, 어느 날 오십천 절벽 위에서 낚시터를 고르다가 발을 헛짚어 낭떠러지로 굴러 떨어지고 말았다.

그때 냇가에서 나물을 뜯던 기녀(妓女) 죽죽선(竹竹仙)이 그를 구해 냈는데 이것이 인연이 되어 두 사람은 서로 사랑하게 되었다. 그러나 기녀와의 사랑을 반대하는 노모에 의해 이승휴는 송도로 들어가 벼슬길에 오르게 되었고, 죽죽선은 날마다 이 오십천 절벽에 올라 송도를 바라보며 애타는 마음을 달랬다.

그러나 이승휴로부터 아무런 소식이 없자 이룰 수 없는 사랑을 체념하고 오십천에 몸을 던져 죽었다고 한다.(혹은 죽장사에 들어가 여승이 되었다고도 한다.) 그후 간관이 되어 이곳에 내려온 이승휴는 옛 정한을 못 이겨 그녀를 찾았으나 이미 그녀는 사라지고 없으므로, 이곳에 누각을 지어 죽서루라 하고 죽죽선과의 인연을 기념하였다는 것이다.

　일설에 죽서루란 이름은 죽장사의 서쪽에 세웠다는 뜻이라고도 한다.

　죽서루는 보물 제213호로 지정되어 있는데 1층은 기둥이 17개로 되어 있고 그 중 8개는 돌을 다듬어 주춧돌을 앉힌 후 세웠으며 나머지 9개는 자연석의 암초 위에 그대로 기둥을 세운 것이다. 그리고 2층은 20개의 기둥을 세운 특이한 누각이다.

　죽서루가 서 있는 오십천은 태백산맥의 백병산에서 발원하여 동해로 흘러 들어가는 하천이다. 이 하천에 '쉰(50)'이란 숫자가 붙은 것은 하천의 다리가 50이요, 굽이가 50이므로 오십천이라 부른다고도 하고, 또는 미로면의 쉬누뭇골을 지나므로 오십천이라 하였다고도 한다. 두타산 밑 쉼움산 인근에 이승휴 유허지가 있다.

② 강원도 삼척시 휴퇴산(休退山)
　동해시와의 경계인 추암동 남쪽에 있는 산이다.

　고려 충렬왕 때의 직신(直臣 : 곧은 신하, 바른 말을 잘하는 신하) 이승휴가 임금께 간하다가 몰리어 이곳으로 내려왔으므로 휴퇴산이라 한다.

외로운 충성, 준엄한 절의, 박통한 경학
—우탁(禹倬)

고려 충렬왕 때의 일이다. 우탁(1263~1342)이 흰 옷을 입고 도끼를 메고 거적을 지고 대궐에 나아가 상소하여 임금에게 강력히 간하였다. 그런데 근신들이 상소문을 펴들고 감히 읽지 못하자 우탁이 근신을 꾸짖어,

그대는 근신(近臣)이 되어서 왕의 그릇됨을 바로잡지 못하고 아첨만 하여 이 지경에 이르게 되었소. 그대는 그 죄를 아시오?

하였다.
도끼를 메고 들어간 것은 그 도끼로 내 목을 쳐도 좋다는 뜻이니, 곧 '지부상소'라 한다.
왕이 김문연의 집에 갔다가 그곳에서 숙창원비 김씨를 범하였다. 감히 이를 보고도 말하는 자가 없으므로 우탁이 들고 일어난 것이다. 우탁의 이 말에 좌우의 신하들은 두려워 몸을 떨고, 왕은 부끄러운 빛이었다. 우탁의 이런 충간을 "천 년 후에 생각해도 고충(孤忠)·준절(峻節)이 탁월하여 이에 따를 사람이 없다."고 사가들은 말한다.

우탁은 단양 사람으로, 일찍이 충선왕에게 글을 올려 벼슬을 내놓고 경상도 예안으로 물러났다. 충숙왕이 그의 곧은 충의를 알고 다시 불렀으나 끝내 나가지 않았다. 성품이 바르고 곧았다. 영해에서 벼슬할 때는 이런 일도 있었다. 요사스런 신당이 있어 이름을 팔령이라 불렀다. 백성들이 이 신당의 영험과 괴이함에 미혹되어 제사를 받들기를 매우 번거롭게 하였다.

우탁이 이곳에 부임하자 이내 신당의 기물을 부수어 바다에 던져버리니 음사(淫祠)가 마침내 없어졌다. 그는 경사에 밝았고 더욱이 역학에 정통해서 그가 점을 치면 맞지 않는 것이 없었다고 한다.

중국에서 '정전(鄭傳)'이 처음 들어왔을 때 우리나라에 아는 사람이 없었는데 그가 문을 닫아 걸고 달포를 연구하더니 드디어 해독하고 생도들에게 가르치니 의리의 학문이 비로소 행해지게 되었다고 한다. 그는 81세로 죽었는데 그에 대하여 후인이 평하기를,

> 선생의 충의와 절개는 이미 하늘과 땅을 움직이고 산악을 흔들만하며, 또 경학의 밝음과 진퇴의 바름이 이보다 크게 뛰어남은… 선생이 아니고 누가 있겠는가?…

하였다.

그가 중국의 학자들과 역학을 토론하였는데 그들도 크게 놀라 "우리의 역(易)이 동쪽으로 옮겨갔다."고 하여 그를 '역동(易東)' 선생이라 불렀다고 한다.

> 한 손에 막대 잡고 또 한 손에 가시 쥐고
> 늙는 길 가시로 막고 오는 백발 막대로 치려니
> 백발이 제 먼저 알고 지름길로 오더라.

이것은 그가 지은 여러 시조 중의 하나로서, 속절없이 늙어 가는 인생의 황혼을 노래한 것이다.

. . . .

① 충청북도 단양군 품달촌(品達村)

적성면 상리, 하리, 현곡리 등의 여러 마을을 예로부터 통털어 불러온 이름이다.

이곳은 산자수명한 경승지로서 『정감록』에서 말하는 십승지지 라고도 하는데, 예로부터 명현이 많이 배출되어 높은 관직에 오르 므로 품달촌이라 부르게 되었다.

이곳에는 3품달과 12품달이 있는데 가마실, 새원리, 전반이, 가 마골, 떡가루목, 하원, 논길, 새하, 목성동, 노가태, 곧은 터, 상학 을 12품달이라 부른단다. 또 3품달에서는 고려 때의 우탁, 조선 영 조 때 영의정을 지낸 유척기 선생이 태어났으며, 두 사람이 태어 났으므로 2품달이 되었고, 앞으로 또 한 사람이 품달되어 3품달이 될 것이라 한다.

② 충청북도 단양군 우탁 선생 탄생지

적성면 현곡리 278번지에 있으며 고려시대 때 우탁이 태어난 곳 이다.

③ 충청북도 단양군 사인암(舍人岩)

대강면 사인암리 남한강변에 있으며 단양 8경의 제4경에 해당 된다.

사인이란 신라와 고려를 거쳐 조선시대까지 있었던 벼슬이름이다. 기묘한 바위가 하늘을 찌를 듯이 솟아 있어 우탁의 절의를 보여주는 듯한데, 우탁이 사인의 벼슬에 있을 때 자주 이곳에서 놀았으므로 사인암이라 부르게 되었다고 한다.

④ 경상북도 안동시 역동(易洞)

예안면 부포리 다래 북서쪽에 있는 마을이다.

역동 우탁이 이곳으로 물러나 주역을 강론하였으므로 마을 이름도 역동이라 한다. 이곳에는 이퇴계 선생이 선조 때 세웠던 역동서원이 있었던 곳으로 '역동 우탁 유허비'가 있다. 또 인근의 미질리에 있는 구계서원에서 우탁 선생을 배향하고 있다.

⑤ 경상북도 안동시 우탁묘

예안면 정산리 웃솔우물 북쪽 산에 있는 묘소이다.

우탁은 예안으로 물러나 81세로 죽었다.

⑥ 경상북도 예천군 가재봉(佳載峰)

상리면 도촌리, 백석리 등에 걸쳐 있는 높이 845m의 산이다.

산의 모양이 매우 수려하므로 우탁이 산 이름을 가재봉이라 하였다고 한다.

⑦ 경상북도 예천군 구도곡(求道谷)

상리면 두성리에 있는 마을이며 구두실, 구두동이라고도 한다.

우탁이 이곳에서 도를 닦았으므로 생겨난 이름이다. 음정 동쪽에 있는 사별(師別)마을은 새별, 사성동이라고도 하는데 우탁이 이곳에서 수도를 마치고 그의 스승 법선사와 이별하였으므로 사별이라 부른다고 한다.

또 음정은 운정(雲亭)이라고도 하는데 우탁이 정자를 짓고 수도

하던 곳으로 전해진다.

⑧ 경상북도 예천군 도촌리(道村里)
상리면에 있는 마을이다.
우탁이 이곳에서 도를 닦았으므로 마을 이름도 도촌이 되었다고
한다.

풍뎅이를 보고 거북선을 고안
—나대용(羅大用)

대개 '이 충무공' 하면 거북선을 떠올리지만 실제로 거북선을 제조한 사람은 나대용(1556~?)이다.

전라남도 나주 문평면 출신으로 28세 때 훈련원 별시에 병과로 합격하였고, 임진란 1년 전인 1591년 전라좌수사인 이순신을 찾아가서 자신이 8년 여에 걸쳐서 연구한 거북선 설계도를 보이는 한편 국방에 대한 계책을 진언하였다. 이에 이순신이 크게 기뻐하고 그를 책임자로 하여 거북선 제작에 착수하였으며, 1592년 3월 27일 여수 앞바다에서 첫 진수를 하였다.

그는 풍뎅이를 보고 거북선을 고안했다고 하는데, 문평면에는 지금도 이에 대한 동요가 전해 내려온다. 거북선은 태종 때 처음 만들었다는 기록이 있으며, 이를 개량하고 보완하여 실전에 사용케 한 것은 나대용의 공적이다.

나대용은 1583년경부터 고향에 낙향하여 8년 동안 직접 나무를 베어다가 배를 만들어 물에 띄우는 등 연구를 거듭하였다. 그러므로 거북선은 나대용의 오랜 연구와 경험, 기술 없이는 제작이 불가능하였을 것으로 보는 것이다. 그는 임진해전에도 15회나 참전하여 공을 세웠고, 난이 끝난 후에는 쾌속정인 해추선을 만들었다고 한다. 참으로 그 이름처럼 거북선을 만들어 나라가 어려울 때 크게 쓰이게〔大用〕한 것이다.

・・・・・・・・・・・・・・・・・・・・

① 전라남도 나주시 방죽골
문평면 오룡리에 있다.

그 전에는 방죽이 있었는데, 나대용이 이 곳에서 8년여 동안 배를 만들어 띄우며 거북선을 연구했다고 한다.

② 전라남도 여수시 굴강(屈江)
시전동 선소터에 있으며 나대용이 거북선을 제작한 곳이다. 마치 요강처럼 생겨서 요새지로 적격인 곳이다. 여기서 거북선을 건조하여 정박시켰다. 주위에는 거북선을 매어두었던 계선주, 칼과 창을 갈았다는 세검장, 일반인의 통행금지구역을 표시한 돌벅수 등이 남아 있다.

③ 전라남도 나주시 나대용 장군 생가
문평면에 있는 나대용이 태어난 집으로 평범한 초가집이다. 방 벽에는 장군이 손수 그린 배의 설계도가 일제 때까지 있었으나 그 후 도배를 해버려서 귀중한 문화사료가 사장되어 버렸다고 한다.

④ 전라남도 나주시 나대용 장군 기적비
문평면 산호리에 있다.

'체암(遞岩) 나대용 장군 기적비'라고 새겨져 있으며, 이 비에 그의 공적이 기록되어 있다.

시(是)는 시요, 비(非)는 비라 하는 것
—김덕령(金德齡)

  영봉 무등이 무궁한 일월을 머리에 이고 지켜보는 이 언덕은 충장공 김덕령 장군이 정경부인 흥양 이씨와 함께 잠드신 유택이다. 국가 최대의 국난인 임진왜란을 당하여 일신을 홍모와 같이 바치시고… 슬프다. 공의 충절무훈이 모두 원통해 잠기니 일월도 슬퍼하고 산하도 초목도 울었으리라… 여기 새 사우를 세워 천추에 서린 공의 한을 풀게 하고 공의 영혼을 위무하며 이 묘비를 세워 길이 후손에게 전하고자 하는 바이다.
  —충장사 비문

  구전되고 있는 김덕령의 생애에는 다분히 전설적인 요소가 많다. 우리 역사를 보면 어리석은 임금들에 의하여 나라의 대들보 같은 충신들이 비명에 저 세상으로 간 경우가 많다. 남이 장군, 임경업 장군 등…. 그리고 예외 없이 그들의 생애와 관련된 많은 이야기가 전해지고 있는 것은 그 죽음의 억울함이 서민들의 가슴속에 아프게 각인된 탓일 것이다. 그리고 뻔한 일이지만, 죽은 후 어느 때인가는 다시 나라에서 관직을 추증하는 따위의 허망한 짓이 되풀이되었다.

　김덕령(1567~1596)은 임진왜란이 일어난 1592년 25세의 피끓는 청년이었다. 그때 모친상을 입었으나 분연히 궐기하여 일어나니 휘하에 5천 명의 장정이 모여들었다. 그는 전주에 설치된 광해분조(光海分朝)로부터 호익 장군의 시호를 받고 권율 장군의 휘하에 들어가 경상남도, 진해, 고성지방으로 진출했다. 이곳에서 영남의 명장 곽재우 장군과 협력하여 왜적을 막았으며 여러 차례에 걸쳐 왜적을 대파하였다. 그후 충청도 홍산에서 일어난 이몽학의 난을 진압하러 가다가 난이 평정되어 회군하는 도중 이몽학과 내통하였다는 무고를 받고 구금되어 서울로 압송되었다.

　암군(暗君) 선조의 친국에서 "네가 역적의 무리와 결탁하여 반역을 도모한 것을 사실대로 말하라."고 하자 "시(是)는 시라 하고 비(非)는 비라 하는 것이니 어찌 거짓이 있을 수 있겠습니까?" 하여, 모함임을 밝혔으나 받아들여지지 않았으며, 이때 "나는 죽을지라도 나를 따라 싸운 최담령 등은 국가의 앞날을 위해 살려달라."고 탄원하였다. 그는 선조의 심한 고문 끝에 29세로 옥사하였으며, 장군과 함께 용맹을 날렸던 권인용도 죄없이 역적으로 몰려 죽었다.

　그는 싸움에 임할 때 24근 철추와 50근짜리 칼을 사용하였다고 하며, 그가 타던 말은 천하의 명마로서 오직 장군만이 다룰 수 있었다고 한다. 그의 군대에 대해서는 광해군이 충용군이란 이름을 붙였었다. 그는 죽은 후 65년 만에 역적의 누명을 벗었고, 정조 때 좌찬성이 가증되었으며　충장(忠壯)이란 시호가 내려지고, 장군이 태어난 마을은 '충효리(忠孝里)'로 부르도록 사명(賜名)되었다.

　일화 한 가지. 김덕령은 팔도에 신장(神將)으로 소문이 나서 왜장 가토 기요마사가 그 명성을 듣고 몰래 화공을 보내 얼굴을 그려 오게 하였는데, 그 그림을 보고 "참으로 장군이로다." 하고 항상 경계하였다고 한다. 그후 일본에서 그가 죽었다는 소식을 듣자

기뻐하며 "이제 양호(兩湖 : 호남과 호서)는 걱정없다."고 말했다고
도 한다.

> 춘산에 불이 나니 못다 핀 꽃 다 붙는다.
>
> 저 뫼 저 불은 끌 물이나 있거니와,
>
> 이 몸의 내(川) 없는 불 일어나니 끌 물 없어 하노라.

이 시는 그가 옥에 갇혔을 때 지은 시이다.

. . . .

① 광주광역시 충효동(忠孝洞)

김덕령이 태어났으므로 덕의동(德義洞)이라고도 한다.

정조 때 그의 충과 효를 기리기 위하여 그가 생장한 이곳에 충효
리란 이름이 내려졌다. 이곳은 그 전 석저면으로서 김덕령을 석저
(石底) 장군이라고도 불렀다. 이곳에 김덕령 장군의 위패를 모신
충장사가 있고 또 갑옷, 무구, 의복 등을 전시하고 있다. 성안 동쪽
에는 그가 술마시며 시를 읊었던 곳에 세운 취가정이라는 정자가
있고, 또 석저 장군 목욕바우도 있다.

② 광주광역시 충장로(忠壯路)

전라남도 도청 앞의 금남로 남쪽에서 금남로를 따라 서북쪽으로
길게 뻗은 번화가.

정조 때 김덕령의 시호를 충장공이라 하였으므로 그의 시호를
따서 1948년부터 충장로라 하였다.

③ 광주광역시 금곡동 뜀바위, 주검굴, 시검바위

그 전 석저면의 지역으로서, 뜀바위는 무등산 인왕봉과 천왕봉 사이에 있다.

이곳에서 김덕령이 뜀질을 하며 무술과 담력을 길렀다고 한다. 주검(鑄劍)굴은 무등산 중턱에 있는 바위굴로서 김덕령이 이곳에서 칼과 창 등을 만들었다. 바위굴 안에 '만력계사 의병장 김충장공 주검동' 이라고 새겨져 있는데 만력계사는 1593년을 말한다.

시검(試劍)바우는 서름 서쪽에 있는 바위로서 김덕령이 이 바위를 목표로 칼 쓰는 법을 연습하였다고 한다. 부근에는 김덕령의 누이 김응회 부인이 치마폭에 싸서 갖다 놓았다는 치마바위, 김덕령의 동생 김덕보가 정자를 짓고 은거한 풍암정이 있다.

④ 경상북도 고령군 김덕령샘

개진면 양전동에 있으며 양전샘이라고도 부른다.

김덕령 장군이 이 일대에서 왜적을 대비할 때 판 샘이므로 김덕령샘이라 부른다고 한다. 일설에는 임진왜란 때 이 지역에서 의병 활동을 한 김면이 팠다고도 한다.

⑤ 경상남도 진주시 장군대(將軍臺)

진양군 금삼면 갈전리에 있는 산이다.

임진왜란 때 김덕령의 의병군이 진을 쳤던 곳이므로 장군대산이라 한다.

⑥ 경상남도 진주시 마평(馬坪)

진양군 대곡면에 있는 들판이며, 인근의 월아산에는 충용군의 군용목책이 설치되었던 곳이다.

김덕령이 충용군을 이끌고 이곳에 진지를 구축하였다. 마평은

그가 말을 달리며 의병들에게 진법을 가르쳤던 곳이라고 한다. 그
는 곽재우 장군과 합동으로 낙동강에서 적을 무찔러 적의 보급로
를 차단하였다.

이 나라는 살아볼 만한 나라
—하멜

제군들이여! 곧 돛대를 절단하고 신의 자비에 맡겨라! 스패로 호크 선장의 마지막 외침이 폭풍우를 뚫고 나왔으나 이미 거센 파도가 배를 삼킨 뒤였다.

이것은 헨드릭 하멜(?~1692)이 쓴 저서 『난선 제주도 난파기』, 즉 『하멜 표류기』에 나오는 말이다. 이 책은 조선의 지리, 풍속, 정치, 군사, 교육, 교역 등을 1668년 유럽에 최초로 소개한 책이다.

1653년 8월 16일 네델란드 동인도 회사의 상선 스패로 호크는 대만에서 나가사키를 향하여 항해 도중 폭풍우를 만나 제주도 대정현 남쪽 바닷가에 표류하게 되었다.

당시 64명의 선원이 타고 있었으나 그 중 생존자 36명은 서울로 압송되었는데 압송되기 전 제주도 관원들의 대우가 무척 인도적이었던 듯, "이렇게 하여 우리 많은 기독교도가 부끄러운 마음을 금할 수 없을 정도의 대우를 이 이교도들로부터 받았던 것이다."라고 적고 있다.

이보다 26년 전 먼저 표착한 같은 나라 사람 웰테브레(박연)가 통역을 위해 제주도에 와서 하멜 등 고국의 동포를 만났다. 이때 박연은 이들에게 "너희가 새가 아닌 이상 이 나라에서 빠져 나갈 수는 없다."고 하였고, 또 종족의 양심을 걸고 "이 나라는 살아볼 만한 나라"임을 설득하기도 하였다.

그러나 이들은 그후 탈출을 시도하고 청나라 사신에게 송환을 청원하는 등 조선 조정의 입장을 난처하게 하였으므로 여수, 순천, 남원 등 지방 병영에 배치하였다.

그들은 한복을 입고, 조선말을 쓰며, 조선 여인과 결혼하는 등 조선에 귀화하는 척하다가 여수에 배치된 하멜 등 8명이 표류한 지 13년 만인 1666년 조선을 탈출하였고, 순천, 남원에 있던 8명은 그후 일본의 외교 교섭으로 송환되었으며, 남원의 얀 크라즈젠(요리사)만은 송환을 거부하고 조선에 귀화하였다.

그들은 일본을 거쳐 1666년 본국으로 돌아갔고, 하멜은 조선에서의 체험을 책으로 저술하여 동양의 낯선 '은자의 나라'를 처음으로 유럽에 소개한 것이다.

. . . .

① 제주도 남제주군 '하멜 표류지'
안덕면 산방굴사 바로 앞 해변가 언덕이다.
이곳에는 1980년 4월 1일 한국국제문화협회와 주한 네델란드대사관에 의하여 그들이 상륙한 곳으로 고증된 이곳에 하멜 표류 기념비를 세워 350여 년 전 그들의 조선 표착을 기념하고 있다.

<참고문헌>

강만길,『고쳐 쓴 한국 현대사』(창작과비평사)

강수원 역,『환단고기』(온누리)

강원일보사, 월간『태백』

건설부,『호국의 산하』(김기빈 편)

경상북도 교육위원회,『지명유래총람』(경북)

고은,『절을 찾아서』(책세상)

국립지리원,『지도와 지명』(김기빈 편)

국립지리원,『한국지지』(총론 및 각론)

국립지리원,『지명유래집』(한국땅이름학회)

국제관광공사,『한국관광자원총람』

김기빈,『한국의 지명유래』(1~4) (지식산업사)

김기빈,『고흥지명유래』

김기빈,『6백년 서울, 땅 이름 이야기』(살림터)

김기빈,『일제에 빼앗긴 땅 이름을 찾아서』(살림터)

김부식,『삼국사기』(동서문화사)

김상억 역,『용비어천가』(을유문고)

김성한,『길따라 발따라』상, 하 (사회발전연구소)

김영상, 『서울 6백년』 (한국일보사)
김인걸, 『한국의 비경』 (철도여행문화사)
김장호, 『한국명산기』 (평화출판사)
김정호, 『대동여지도』(영인본) (광우당)
김정호, 『대동지지』(영인본) (아세아문화사)
김정호, 『수선전도』(영인본) (중앙지도)
김정호, 『청구도』(영인본) (광우당)
김태곤 외, 『한국의 신화』 (시인사)
김호년, 『한국의 명당』 (동학사)
나라문화, 월간 『나그네』(1984)
내무부, 『지방행정구역요람』(1992)
내무부, 『지방행정지명사』
노사신 외, 『신증동국여지승람』 (민족문화추진회)
동화출판공사, 『한국사상대전집』(1~24)
문일평, 『사외이문』 (신구문화사)
문일평, 『한국의 산수』 (신구문화사)
민족문화추진회, 『연산군 일기』
박갑천, 『세계의 땅 이름』 (앞선 책)
박석무, 『다산기행』 (한길사)
박세길, 『다시 쓰는 한국 현대사』 (돌베개)
박종숙, 『백제·백제인·백제문화』 (지문사)
배우리, 『사전 따로 말 따로』 (토담)
보련각, 『팔도 명승고객』(영인본)
뿌리깊은 나무, 『한국의 발견』 (각 도편)
서영보 외, 『만기요람』 (민족문화추진회)
서울특별시, 『동명연혁고』 (각 구편)
서울특별시, 『가로명 연혁』

서울특별시, 『서울 6백년사』(1~5)

서울특별시, 『서울문화』

서울특별시, 『한강사』

성현 외, 『대동야승』 (민족문화추진회)

세종대왕기념사업회, 『세종실록지리지』

신경준, 『여암전서』 (경인문화사)

신흥서관, 『한국민족의 유산』(1~10)

안정복, 『동사강목』 (민족문화추진회)

양태진, 『한국영토사연구』 (법경출판사)

우성출판사, 『한국 오천년 야사』(1~12)

유성룡, 『징비록』 (을유문고)

유창균, 『삼국시대의 한자음』 (민음사)

유홍준, 『나의 문화유산 답사기』(1~2) (창작과비평사)

윤내현, 『한국고대사 신론』 (일지사)

윤태영 외, 『조선왕조 5백년 야사』 (청아출판사)

이규경, 『오주연문장전산고』 (민족문화추진회)

이규보, 『동국이상국집』 (민족문화추진회)

이규태, 『역사산책』 (신태양사)

이규태, 『이규태의 6백년 서울』 (조선일보사)

이규태, 『이규태 코너』 (조선일보)

이긍익, 『연려실기술』 (민족문화추진회)

이병주, 『길따라 발따라』 (행림출판)

이선근, 『대한국사』(1~10)

이순신, 『난중일기』 (집문당)

이어령, 『한국의 신화』 (서문문고)

이어령, 『신한국인』 (문학사상사)

이영택, 『한국의 지명』 (태평양)

이용선, 『길따라 역사따라』 (국토와 건설 연재)
이은상, 『노산문학선』 (탐구당)
이이화, 『역사인물이야기』 (역사비평사)
이이화, 『동학농민전쟁 인물열전』 (한겨레신문사)
이이화, 『인문한국사』 (한길사)
이익, 『성호사설』 (민족문화추진회)
이전문, 『그 세월 그 사람』 (사회발전연구소)
이전문, 『상소』 상, 하 (사회발전연구소)
이제현, 『낙옹비설』 (범우사)
이중환, 『택리지』 (명지대 출판부)
이현희, 『인물한국사』 (청아출판사)
이형석, 『한국의 산하』 (홍익재)
이희승 외, 『한국인물사』 (대중서관)
일연, 『삼국유사』 (동서문화사)
장지영 외, 『이두사전』 (정음사)
전용신, 『한국고지명사전』 (고려대 민족문화연구소)
정순목, 『퇴계평전』 (지식산업사)
정약용, 『아언각비』 (일지사)
정후수, 『중인문학연구』 (깊은샘)
최남선, 『대동지명사전』 (현암사)
최성민, 『우리 샘 맛난 물』 (한겨레신문사)
최재충, 『민족의 뿌리』 (한민족)
한국민학회, 『민학회보』(1~20)
한국역사연구회, 『한국고대사 산책』 (역사비평사)
한국일보사, 『한국의 여로』(1~16)
한국정신문화연구원, 『민족문화대백과사전』
한글학회, 『한국지명총람』(각 권)

한모임, 『훈』(하락도서)
허균, 『성소부부고』(민족문화추진회)
홍익인간학회, 『홍익인간』(회보)
황원갑, 『역사인물기행』(한국일보사)
각 시·도지 및 각 시·군 향토지

역사와 지명

처음 찍은날 · 1996년 5월 1일
처음 펴낸날 · 1996년 5월 5일
지은이 · 김기빈
펴낸이 · 송영현
펴낸곳 · 살림터
찍은이 · 나병문
찍은곳 · 신화인쇄공사
주소 · 121 - 110 서울시 마포구 망원1동 384 - 20
전화 · 3141 - 6553 ~ 4
팩스 · 3141 - 6555
등록번호 · 제2 - 1008호 (1990년 5월 15일)

값 7,000원

ⓒ 김기빈, 1996

※ 잘못된 책은 바꾸어 드립니다.
ISBN 89 - 85321 - 33 - 1 (03910)

$$\begin{array}{r} 65 \\ -18 \\ \hline 47 \end{array}$$